一花五彩　魅力湘茶

湖南茶叶加工
TEA PROCESSING IN HUNAN

主编　粟本文

中南大学出版社
www.csupress.com.cn

·长沙·

《湖南茶叶加工》编写人员

主　　编：粟本文
副 主 编：肖力争
编写人员：粟本文　肖力争　黎　娜
　　　　　黄怀生　钟兴刚　陈莹玉
　　　　　李端生　唐　睿

内容提要

  茶叶是我国重要的传统优势和特色经济作物。湖南作为我国茶叶主产省之一，特色鲜明，优势突出，茶类齐全，品种多样，形成了以绿茶、黑茶为主，红茶、黄茶、白茶等多茶类协调发展的良好格局。

  本书依据湖南茶产业特点，分别介绍了茶叶分类、鲜叶、绿茶加工、红茶加工、黑茶加工、黄茶加工、白茶加工、茉莉花茶加工、茶叶加工机械及设备、茶叶加工厂建设及茶叶加工良好操作规范等内容，是一部内容较丰富及实用性较强的著作。

  本书可供从事茶叶加工的茶叶技术人员、茶农、大中专院校师生及茶叶科技工作者等参考。

前　言

茶——人类健康饮料之王。

我国是茶树的发源地，也是世界上茶叶生产和消费大国。进入 21 世纪以来，随着经济的快速发展、生活水平的提高及健康意识的增强，茶叶的消费量随之持续增长，促进了我国茶产业以前所未有的速度快速发展。茶产业在我国经济社会，特别是农业和农村经济中的地位不断上升，成为乡村振兴和精准扶贫的重要产业，其经济效益、生态效益和社会效益日益凸显。

湖南是我国茶叶主产省之一。"三湘四水五彩茶。"湖南茶业，特色鲜明，优势突出，茶类齐全，品类多样，形成了以绿茶、黑茶为主，红茶、黄茶、白茶等多茶类齐头并进，协调发展的良好格局。茶产业已成为我省茶叶优势区域尤其是贫困地区精准扶贫、区域经济发展和乡村振兴的主导产业。

从茶树上采下的鲜叶需通过加工才能形成人们所期望的产品，而只有良好的加工工艺及技术才能保证产品的质量。为适应五彩湘茶发展需求，特组织编写《湖南茶叶加工》一书。本书共分十一章，从湖南茶产业的特点出发，分别介绍了茶叶分类、鲜叶、绿茶加工、红茶加工、黑茶加工、黄茶加工、白茶加工、茉莉花茶加工、茶叶加工机械及设备、茶叶加工厂建设及茶叶加工良好操作规范等，旨在进一步提高我省茶叶加工的技术水平，促进我省茶叶加工业的快速发展，助推产业升级，提升产业经济效益，推进全省茶产业持续健康发展。

本书由粟本文主编，参与编写工作的有肖力争、黎娜、黄怀生、钟兴刚、陈莹玉、李端生、唐睿等同志。在本书编写过程中，得到了茶叶界及编者所在单位的有关领导、专家的大力支持。在此，谨向各位领导、各位专家表示衷心的感谢！向所有引用资料的编著者表示深深的谢意！

由于编者的知识面与专业水平有限，书中缺点、错误在所难免，恳请专家、读者批评指正，并致谢忱！

编　者

2019 年 7 月

目　录

第一章　茶叶分类 ………………………………………… (1)

　第一节　基本茶类 ………………………………………… (1)

　　一、绿茶 ………………………………………………… (1)

　　二、红茶 ………………………………………………… (1)

　　三、黄茶 ………………………………………………… (2)

　　四、黑茶 ………………………………………………… (3)

　　五、白茶 ………………………………………………… (3)

　　六、乌龙茶(青茶) ……………………………………… (4)

　第二节　再加工茶类 ……………………………………… (4)

第二章　鲜　叶 …………………………………………… (6)

　第一节　鲜叶采摘 ………………………………………… (6)

　　一、手工采摘 …………………………………………… (6)

　　二、机械采摘 …………………………………………… (6)

　第二节　鲜叶中主要化学成分 …………………………… (7)

　　一、水分 ………………………………………………… (8)

　　二、茶多酚 ……………………………………………… (9)

　　三、蛋白质和氨基酸 …………………………………… (10)

　　四、生物碱 ……………………………………………… (11)

　　五、酶 …………………………………………………… (11)

六、糖类 ……………………………………………… (12)

七、芳香物质 ………………………………………… (12)

八、茶叶色素 ………………………………………… (13)

九、维生素 …………………………………………… (14)

十、无机成分 ………………………………………… (14)

第三节 鲜叶质量 …………………………………… (14)

一、鲜叶嫩度 ………………………………………… (14)

二、鲜叶匀净度 ……………………………………… (15)

三、鲜叶新鲜度 ……………………………………… (16)

第四节 鲜叶的管理 ………………………………… (16)

一、影响采后鲜叶质量的主要因素 ………………… (16)

二、鲜叶管理方法 …………………………………… (17)

第五节 主要适制茶树品种 ………………………… (19)

一、育成品种 ………………………………………… (19)

二、引进品种 ………………………………………… (26)

第三章 绿茶加工 ……………………………………… (36)

第一节 品质特征 …………………………………… (36)

第二节 鲜叶原料要求 ……………………………… (39)

第三节 炒青绿茶加工 ……………………………… (39)

一、鲜叶摊放 ………………………………………… (40)

二、杀青 ……………………………………………… (40)

三、揉捻 ……………………………………………… (41)

四、干燥 ……………………………………………… (43)

第四节 烘青绿茶加工 ……………………………… (45)

一、杀青和揉捻 ……………………………………… (45)

二、烘干 ……………………………………………… (46)

第五节 珠茶加工 …………………………………… (46)

一、鲜叶要求 ………………………………………… (47)

二、杀青 ……………………………………………… (47)

三、揉捻 ……………………………………………………… (47)

四、干燥 ……………………………………………………… (48)

第六节 绿碎茶加工 ………………………………………… (51)

一、杀青 ……………………………………………………… (51)

二、揉切 ……………………………………………………… (51)

三、干燥 ……………………………………………………… (52)

第七节 特种绿茶加工 ……………………………………… (52)

一、高桥银峰 ………………………………………………… (52)

二、古丈毛尖 ………………………………………………… (54)

三、碣滩茶 …………………………………………………… (56)

四、石门银峰 ………………………………………………… (58)

五、安化松针 ………………………………………………… (61)

六、玲珑茶 …………………………………………………… (62)

七、黄金茶 …………………………………………………… (64)

第八节 绿茶精加工 ………………………………………… (67)

一、出口眉茶精加工 ………………………………………… (68)

二、内销炒青、烘青绿茶精加工 …………………………… (75)

三、珠茶精加工 ……………………………………………… (80)

第九节 绿茶加工新技术 …………………………………… (84)

一、鲜叶原料低温恒湿贮藏技术 …………………………… (85)

二、组合杀青技术 …………………………………………… (85)

三、微波辅助脱水技术 ……………………………………… (85)

四、连续化做形技术 ………………………………………… (86)

五、烘干技术 ………………………………………………… (87)

第四章 红茶加工 …………………………………………… (88)

第一节 工夫红茶加工 ……………………………………… (88)

一、品质特点 ………………………………………………… (88)

二、鲜叶要求 ………………………………………………… (91)

三、初制技术 ………………………………………………… (91)

四、精加工技术 …………………………………………… （100）

第二节　红碎茶加工 ……………………………………… （104）

一、品质特点 ……………………………………………… （104）

二、鲜叶要求 ……………………………………………… （106）

三、初制技术 ……………………………………………… （106）

四、精制技术 ……………………………………………… （111）

第三节　紧压红茶加工 …………………………………… （112）

一、品质特点 ……………………………………………… （112）

二、原料要求 ……………………………………………… （112）

三、工艺技术 ……………………………………………… （113）

第四节　高档工夫红茶标准化加工技术 ………………… （115）

一、工艺流程 ……………………………………………… （115）

二、工艺技术 ……………………………………………… （115）

第五节　新型红茶加工技术 ……………………………… （118）

一、新型红茶主要类型 …………………………………… （118）

二、加工技术 ……………………………………………… （119）

第五章　黑茶加工 …………………………………………… （124）

第一节　品质特征 ………………………………………… （124）

一、黑毛茶 ………………………………………………… （125）

二、千两茶（花卷茶） …………………………………… （125）

三、湘尖茶（天尖、贡尖、生尖） ……………………… （126）

四、茯茶 …………………………………………………… （127）

五、黑砖茶 ………………………………………………… （128）

六、花砖茶 ………………………………………………… （128）

第二节　黑毛茶加工 ……………………………………… （129）

一、鲜叶原料 ……………………………………………… （129）

二、工艺技术 ……………………………………………… （129）

第三节　黑茶成品加工 …………………………………… （132）

一、千两茶加工 …………………………………………… （132）

二、湘尖茶(天尖、贡尖、生尖)加工 …………………… (133)

三、茯砖茶加工 ………………………………………… (134)

四、黑(花)砖茶加工 …………………………………… (138)

第六章 黄茶加工 …………………………………… (139)

第一节 黄茶品质特征 ………………………………… (139)

第二节 黄茶加工技术特点 …………………………… (140)

一、杀青 ………………………………………………… (141)

二、揉捻 ………………………………………………… (141)

三、闷黄 ………………………………………………… (141)

四、干燥 ………………………………………………… (142)

第三节 芽型黄茶加工 ………………………………… (142)

一、鲜叶要求 …………………………………………… (142)

二、加工技术 …………………………………………… (143)

第四节 芽叶型黄茶加工 ……………………………… (144)

一、沩山毛尖 …………………………………………… (144)

二、北港毛尖 …………………………………………… (146)

第五节 多叶型黄茶加工 ……………………………… (147)

一、鲜叶要求 …………………………………………… (147)

二、加工技术 …………………………………………… (147)

第六节 紧压黄茶加工 ………………………………… (149)

一、原料精选拼配 ……………………………………… (149)

二、称茶 ………………………………………………… (149)

三、蒸茶 ………………………………………………… (149)

四、压制 ………………………………………………… (150)

五、冷却定型 …………………………………………… (150)

六、烘干 ………………………………………………… (150)

第七章 白茶加工 …………………………………… (151)

第一节 品质特征 ……………………………………… (151)

第二节　白毫银针加工 …………………………………………（153）

一、鲜叶原料 ……………………………………………………（153）

二、加工技术 ……………………………………………………（153）

第三节　白牡丹加工 ……………………………………………（155）

一、鲜叶原料 ……………………………………………………（155）

二、萎凋 …………………………………………………………（156）

三、烘焙 …………………………………………………………（157）

第四节　新工艺白茶加工 ………………………………………（157）

一、鲜叶 …………………………………………………………（158）

二、萎凋 …………………………………………………………（158）

三、揉捻 …………………………………………………………（159）

四、烘焙 …………………………………………………………（159）

第五节　紧压白茶加工 …………………………………………（159）

一、品质特点 ……………………………………………………（160）

二、原料要求 ……………………………………………………（160）

三、工艺技术 ……………………………………………………（160）

第八章　茉莉花茶加工 …………………………………………（163）

第一节　品质特征 ………………………………………………（163）

第二节　窨制原料要求 …………………………………………（165）

一、茶坯 …………………………………………………………（165）

二、香花 …………………………………………………………（165）

第三节　传统窨制工艺 …………………………………………（166）

一、工艺流程 ……………………………………………………（166）

二、工艺技术 ……………………………………………………（167）

第四节　增湿连窨技术 …………………………………………（174）

一、工艺流程 ……………………………………………………（174）

二、技术要点 ……………………………………………………（175）

第九章　茶叶加工机械及设备 ………………………………… （177）

　第一节　茶叶初加工机械 …………………………………… （177）

　　一、鲜叶处理设备 ………………………………………… （177）

　　二、摊（贮）青与萎凋设备 ……………………………… （178）

　　三、杀青机 ………………………………………………… （180）

　　四、揉捻（切）机 ………………………………………… （181）

　　五、解块筛分机 …………………………………………… （183）

　　六、做青机械 ……………………………………………… （184）

　　七、发酵设备 ……………………………………………… （186）

　　八、整形干燥机械 ………………………………………… （187）

　第二节　茶叶精制机械 ……………………………………… （193）

　　一、筛分机械 ……………………………………………… （193）

　　二、切茶机 ………………………………………………… （196）

　　三、风选机械 ……………………………………………… （197）

　　四、拣剔机械 ……………………………………………… （197）

　　五、干燥设备 ……………………………………………… （199）

　　六、匀堆装箱机械 ………………………………………… （200）

　第三节　茶叶再加工机械 …………………………………… （202）

　　一、花茶加工机械 ………………………………………… （202）

　　二、紧压茶加工设备 ……………………………………… （204）

第十章　茶叶加工厂建设 ……………………………………… （205）

　第一节　厂址选择与环境条件 ……………………………… （205）

　　一、厂址选择 ……………………………………………… （205）

　　二、环境条件 ……………………………………………… （205）

　第二节　厂区规划与布局 …………………………………… （206）

　　一、厂区布局 ……………………………………………… （206）

　　二、道路建设 ……………………………………………… （206）

　　三、厂区绿化 ……………………………………………… （206）

四、厂区排水 ……………………………………… （207）

五、管线布置 ……………………………………… （207）

第三节　生产车间的规划、设计与建造 ……………… （207）

一、平面布置 ……………………………………… （207）

二、基本要求 ……………………………………… （208）

三、技术与参数要求 ……………………………… （209）

第四节　加工设备 …………………………………… （211）

第五节　卫生设施与管理 …………………………… （211）

第十一章　茶叶加工良好操作规范 ………………… （212）

第一节　厂区环境 …………………………………… （212）

第二节　厂房和设施 ………………………………… （213）

一、设置与布局 …………………………………… （213）

二、内部建筑机构 ………………………………… （214）

三、设施 …………………………………………… （214）

第三节　加工设备和用具 …………………………… （216）

一、设计 …………………………………………… （216）

二、材质 …………………………………………… （217）

三、设置与安装 …………………………………… （217）

四、清洁与维护 …………………………………… （217）

五、质量检验设备 ………………………………… （218）

第四节　卫生管理 …………………………………… （218）

一、管理要求 ……………………………………… （218）

二、厂区环境卫生管理 …………………………… （218）

三、厂房及设施卫生管理 ………………………… （218）

四、机器设备卫生管理 …………………………… （219）

五、清洁管理 ……………………………………… （219）

六、人员卫生管理 ………………………………… （219）

七、有害生物防治管理 …………………………… （220）

八、工作服管理 …………………………………… （220）

九、污水和废弃物处理 ……………………………………… (221)

第五节　加工过程管理 ……………………………………… (221)

一、原辅料管理 ……………………………………………… (221)

二、加工过程安全控制 ……………………………………… (221)

三、《加工作业指导书》的制定与执行 …………………… (222)

四、初制 ……………………………………………………… (222)

五、精制 ……………………………………………………… (222)

六、再加工 …………………………………………………… (222)

第六节　产品管理 …………………………………………… (223)

一、标志、标签 ……………………………………………… (223)

二、包装 ……………………………………………………… (223)

三、贮存 ……………………………………………………… (223)

四、运输 ……………………………………………………… (223)

五、制度和记录 ……………………………………………… (223)

第七节　检验 ………………………………………………… (224)

第八节　产品追溯和召回 …………………………………… (224)

第九节　机构与人员 ………………………………………… (225)

一、机构与职责 ……………………………………………… (225)

二、人员与资格 ……………………………………………… (225)

三、教育培训 ………………………………………………… (225)

第十节　记录和文件管理 …………………………………… (226)

一、记录管理 ………………………………………………… (226)

二、文件管理 ………………………………………………… (226)

参考文献 ……………………………………………………… (227)

第一章　茶叶分类

我国茶叶生产历史悠久，茶区广阔，茶叶加工方法各具特色，产品品质丰富多彩。根据各种茶叶的品质特征及制法的不同，我国茶叶可分为基本茶类和再加工茶类两大部分。基本茶类分绿茶、红茶、黄茶、黑茶、白茶和乌龙茶(青茶)等六大茶类，再加工茶类包括各种花茶、紧压茶、果味茶等。

第一节　基本茶类

一、绿茶

绿茶属于不发酵茶，虽然品种繁多，各具特色，但其基本加工原理和品质特点相同。绿茶要求清汤绿叶或绿汤绿叶，即"干茶色泽绿、汤色绿、叶底绿"。绿茶加工的基本工序为杀青、揉捻(做形)和干燥，其关键工序为杀青。绿茶根据杀青方式不同可分蒸青和炒青两种；根据干燥方式不同主要可分为炒干、烘干和晒干；依据外形不同，绿茶又可分为圆形、长形、针形、尖形、片形等。绿茶分类见表1-1。

二、红茶

红茶是世界上生产和消费量最大的一个茶类，也是我国生产和出口的主要茶类之一。红茶的品质特点是"红汤红叶"。红茶加工分为萎凋、揉捻(切)、发酵和干燥等四道工序，其中发酵是其关键工序。根据红茶制法、外形和内质不同，可分为小种红茶、工夫红茶和红碎茶，其中工夫红茶和小种红茶为条形红茶。红茶分类见表1-2。

表1-1　绿茶分类

绿茶	花色品种		
	炒青绿茶	眉茶炒青	特珍、珍眉、凤眉、秀眉等
		珠茶	珠茶、雨茶、贡熙等
		细嫩炒青	西湖龙井、顶谷大方、碧螺春、雨花茶、松针等
	烘青绿茶	普通烘青	闽烘青、浙烘青等
		细嫩烘青	黄山毛峰、太平猴魁、六安瓜片、高桥银峰等
	蒸青绿茶		玉露、煎茶等
	晒青绿茶		滇青、川青、陕青等

表1-2　红茶分类

红茶	花色品种	
	小种红茶	正山小种、坦洋小种、政和小种等
	工夫红茶	祁门工夫、坦洋工夫、湖红工夫、宜红工夫、滇红工夫、川红工夫等
	红碎茶	叶茶、碎茶(碎茶1号、碎茶2号等)、片茶、末茶等

三、黄茶

黄茶是我国特有的茶类之一，生产历史悠久，目前在湖南、四川、安徽、湖北、广东等省加工生产。黄茶的品质特点是"黄汤黄叶"，是其加工过程中的闷堆渥黄工序所形成的。根据黄茶闷黄先后和时间长短，可分为湿坯闷黄和干坯闷黄两类；湿坯闷黄又分为杀青或揉捻后闷黄，而干坯闷黄又分为堆积闷黄和纸包闷黄。按鲜叶原料黄茶分为黄芽茶、黄小茶和黄大茶。黄茶分类见表1-3。

表1-3 黄茶分类

		花色品种
黄茶	黄芽茶	君山银针、蒙顶黄芽等
	黄小茶	沩山毛尖、北港毛尖、平阳黄汤茶、远安鹿苑茶、皖西黄小茶等
	黄大茶	霍山黄大茶、广东大叶青、海马宫茶等

四、黑茶

黑茶是我国独有的茶类，起源于明代，由于具有独特的保健作用已引起人们广泛关注，目前年产量约占我国茶叶总产量的1/4。黑茶品质特点是外形色泽油黑或暗褐，茶汤深黄、褐黄或褐红。黑茶品质形成的关键工序是渥堆。黑茶分类见表1-4。

表1-4 黑茶分类

		花色品种
黑茶	湖南黑茶	安化黑茶(天尖、贡尖、生尖、茯砖茶、黑砖茶、花砖茶、花卷茶)等
	湖北黑茶	老青茶等
	四川边茶	南路边茶、西路边茶等
	滇桂黑茶	普洱茶、六堡茶等

五、白茶

白茶是我国六大茶类之一，也是我国特有的外销茶类。早在宋朝就有关于白茶的论述。白茶品质特点是白色茸毛多，汤色浅淡。白茶属轻微发酵茶，其关键工序是萎凋。白茶主要依据鲜叶原料不同分为芽茶和叶茶。白茶分类见表1-5。

表1-5 白茶分类

白茶	白芽茶	白毫银针等
	白叶茶	白牡丹、贡眉、寿眉等

上方跨列表头为"花色品种"。

六、乌龙茶(青茶)

乌龙茶又称青茶,属半发酵茶,是介于绿茶和红茶之间的一类茶叶。乌龙茶加工精细,以其特有的做青工艺,结合炒青、造型和别具一格的干燥方法,形成了独特的品质风格。其中做青为乌龙茶茶加工的关键工序。典型的乌龙茶叶片中间呈绿色,叶缘呈红色,素有"绿叶红镶边"之称。汤色橙黄或金黄,香高馥郁,滋味醇厚,回味甘爽。高级乌龙茶必须有特殊的香型或韵味。乌龙茶的分类见表1-6。

表1-6 乌龙茶(青茶)分类

乌龙茶(青茶)	闽北乌龙	武夷岩茶、水仙、大红袍、肉桂等
	闽南乌龙	铁观音、奇兰、水仙、黄金桂等
	乌龙	凤凰单枞、凤凰水仙、岭头单枞等
	台湾乌龙	冻顶乌龙、包种等

上方跨列表头为"花色品种"。

第二节 再加工茶类

再加工茶的分类,以毛茶制法为基础,再加工茶类的品质形成主要取决于毛茶初制。如果再加工后品质变化较小,则哪一类毛茶再加工仍归属哪一类。如绿茶窨制的花茶仍属绿茶;云南沱茶、饼茶等属于晒青绿茶加工,不经堆积和"发花过程",色、香、味变化不大,制法和品质靠近绿茶,归入绿茶。而再加工后品质变化较大，与原来的毛茶品质不同，则归属变化后靠近的茶类。如云南紧茶是晒青绿茶加工，经过堆积，品质接近黑茶，则归入黑茶类。再加工茶分类见表1-7。

表1-7　再加工茶分类

		花色品种
再加工茶类	花茶	玫瑰花茶、珠兰花茶、茉莉花茶、桂花茶等
	紧压茶	黑砖、方砖、茯砖、饼茶等
	果味茶	荔枝红茶、柠檬红茶等
	药用保健茶	减肥茶、杜仲茶、降脂茶等
	萃取茶	速溶茶、浓缩茶、罐装茶等
	含茶饮料	茶可乐、茶汽水等

第二章　鲜　叶

茶树鲜叶作为加工茶叶的基本原料，其质量的好坏直接关系到茶叶的品质优劣，是形成茶叶品质的基础。在制茶过程中，鲜叶内含化学成分发生一系列化学变化，鲜叶的物理性状也发生了明显的变化，从而形成特定品质风格的茶叶。可以说，茶叶质量的高低，主要取决于鲜叶质量的优劣和加工技术的合理与否。鲜叶的规格有单芽、一芽一叶、一芽二叶、一芽三叶等；依叶片开展程度，又有一芽一叶初展、一芽二叶初展以及一芽三叶初展之别。

第一节　鲜叶采摘

采摘的好坏直接关系着成品茶叶质量的好坏，从而影响着茶叶的品质与效益，因此需要十分重视茶叶采摘技术的把握。

鲜叶采摘按采摘方式一般分为手工采摘和机械采摘。

一、手工采摘

手工采摘一般采用提手采，即用拇指及食指指端轻轻夹住嫩梢后向上一提，嫩枝即在被折处折断，不能用指甲掐茶。忌采病虫叶及其他非茶类杂物。加工高档(名优)茶的鲜叶宜采取手工采摘。

二、机械采摘

采茶机械的选型配套参照 NY/T 225—1994 机械化采茶技术规程执行。

采摘方法：首先，机手根据身高与茶树高、幅度及采摘标准要求，将机器把手调节到最适位置。双人采茶机，主机手后退作业，掌握采茶机剪口高度与前进速度；副机手双手紧握机器把手，侧身作业；其他作业者手持集叶袋，协助机手采摘或装运采摘叶。每行茶树来回各采摘一次，去程采过树冠中心线5～10 cm，回程再采剩余部分，两次采摘高度要保持一致，防止树冠中心部重复采摘。单人采茶机，主机手背负采茶机动力，手握采茶机头，由茶树边缘向中心采摘；副机手手持集叶袋，配合主机手采摘。采口高度根据留养要求掌握，留鱼叶采或在上次采摘面上提高1～2 cm采摘。机采作业中，保持采茶机动力中速运转，平稳前进。

机械采摘鲜叶主要适用于加工大宗茶、碎茶及黑茶等。

第二节　鲜叶中主要化学成分

鲜叶中的化学成分是决定茶叶加工品质的内在物质基础，而加工技术则是茶叶品质形成转化的外在条件。了解并掌握鲜叶中内含化学成分及其在加工过程中的变化规律与影响因素，采用相应的加工工艺，才能达到提高茶叶加工品质的目的。

迄今为止，鲜叶中的化学成分已知有500多种，可分为水分、无机成分和有机成分三大类（表2-1）。茶叶中的有机成分主要是茶多酚、蛋白质、氨基酸、生物碱、糖类、色素和维生素等，这些成分对茶叶品质的形成起着非常重要的作用。

表 2-1　鲜叶中主要化学成分

分类		名称	占鲜叶质量分数/%	占干物质质量分数/%
水分		—	75～78	—
干物质（占鲜叶质量分数22%～25%）	无机成分	水溶性部分	—	2～4
		水不溶性部分	—	1.5～3.0

续表 2-1

分类		名称	占鲜叶质量分数/%	占干物质质量分数/%
干物质(占鲜叶质量分数22%~25%)	有机成分	蛋白质	—	20~30
		氨基酸	—	1~4
		生物碱	—	3~5
		茶多酚	—	20~35
		糖类	—	20~25
		有机酸	—	3 左右
		类脂类	—	8 左右
		色素	—	1 左右
		芳香物质	—	0.005~0.030
		维生素	—	0.6~1.0
		酶类	—	

一、水分

水分是鲜叶中的主要成分之一,一般占鲜叶总质量的75%左右。鲜叶中的含水量,由于采摘季节、气候条件、生长环境、管理措施、鲜叶的老嫩程度等的差异而不同。在雨季,因雨水多,土壤含水量高,空气湿度大,鲜叶中含水量一般较高,而在干旱季节,含水量相对较低;肥水条件较好的茶园,茶树新梢持嫩性强,鲜叶含水量较高。茶树上的同一新梢,其不同部位含水量也不同。幼嫩芽叶较成熟老化的叶片含水量要高,新梢上部嫩茎中的含水量比下部要高,越是幼嫩的芽叶含水量越高。在正常情况下,鲜叶的含水量是反映鲜叶嫩度的一个指标。

鲜叶的含水量及其在茶叶加工过程中变化速度和程度,与制茶品质有着密切关系。鲜叶在加工过程中,随着叶内水分散失速度和程度的变化,伴随着叶内一些物质成分发生一系列相应的理化变化,从而逐步形成茶叶的色、香、味、形。了解茶叶加工过程中鲜叶失水和内质变化的关系,根据其失水的多少所呈现出不同的品质特征,严格地控制一定的制茶技术条件,就能使有效成分按照人们所需要的方向变化。所以说,在生产中,控制茶坯的含水量是掌握鲜叶加工最佳工艺参数的主要技巧之一。

幼嫩的鲜叶经过加工制成干茶以后,绝大部分水分已蒸发散失,最后一般只要求含水量在4%~6%。因此,通常2 kg鲜叶约加工0.5 kg干茶。

二、茶多酚

茶多酚是鲜叶中非常重要的一类化合物,是由多种酚类衍生物组成的较为复杂的混合物的总称。鲜叶中茶多酚的含量因茶树品种、季节、鲜叶的老嫩程度等的不同有很大的差异,一般占干物质总量的20%~35%,最高可达40%,是茶叶中内含可溶性物质中最多的一种,与茶叶品质的关系最为密切。

鲜叶中的茶多酚主要由儿茶素类、黄酮及黄酮醇类、花青素类和酚酸类等所组成。

(一)儿茶素

儿茶素属黄烷醇类化合物,是茶多酚物质的主体,通常占多酚类化合物总量的70%~80%。茶树鲜叶中,儿茶素主要有6种:分别为L—表儿茶素(L-EC)、D—儿茶素(D-C)、L—表没食子儿茶素(L-EGC)、D—没食子儿茶素(D-GC)、L—表儿茶素没食子酸酯(L-ECG)、L—表没食子儿茶素没食子酸酯(L-EGCG)。其中L—表儿茶素(L-EC)、D—没食子儿茶素(D-GC)、D—儿茶素(D-C)和L—表没食子儿茶素(L-EGC)称为非酯型儿茶素或简单儿茶素,L—表儿茶素没食子酸酯(L-ECG)和L—表没食子儿茶素没食子酸酯(L-EGCG)则称为酯型儿茶素或复杂儿茶素。L-EGCG是鲜叶中含量最多的一种儿茶素,占总量的50%,特别是芽中含量最高,随着鲜叶嫩度下降而减少,对成茶品质影响很大。儿茶素类是形成不同茶类色香味的主要物质,对制茶品质影响很大。酯型儿茶素具有强烈收敛性,苦涩味较重;而简单儿茶素收敛性较弱,味醇和而不苦涩。

(二)黄酮及黄酮醇类

黄酮类物质又称花黄素,常以糖甙的形式存在于鲜叶中,是一类具有黄绿的色素物质,多数能溶于水,所以属于水溶性色素,在茶叶已发现10多种,其含量占鲜叶干物质的1%~2%。根据分子结构上的不同,黄酮类物质大体上可分为黄酮和黄酮醇两大类，这类化合物容易自动氧化，是多酚类化合物自动氧化部分的主要物质。花黄素的自动氧化在红茶中占从属地位，其含量多少与红茶茶汤带橙黄色成正相关。

(三)花青素类

花青素是一类性质比较稳定的色原烯衍生物，种类很多，有呈青色、铜红、暗红、暗紫色等。花青素具有明显的苦味，而且是水溶性色素，含量虽少，但它的存在对茶叶品质不利。茶树上常见的紫色芽叶，就是花青素含量较高之故。但非紫色芽叶中的花青素含量极微，一般不影响茶叶品质。

(四)酚酸类

酚酸是一类分子中具有羧基和羟基的芳香族化合物，它多为没食子酸、咖啡碱、鸡纳酸的缩合衍生物，总量大约占鲜叶干重的5%。酚酸主要有没食子酸、茶没食子素、鞣花酸、绿原酸、咖啡酸、对香豆酸等，其中没食子酸和茶没食子素含量各占1%左右(书中没有具体指明的，一般是指占鲜叶干物质总质量的百分比)，绿原酸含量较多，为2% ~4%。

三、蛋白质和氨基酸

蛋白质与氨基酸是鲜叶中重要的含氮化合物。蛋白质由氨基酸合成，在一定制茶条件下，蛋白质可以在水解酶的作用下分解成具有花香和鲜爽味的氨基酸，使茶叶的氨基酸含量有所增加。

(一)蛋白质

蛋白质广泛存在于茶树体内，茶鲜叶中蛋白质的含量占干物质总量可高达25% ~35%，鲜叶越嫩，含量越高。鲜叶中蛋白质含量虽然很高，但绝大部分不溶于水，所以喝茶时，并不能充分利用这些蛋白质。能溶于水的蛋白质含量只有1% ~2%，但对增进茶汤滋味浓度有积极作用。

(二)氨基酸

氨基酸是茶叶中具有氨基和羧基的有机化合物，是茶叶的主要化学成分之一。茶鲜叶中的氨基酸种类很多，目前发现并已经鉴定出的氨基酸有26种。茶鲜叶中氨基酸的含量因品种、季节、鲜叶嫩度和施氮肥水平等不同而有很大差异。幼嫩的鲜叶中一般含量为2%～4%，叶片老化以后含量显著减少。鲜叶中含量较多的氨基酸是茶氨酸、谷氨酸、天门冬氨酸和精氨酸，其中尤以茶氨酸含量最高，所占比例最大。一般情况下，茶氨酸含量占氨基酸总量的40%～60%。茶叶中能溶于水的氨基酸，通常称为"游离氨基酸"，这些氨基酸是构成茶汤具有鲜爽度的滋味物质。茶叶中氨基酸含量越高，滋味越鲜醇而且香气好。

四、生物碱

茶叶中的生物碱有咖啡碱、茶叶碱和可可碱，合称为生物碱。其中，以咖啡碱含量最多，为2%～5%；茶叶碱含量较低，仅0.05%左右；可可碱介于两者之间，为0.2%左右。

咖啡碱属于含氮物质，与蛋白质、氨基酸一样，也是新陈代谢旺盛的嫩梢部分含量较多，随着新梢伸长发育，含量逐渐下降。嫩叶比老叶多，春茶比夏、秋茶多。遮光茶园比露天茶园多，大叶种比小叶种多。

咖啡碱也是茶叶中的重要滋味物质，对茶叶的品质有较大影响，其含量高低与茶叶品质成正相关。有研究表明，咖啡碱含量多少与红茶品质的相关系数为0.859。在红茶茶汤中增加咖啡碱后，可提高滋味的鲜爽度。咖啡碱能与多酚类化合物，特别是与多酚类的氧化产物茶红素、茶黄素形成络合物，不溶于冷水而溶于热水。当茶汤冷却之后，便出现乳脂沉淀，这种络合物便悬浮于茶汤中，使茶汤混浊成乳状，称为"冷后浑"。这种现象在高级茶汤中尤为明显，说明茶叶中有效化学成分含量高，是茶叶品质良好的象征。

五、酶

酶是生物体内具有催化功能的一种特殊蛋白质。

茶树鲜叶中存在的酶的种类很多，主要有氧化还原酶、水解酶、磷酸酶、裂解酶、同分异构酶等，其中对茶叶品质形成影响较大的有水解酶和氧化还原酶。水解酶中有蛋白质酶、淀粉酶等。氧化还原酶中有多酚氧化酶、过氧化氢酶、过氧化物酶、抗坏血酸氧化酶等。这些酶在茶叶加工过程中的化学变化具有重要作用，其中多酚氧化酶是影响制茶品质最重要的一种酶。如在红茶初制时，通过提供适宜的外部条件，促使发酵叶多酚氧化酶活性增强，催化多酚类化合物氧化，生成茶黄素和茶红素，形成红茶"红汤红叶"的品质特征；在绿茶初制时，采取高温迅速破坏多酚氧化酶的活性，制止多酚类化合物的酶性氧化，保持"绿汤绿叶"的品质特征等。

六、糖类

茶叶中的糖类一般占干物质总量的20%～30%，包括单糖、双糖和多糖三类。茶叶中的单糖包括葡萄糖、果糖、木酮糖、甘露糖、阿拉伯糖等，双糖包括麦芽糖、蔗糖、乳糖、棉籽糖等。单糖和双糖通常都溶于水，故总称为可溶性糖，具有甜味，是茶叶滋味物质之一。多糖主要有淀粉、纤维素、半纤维素和木质素等物质。多糖是茶叶中糖类物质的主体，占干物质总量的20%以上，其中含量较多的是纤维素和半纤维素，占干物质总量的9%～18%；淀粉含量较少，为1%～2%。

可溶性糖除构成茶汤滋味外，还参与茶叶香气的形成。优质红茶具有的"甜香""焦糖香"等香气的形成，是茶叶加工过程中糖类本身的变化及其与氨基酸、多酚类化合物等物质相互作用的结果。

淀粉不溶于茶汤，但在一定的加工条件下，可转化为可溶性糖，可增进茶汤的香味。

鲜叶老嫩度与糖类物质的含量有着密切关系。通常情况下，随着新梢的成熟、老化，糖类物质的含量逐渐增加，尤其是纤维素含量与茶叶品质成高度负相关。粗纤维含量可作为鲜叶嫩度的标志。

茶叶中的糖类物质，除上述的糖类物质之外，还有很多与糖类有关的物质。其中包括果胶、各种酚类的糖甙、茶皂甙、脂多糖等。水溶性果胶对茶叶品质有一定的影响，具有黏性，有利于红茶品质的形成。

七、芳香物质

茶鲜叶中的芳香物质含量并不多，一般只占0.03%～0.05%，但它的组成极为复杂，种类大约有80种。其中以醇类为主，其次是醛类、酸类和酯类。制成红茶后，芳香油为0.01%～0.03%。虽然红茶中的芳香油含量不及鲜叶，但经过加工后，香气物质种类发生了显著的变化。

在茶鲜叶芳香物质中，低沸点的成分所占比重较大，其中以青叶醇含量最多，约占鲜叶芳香物质总量的60％。青叶醇具有明显的青草气，但由于其沸点较低（157℃），在加工过程中，在高温的作用下绝大部分挥发散失或转化。

鲜叶中除了含有较多的青叶醇之外，还有一些高沸点的、具有良好的香气的芳香物质，如苯甲醇具有苹果香、苯乙醇具有玫瑰花香、芳樟醇具有特殊的花香等，这些芳香物质都参与红茶香气组成成分。

成品茶的香气与鲜叶有很大区别。据研究，鲜叶经加工后的茶叶中芳香物质的组成成分较鲜叶大为增加，如红茶中芳香物质目前已分离出来的有400多种，说明红茶的香气固然与鲜叶中香气物质的组成有关，但加工技术对红茶香气品质的形成起着重要作用。在茶叶加工过程中，各种物质所发生的相互作用和转化是形成茶叶新的香气成分的主要来源，因此成品茶香气成分的种类较鲜叶要多很多。

此外，鲜叶中的某些物质如儿茶素、氨基酸、糖类等本身不具芳香的气味，但在加工过程中，经过一系列的化学反应，有些也会转化成香气物质。所以，这些成分的作用也不可忽视。

八、茶叶色素

茶鲜叶中含有多种色素，对茶叶品质影响较大的有叶绿素、叶黄素、胡萝卜素、花黄素、花青素等。鲜叶中的色素约占总干物重的1％。

鲜叶中所含的色素以叶绿素的含量最多，对茶叶的品质影响也最大。鲜叶中叶绿素的含量一般为0.24％~0.85％（干物重），它随新梢的伸育老化而逐渐增加。此外，叶绿素还因季节、茶树品种、施肥种类、遮荫等条件的不同，其含量也不同。

鲜叶中叶绿素含量不同，对制茶品质的影响也不同。对红茶来说，浅绿色的鲜叶加工成的红茶，外形色泽乌褐油润，香气纯正清高，滋味鲜甜，汤色叶底红亮；深绿色的鲜叶制成的红茶，香味青涩，汤色泛青，叶底较暗，品质较差；紫色鲜叶加工的红茶，外形色泽暗，滋味稍涩，但香气尚正，汤色深红。红茶的色泽主要是在加工过程中，多酚类物质逐步氧化缩合而成的，叶绿素含量高的鲜叶，多酚类物质含量较少，所以影响发酵，加工的红茶品质较差。

叶黄素(呈黄色)与胡萝卜素(呈浅黄色或橙黄)伴随着叶绿素而存在,也是一种脂溶性色素,含量不高,在加工过程中的变化不大。胡萝卜素在加工过程中的减少部分,有的转化为芳香物质,如紫罗酮等。

花黄素(呈黄色)和花青素(在酸性介质中呈红色,在碱性介质中呈蓝色)这两类色素在茶鲜叶中以糖甙的形式存在,溶于水,属多酚类物质。

九、维生素

鲜叶中含有多种维生素,制成的干茶后仍保留较多。因此,人们饮茶时可以吸收不少维生素。茶叶中维生素含量最多的是维生素 C,高级绿茶中含量可达 0.5%。鲜叶中的维生素分水溶性维生素和水不溶性维生素,维生素 C 及 B 族维生素等为水溶性维生素;维生素 A、维生素 D、维生素 E 等为水不溶性维生素,因不溶于水,一般情况下,这些物质不易为人们所利用。

十、无机成分

茶叶经高温烧化后的无机物质总称为灰分,占干物质的 4%～7%。一般情况下嫩叶的总灰分含量较低,而老叶、茶梗中的含量较高。灰分中能溶于水的部分称水溶性灰分,占总灰分的 50%～60%,品质优越的茶叶水溶性灰分含量相对较多。目前已发现茶鲜叶中的无机成分有 40 多种,包括氮、磷、钾、钙、镁、钠、锰、铁、硫、氟、锌、氯等。

第三节　鲜叶质量

鲜叶质量主要包括鲜叶的嫩度、匀净度和新鲜度三个方面,其中嫩度和匀净度是鲜叶质量的主要指标,新鲜度主要是针对鲜叶采收、运输和管理过程的质量指标。

一、鲜叶嫩度

鲜叶嫩度是指芽叶伸育的成熟度。芽叶是从营养芽伸育开始,随着芽叶的叶片增多，芽相应地由粗大变为细小，最后终止为驻芽；叶片自展开到成熟定型，叶面积逐渐扩大，叶肉组织厚度相应增加。因此，一般情况下，同一品种、同样环境条件和栽培措施所采鲜叶，一芽一叶比一芽二叶嫩，一芽二叶初展比一芽二叶开展嫩，对夹二叶比对夹三叶嫩。

鲜叶嫩度也是鲜叶内含各种化学成分综合的外在表现。随着鲜叶嫩度的下降，一些主要化学成分含量相应改变。多酚类物质、蛋白质、咖啡碱等，一般在芽叶生长的初期阶段含量较高，而不利于茶叶品质的纤维素等物质的含量则较少。因此，幼嫩的鲜叶在正常情况下制出的茶叶形质兼优，而粗老叶制出的茶叶品质则低次。鲜叶老嫩与成茶品质高低有着极密切的关系。

二、鲜叶匀净度

鲜叶的匀净度是衡量鲜叶质量的另一重要指标，包括鲜叶匀度和鲜叶净度两个方面。

(一)鲜叶匀度

鲜叶匀度是指同一批鲜叶理化性状一致的程度。鲜叶往往存在老嫩不一、来自的茶树品种不一、内含成分不一、物理性状不一等情况，因此对加工技术的要求不一，在加工过程中往往出现杀青时老嫩生熟不一，揉捻时嫩叶断碎，老叶难以成条，干燥干湿不匀，末茶、碎茶等增多，给加工带来较大的困难，直接影响成茶的品质和效益。因此，无论是哪种茶类都要求鲜叶的匀度好。

为了使鲜叶质量均匀一致，应尽量做到：(1)采摘同一茶树品种的鲜叶，或不同茶树品种的芽叶分别采摘、分开摊放及加工。只有品种相同，采摘下来的鲜叶质量才有可能一致。(2)应将采自不同地区的鲜叶分开，其中包括同一地区的新、老茶园的鲜叶分开。茶树在不同生态环境生长的鲜叶质量相差较大，如日照短、有遮荫地方的茶树鲜叶较日照长、无遮荫的茶树鲜叶叶绿素含量高，叶色深绿，叶质肥厚，持嫩性好。(3)严格按采摘标准要求采摘、验收鲜叶，标准要求的芽叶占整个鲜叶的比例越大，说明鲜叶的匀度越高。

(二)鲜叶净度

鲜叶的净度指鲜叶里夹杂物的含量。这些夹杂物有茶类和非茶类两种。茶类有茶籽、茶果、老叶、老梗、鱼叶、鳞片等，非茶类有杂草、沙石等。这些夹杂物影响茶叶品质，有的甚至可能影响人体健康。因此要尽量去除鲜叶中的夹杂物，保证好的鲜叶净度。

三、鲜叶新鲜度

鲜叶保持原有理化性状的程度称为新鲜度。新鲜度是鲜叶质量的重要指标之一。鲜叶的新鲜度直接影响茶叶的香气和滋味等，因此用于加工优质茶叶的鲜叶原料必须保持新鲜。

鲜叶从茶树上采摘下来后，在正常情况下失鲜的速度比较慢，能保持较长时间不劣变。但是，如果在采摘、运输、贮存时操作不当，如不按采摘操作规程采摘、盛装，弄伤了芽叶；运输过程中装叶厚度过厚过紧，在途中逗留时间太长，无遮荫设备受到日晒；鲜叶进加工厂验收后，不能及时付制，又不能采取合理的保管措施等，使鲜叶失鲜，甚至大批鲜叶变质，严重影响茶叶品质。

第四节　鲜叶的管理

鲜叶是制茶的原料，是茶叶品质的基础，优质的鲜叶才能加工出好的茶叶。鲜叶在采摘、运输、贮存过程中如不加强管理，就会造成鲜叶受损，降低鲜叶的新鲜度，影响茶叶品质。

一、影响采后鲜叶质量的主要因素

影响采后鲜叶质量的主要因素有温度、氧气和机械损伤等几个方面。

（一）温度

离体鲜叶因呼吸作用，使叶内糖类物质分解消耗，产生 CO_2，释放出大量热量，使叶温迅速升高。外界温度愈高，鲜叶的呼吸作用就愈强，叶温升高也愈快，其结果导致鲜叶中的酶活性不断增强，内含有效成分出现大量分解或氧化消耗，对茶叶品质产生不利影响。因此，在鲜叶采摘、运输和摊放的过程中，要求采取相应措施适当降温以保持茶鲜叶的新鲜度。

(二) 氧气

鲜叶如果堆积得过厚、过紧、过久，通气不良，就会使鲜叶因呼吸作用所释放的热量不能及时散发出去，叶温升高，内含物质的分解加快，消耗愈多。在氧气供应不足情况下，引起无氧呼吸作用，使糖类分解为醇，而产生酒精气。如果摊放的时间过久，还会产生酸馊味，叶子发热红变，甚至腐烂变质。

(三) 机械损伤

机械损伤的叶片，因叶细胞组织受到破坏，茶汁溢出，不仅加速叶内水分向空气中扩散，易出现萎蔫现象，而且机械损伤的叶子，呼吸强度比正常的叶子要大得多。正常呼吸受到破坏，原生质的性质发生改变，内含物质暴露于空气中，酶的活性加强，有机质的分解加剧，特别是茶多酚类物质的氧化缩合，致使叶片极易发热红变，加工的成茶品质降低。所以，对采摘后的鲜叶进行良好的管理十分重要。

二、鲜叶管理方法

鲜叶采下来后，在一定时间内仍继续进行呼吸作用。随着叶内水分的不断散失，鲜叶中酶性作用逐渐增强，内含物不断分解转化而减少，影响品质。因此，鲜叶进厂后的贮存过程中，要做好管理工作；同时还要做到先进厂先付制，减少不必要的损失。鲜叶的管理包括鲜叶运输、鲜叶验收、鲜叶摊放和贮存等几个方面。

(一) 鲜叶运输

采下的鲜叶要及时运送进厂，保持鲜叶的新鲜度。同时在运送中必须注意：一是盛装鲜叶的设备最好为竹篓；二是根据老嫩不同、品种不同及表面水含量多少不同分别装篓；三是装篓时不能紧压，防止机械损伤；四是在运输途中逗留时间不能太长，同时防止烈日曝晒等，以保持好鲜叶的新鲜度。

(二) 鲜叶验收

鲜叶进厂应严格按照鲜叶分级标准进行验收分级，验收分级一般根据鲜叶的老嫩程度，鲜叶的匀、净度等指标以及品种不同进行鲜叶的等级和品质的优次判定。鲜叶要求细嫩、匀净、新鲜。鲜叶标准可分为芽茶、一芽一叶初展、一芽一叶、一芽二叶初展及一芽二三叶等，厂家可根据自身实际情况制定鲜叶验收标准。

(三)鲜叶摊放和贮存

贮青要求有专用的摊青器具和场所，摊青场所应选择阴凉、湿润、空气流通、场地洁净的地方，有条件的茶厂可设贮青室。贮青室要坐南朝北，防止太阳直接照射，保持室内较低温度。传统贮青方式有地面摊放贮青、帘架式贮青和贮青槽贮青等，现代贮青方式有车式贮青设备贮青和自动化贮青机贮青等。

1.地面摊放贮青

小型茶厂和广大茶农多采取这种方式进行鲜叶摊放贮存。一般要求将鲜叶摊放在篾垫上，摊放厚度视鲜叶嫩度等而定。摊放厚度不宜过厚，一般名优茶鲜叶为 3~5 cm、大宗茶鲜叶20 cm 左右；"嫩叶薄摊、老叶厚摊"；雨水叶及露水叶薄摊。摊叶时要抖散摊平呈蓬松状态，保持厚薄一致。鲜叶摊放过程中，每隔 1~2 h 翻抖一次，翻叶时要求动作要轻，尽量避免损失芽叶。这种摊放贮存方式简便、投资少，但所需厂房面积大。

2.帘架式贮青

帘架式贮青设备的主要结构分为框架和摊叶盘两部分，框架用于放置摊叶盘，一般 5~8 层，每层高 30~40 cm；摊叶盘一般深 15 cm，鲜叶摊于盘内。摊叶盘可以从框架上自由推进和拉出，以便放置和取出鲜叶。这种贮青设备简单、投资少、易于操作，可大大节省厂房面积。

3.贮青槽贮青

目前很多茶叶企业采取这种方式摊放贮青。这种设备是以人工控制的半机械化贮青设备，由热气发生炉、鼓风机、槽体等三部分组成，一般槽长 10 m、宽 1.5 m，盛叶框边高 20 cm，有效摊叶面积 15 m^2。采用 7 号轴流风机，功率 2.8 kW，转速 1440 r/min，风量 16000~20000 m^3/h。除鼓风机外，其余均可土法生产，具有造价低廉、操作方便、节省劳力、提高工效、降低制茶成本等优点。这种贮青槽一般摊叶厚度可达 20 cm 左右。摊放时叶子要抖散摊平呈蓬松状态，保持厚薄一致，使通风均匀。对嫩叶、雨水叶等要适当薄摊，以利表面水蒸发。

4.车式贮青设备贮青

车式贮青设备由鼓风机和贮青小车组成，一台风机可串联多台小车。小车一般长1.8 m,高和宽各1 m。小车下部装有一块有孔钢板,板下为风室,板上为贮青室。风室前后装有风管,风管可与风机或其他小车连接,工作时风机吹出的风通过风管、风室、穿过孔板并透过叶层,达到贮青目的。每车可贮青200 kg左右鲜叶。这种设备机动灵活,使用方便。

5. 自动化贮青机贮青

该设备为自动控制连续作业式鲜叶贮青设备,有小型、中型和大型三种规格。采摘后的鲜叶按一定数量输入贮青机,通过连续或间歇式通风等措施,延长贮青时间,确保鲜叶品质要求。这种贮青方式省工省时,生产效率大幅提升。

鲜叶贮放时间不宜过久,一般先进厂先付制,后进厂后付制;对于发热红变或已变质的鲜叶,应分开加工。

第五节　主要适制茶树品种

一、育成品种

(一)楮叶齐

国家级良种。系湖南省茶叶研究所从安化群体种中采用单株育种法育成。无性系,灌木型,中叶类,中生种。植株较高大,树姿半开展,分枝较密,分枝部位较高,基部主干较明显。叶片呈上斜状着生,叶色绿或黄绿,富光泽。春茶萌发期较早,一芽二叶期在4月上旬(长沙县高桥镇)。芽叶生育力和持嫩性强,绿色或黄绿色,肥壮,茸毛中等,一芽二叶百芽重22.0 g。春茶一芽二叶干样含茶多酚17.8%、氨基酸4.4%、咖啡碱4.1%、水浸出物40.4%。产量高,每666.7 m²可产干茶214 kg。适制红茶、绿茶,品质优良。制绿茶,外形色泽绿润,汤色绿明,香味高醇,叶底嫩绿。制红碎茶,可达到二套样标准水平。抗寒性较强。适宜江南茶区种植。

(二)白毫早

国家级良种。系湖南省茶叶研究所从安化群体种中采用单株育种法育成。

无性系，灌木型，中叶类，早生种。树姿半开展，分枝部位较高，密度大。叶片呈上斜状着生，叶色绿。春茶萌发期特早，一芽二叶期在3月底至4月初（长沙县高桥镇），较福鼎大白茶早。芽叶生育力较强，持嫩性较强，绿色，茸毛特多，一芽二叶百芽重21.2 g。春茶一芽二叶干样含茶多酚18.6%、氨基酸5.2%、咖啡碱3.6%、水浸出物49.6%。产量高，5龄茶园每666.7 m²可产鲜叶420 kg以上。适制绿茶，品质优良。制绿茶外形条索紧细，茸毛满披，滋味醇厚，叶底黄绿嫩，香气嫩鲜持久，尤其适宜加工高桥银峰等。抗寒和抗病虫性强。适宜长江南北绿茶茶区种植。

（三）尖波黄13号

国家级良种。系湖南省茶叶研究所从尖波黄自然杂交后代中采用单株育种法育成。无性系，灌木型，中叶类，早生种。树姿半开展，分枝密度中等。叶片呈近水平状着生，叶色黄绿。春茶萌发期较晚，一芽二叶初展期在4月上旬（长沙县高桥镇）。芽叶生育力强，持嫩性强，绿色或黄绿色，肥壮，茸毛较多，一芽二叶百芽重20.6 g。春茶一芽二叶干样含茶多酚18.6%、氨基酸3.9%、咖啡碱3.1%、水浸出物48.0%。产量高，每666.7 m²可产干茶350 kg。适制绿茶、红茶，尤以红碎茶品质优。制绿茶，外形色泽黄绿、条索肥壮紧结，香气清纯持久，滋味清浓，汤色黄绿清澈，叶底嫩黄肥厚明亮。制红碎茶，香高味浓。抗寒性强。适宜长江南北茶区种植。

（四）玉绿

国家级良种。系湖南省茶叶研究所以日本薮北种为母本，以福鼎大白茶、槠叶齐、湘波绿和龙井43等优良品种的混合花粉为父本经人工杂交授粉采用杂交育种法育成。无性系，灌木型，中叶类，早生种。树姿半开展，分枝较密。叶片呈半上斜状着生，叶色黄绿，叶质柔软。春茶萌发早，一芽二叶初展期在4月初（长沙县高桥镇），较福鼎大白茶早1~2 d。芽叶生育力较强，绿色或黄绿色，肥壮，茸毛特多，一芽三叶百芽重130.0 g。春茶一芽二叶干样含茶多酚21.0%、氨基酸4.2%、咖啡碱3.9%、水浸出物48.2%。产量高，每666.7 m²可产干茶150 kg以上。适制绿茶，品质优。尤宜加工毛尖、高档名优绿茶，具有"三绿"特征，特别是滋味醇爽度好。抗寒、抗旱性较强。适宜湖南、四川、湖北等茶区种植。

（五）高芽齐

高芽齐又名槠叶齐9号。国家级良种。系湖南省茶叶研究所从槠叶齐自然杂交后代中采用单株育种法育成。无性系，灌木型，中叶类，中生种。树姿半开展，分枝密。叶片呈上斜状着生，叶色绿，有光泽。春茶萌发期较早，一芽二叶期在4月上、中旬（长沙县高桥镇）。芽叶生育力较强，持嫩性强，黄绿色，肥壮，茸毛少，一芽二叶百芽重21.8 g。春茶一芽二叶干样含茶多酚19.2%、氨基酸5.6%、咖啡碱2.6%、水浸出物49.0%。产量高，7龄茶树茶园每666.7 m²可产干茶320 kg。适制红茶、绿茶，品质优良。抗寒性强。适宜长江南北茶区种植。

（六）槠叶齐12号

国家级良种。系湖南省茶叶研究所从槠叶齐自然杂交后代中采用单株育种法育成。无性系，灌木型，中叶类，中生种。植株中等，树姿半开展，分枝较疏。叶片呈稍上斜状着生，芽叶黄绿色，茸毛少。春茶萌发期较早，一芽二叶期在4月上、中旬（长沙县高桥镇）。芽叶生育力较强，绿色，肥壮，茸毛特多，一芽二叶百芽重19.5 g。春茶一芽二叶干样含茶多酚19.8%、氨基酸6.0%、咖啡碱3.7%、水浸出物49.0%。产量高，每666.7 m²可产干茶262 kg。适制红茶、绿茶，品质优良。制红碎茶，味浓强鲜爽。制绿茶，具板栗香。抗寒性和抗病虫性均较强。适宜长江南北茶区种植。

（七）碧香早

省级良种。系湖南省茶叶研究所以福鼎大白茶为母本、云南大叶茶为父本采用杂交育种法育成。无性系，灌木型，中叶类，早生种。树姿半开展。叶片呈稍上斜状着生，叶色绿，富光泽。春茶萌发期较早，较福鼎大白茶晚2 d以上。芽叶生育力较强，绿色，肥壮，茸毛较多，持嫩性强，一芽二叶百芽重18.1 g。春茶一芽二叶干样含茶多酚18.3%、氨基酸6.7%、咖啡碱4.7%、水浸出物47.8%。产量高，每666.7 m²可产干茶240 kg以上。适制绿茶，翠绿显毫，味浓爽，栗香高长。抗寒性强。适宜湖南等茶区种植。

（八）保靖黄金茶1号

省级良种。系湖南省茶叶研究所和保靖县农业局从保靖黄金茶群体种中采用单株育种法育成。无性系，灌木型，中叶类，特早生种。树姿半开展，分枝密度中等。叶片呈半上斜状着生，叶色绿，叶质柔软。春茶萌发期特早，在湘西保靖县春茶一芽一叶初展期在2月下旬至3月上旬，较福鼎大白茶早15 d以上；芽叶生育力强，发芽密度大、整齐，芽数型，黄绿色，茸毛中等，持嫩性强，一芽二叶百芽重32.4 g。内含物丰富，春茶一芽二叶干样含水浸出物45.5%、氨基酸5.8%、茶多酚14.6%、咖啡碱3.7%。产量高，4~6龄茶园每666.7 m²产干茶208 kg，比福鼎大白茶增产24.5%。适制性强，制绿茶，色泽翠绿，汤色黄绿明亮，香气高长，回味鲜醇。制红茶，乌黑油润显金毫，滋味醇和甘爽。抗寒、抗旱、抗病虫害等抗逆性强，适宜于湖南等茶区种植。

（九）黄金茶2号

省级良种。系湖南省茶叶研究所和保靖县农业局从保靖黄金茶群体种中采用单株育种法育成。无性系，灌木型，中叶类，特早生种。树姿半开展，分枝密度中等。叶片呈半上斜状着生，叶色绿，叶质柔软。春茶萌发期特早，在湘西保靖县春茶一芽一叶期在3月上旬，较福鼎大白茶早7~9 d。育芽能力强，芽叶绿色，茸毛中等，持嫩性强，一芽二叶百芽重18.3 g。内含物丰富，春茶一芽二叶干样含茶多酚17.5%、氨基酸5.4%、咖啡碱3.9%、水浸出物38.6%。产量高，4~6龄茶园每666.7 m²产鲜叶969.9 kg。适制性强，制绿茶品质优，适制毛尖、高档名优绿茶。外形色泽翠绿带毫，汤色绿亮，香气嫩香清鲜持久，味醇爽较鲜，叶底嫩匀绿亮。抗寒、抗旱、抗病虫害较强。适宜于湖南等茶区种植。

（十）黄金茶168号

省级良种。系湖南省茶叶研究所和保靖县农业局从保靖黄金茶群体种中采用单株育种法育成。无性系，灌木型，中叶类，特早生种。树姿半开展，分枝密度中等。叶片呈近水平状着生，叶色绿，叶质柔软。春茶萌发期特早，品比试验区春茶一芽一叶期在3月中上旬，较福鼎大白茶早14 d左右。育芽能力强，芽叶黄绿色，茸毛中等，持嫩性强，一芽二叶百芽重40.6 g。春茶一芽二叶干样含茶多酚18.7%、氨基酸4.9%、咖啡碱4.1%、水浸出物38.4%。产量高，每666.7 m²产鲜叶535.3 kg，比对照福鼎大白茶高17.96%。制绿茶品质优，适制毛尖、高档名优绿茶，外形色泽翠绿有毫，汤色黄绿亮，香气清香高长，滋味鲜嫩醇爽，叶底嫩匀绿亮。抗寒、抗旱性较强，抗病虫害亦较强。适宜于湖南等茶区种植。

(十一)湘波绿

省级良种。系湖南省茶叶研究所从安化群体种中采用单株育种法育成。无性系,灌木型,大叶类,中生种。树姿半开展,分枝密度中等。叶片呈近水平状着生,叶色绿,富光泽。春茶萌发期早,与福鼎大白茶相当。芽叶持嫩性强,绿色,肥壮,茸毛较多,一芽二叶百芽重22.2 g。春茶一芽二叶干样含茶多酚14.3%、氨基酸4.5%、咖啡碱3.1%、水浸出物50.5%。产量高,每666.7 m² 可产干茶200 kg以上。适制红、绿茶。制绿茶,品质优良;制红茶,有花香。抗寒性较强,适应性较弱。适宜湖南部分茶区种植。栽培上要求土层深厚、有机质多、生态环境良好。适当密植,偏低定型修剪。注意抗旱和病虫害防治。

(十二)茗丰

省级良种。系湖南省茶叶研究所以福鼎大白茶为母本、云南大叶茶为父本采用杂交育种法育成。无性系,灌木型,中叶类,中生种。树姿半开展。叶片呈稍上斜状着生,叶色绿,富有光泽。春茶萌发期较迟,一芽二叶初展期较福鼎大白茶晚0 d和9 d(2010年和2011年,长沙县高桥镇)。芽叶生育力强,绿色或黄绿色,肥壮,茸毛较多,一芽二叶百芽重16.3 g。春茶一芽二叶干样含茶多酚17.9%、氨基酸6.8%、咖啡碱4.6%、水浸出物47.4%。产量高,每666.7 m²可产干茶330 kg左右。适制绿茶,色翠绿有毫,清香持久,品质优良。抗寒、抗旱和适应性强。适宜湖南等茶区种植。

(十三)湘波绿2号

省级良种。系湖南省茶叶研究所以福鼎大白茶为母本、湘波绿等5个品种混合花粉为父本采用杂交育种法育成。无性系,灌木型,中叶类,早生种。树姿半开展,分枝密度中等。叶片呈半上斜状着生,叶色深绿,叶质柔软。春茶萌发期较早,与福鼎大白茶相当。芽叶生育力较强,持嫩性强,黄绿色,茸毛中等,一芽二叶百芽重21.2 g。春茶一芽二叶干样含茶多酚24.4%、氨基酸4.7%、咖啡碱4.5%、水浸出物42.7%。产量高,每666.7 m²可产干茶236~296 kg。适制绿茶,品质优良。尤以制毛尖、高档名优绿茶,外形色泽绿翠有毫,汤色黄绿亮,香气清香高长,滋味鲜嫩醇爽,叶底嫩匀绿亮。抗寒、抗旱、抗病虫性较强。适宜湖南等茶区种植。栽培上宜选择土壤湿度较高、土层深厚肥沃的地块种植。

(十四)湘妃翠

省级良种。系湖南农业大学从福鼎大白茶自然杂交后代中采用单株育种法育成。无性系，灌木型，中叶类，早生种。半披张状，分枝角度和分枝密度较大。叶片呈水平或上斜状着生，叶色绿或黄绿。春茶萌发期较晚，一芽二叶初展期较福鼎大白茶晚 2 d 左右。芽叶生育力较强，浅绿色，茸毛尚多，一芽二叶百芽重23.3 g。春茶一芽二叶干样含茶多酚17.4%、氨基酸5.9%、咖啡碱4.6%、水浸出物48.2%。产量较高，每666.7 m^2可产鲜叶653 kg。适制绿茶，外形条索紧细、修长，色泽绿翠，内质香气高锐，滋味醇爽，汤色与叶底黄绿明亮，品质优良。抗寒、抗旱性强。适宜湖南等茶区种植。

(十五)玉笋

省级良种。系湖南省茶叶研究所以日本薮北种为母本，以福鼎大白茶、槠叶齐、湘波绿和龙井43 等优良品种的混合花粉为父本经人工杂交授粉采用杂交育种法育成。无性系，灌木型，中叶类，早生种。树姿半开展，分枝较密。叶片呈半上斜状着生，叶色绿，有光泽，叶质较厚软。春茶萌发期早，较福鼎大白茶早1~6 d。芽叶生育力强，浅绿色，茸毛较多，持嫩性强，一芽二叶百芽重20.3 g。春茶一芽二叶干样含茶多酚17.8%、氨基酸6.8%、咖啡碱3.4%、水浸出物48.5%。产量高，4~6 龄茶园仅春季每666.7 m^2可产鲜叶 1030 kg。适制绿茶，品质优良，尤其适制高档绿茶，其成品茶外形、汤色和叶底具有明显的"三绿"特征。抗寒、抗旱性强。适宜湖南等绿茶茶区种植。

(十六)潇湘红21-1(湘红3号)

省级良种。系湖南省茶叶研究所从江华苦茶群体资源中通过系统选种程序选育出的优质高咖啡碱红茶新品种。无性系，中叶类，中生种。成叶呈略上斜状着生，发芽密度稀；叶片深绿发亮，平展富光泽，叶质柔软。春茶萌发期较迟，1989—1991 年连续三年观察，一芽一叶期比对照槠叶齐晚2 d(长沙县高桥镇)。生长势强，明显优于对照槠叶齐，芽叶黄绿色，少茸毛，一芽一叶和一芽二叶百芽重分别为 11.8 g 和20.1 g。内含物丰富，春季红、绿茶分别含茶多酚19.40%和30.38%，游离氨基酸5.01%和5.04%，咖啡碱5.11%和5.09%，水浸出物38.26%和44.22%。红、绿茶中咖啡碱含量均高达5%以上，属于高咖啡碱优异茶树资源。制红、绿茶品质兼优。制绿茶，外形条索弯曲尚紧细、色泽绿润，汤色黄绿明亮，果香浓郁，滋味鲜爽，香气和滋味均优于对照福鼎大白茶；所制红条茶色泽乌黑油润，汤色红艳明亮，香气甜香醇正，滋味甜醇，与国家级对照种槠叶齐和省级良种高香优质红茶种潇湘1号相当；所制红碎茶外形颗粒紧结，色泽黑润带棕，香气鲜浓，有大叶种风味，滋味浓度好，加奶后汤色呈玫瑰红，茶味浓，达二套样上档水平。抗寒、抗旱、抗病虫能力均较强。适宜长江中下游茶区及华南茶区和西南茶区大叶种红茶区种植。

(十七)潇湘红21-3

省级良种。系湖南省茶叶研究所从江华苦茶群体中采用单株选育法选育出的优质抗寒红茶新品种。无性系，中叶类，中生种。成叶呈略上斜状着生，叶片黄绿发亮，平展富光泽，叶质柔软。春茶萌发期较迟，品比试验区连续观察三年，发芽期比对照槠叶齐晚3~4 d，展叶期亦晚3~4 d。春、夏茶发芽密度分别比对照槠叶齐高28.48%和44.96%；一芽一叶、一芽三叶长度和百芽重均比对照槠叶齐短而轻，属芽数型品种。春茶一芽二叶干样含茶多酚32.3%、氨基酸3.1%、水浸出物44.4%。产量高，1987-1989年三年品比试验区平均每667 m²产鲜叶379.9 kg，比对照槠叶齐增产126.7%；生产试验茶园成龄后每667 m²可产鲜叶1000 kg左右。制红碎茶香气高锐、鲜爽，汤色红艳，滋味浓强鲜爽，加奶后粉红色、茶味浓，叶底红亮，品质达红碎茶品质二套样水平。在湖南、湖北、广西均表现出抗寒性强，抗干旱和抗病虫害能力也较强。适宜在长江中下游茶区及华南茶区和西南茶区大叶种红茶区种植。

(十八)桃源大叶茶

省级良种。系湖南省桃源县茶树良种站和湖南农业大学茶叶研究所从桃源群体中采用单株育种法育成。无性系，灌木型，大叶类，早生种。植株较高大，树姿半开展，枝条粗壮稀疏。叶片呈稍上斜或水平状着生，叶色深绿，有光泽。春茶萌发期较晚，一芽二叶初展期在4月上旬(长沙县高桥镇)，较福鼎大白茶早2~7 d。发芽密度小，芽叶生育力较强，持嫩性强，绿略带紫红色，茸毛尚多，一芽二叶百芽重21.1 g。春茶一芽二叶干样含茶多酚19.2%、氨基酸5.1%、咖啡碱2.6%、水浸出物49.2%。产量中等，每666.7 m²可产干茶80 kg。适制红茶、绿茶，品质优良。制红茶，外形条索肥硕、色泽乌黑油润，汤色红亮,滋味浓欠爽、有甜香。制绿茶,香气清纯,滋味浓爽。抗寒、抗旱性强。适宜于湖南等茶区种植。

(十九)湘红茶1号

省级良种。系湖南省茶叶研究所以云南大叶种为母本、福鼎大白茶为父本采用杂交育种法育成。无性系,灌木型,中叶类,中生种。树姿半开展。叶片呈稍上斜状着生,叶色黄绿。春茶萌发期较晚,一芽二叶初展期在4月上旬(长沙县高桥镇),较福鼎大白茶早2~7 d。芽叶生育力较强,黄绿色微紫,茸毛多,一芽二叶百芽重14.0 g。春茶一芽二叶干样含茶多酚21.6%、氨基酸4.8%、咖啡碱5.1%、水浸出物47.6%。产量高,6龄茶树茶园每666.7 m²可产干茶250 kg左右。适制红茶。夏制红碎茶,香味鲜尚浓,汤色红亮,具有云南大叶茶风味。抗寒性和适应性较强。适宜于湖南等红茶茶区种植。

(二十)湘红茶2号

省级良种。系湖南省茶叶研究所以福建水仙为母本、优混(涟茶2号、英红2号)为父本采用杂交育种法育成。无性系,灌木型,中叶类,中生种。树姿半开展,分枝较稀疏。叶片呈水平或半上斜状着生,叶色绿或黄绿,叶质硬脆。春茶萌发期较晚,一芽二叶初展期在4月初(长沙县高桥镇),较福鼎大白茶早1~3 d。芽叶生育力较强,黄绿色微紫,一芽二叶百芽重14.1 g。春茶一芽二叶干样含茶多酚21.6%、氨基酸4.0%、咖啡碱4.1%、水浸出物45.8%。产量高,每666.7 m²可产干茶150 kg。适制红茶、乌龙茶。制红茶,外形色泽棕润,汤色浓亮,有花香,达二套样的标准水平。制乌龙茶,外形色泽乌润,汤色橙黄,滋味鲜爽有花香,叶底绿叶红边,与毛蟹相当。抗寒性、抗旱性强。适宜于湖南等红茶茶区种植。

二、引进品种

(一)福鼎大白茶

国家级良种。原产福建省福鼎市。无性系,小乔木型,中叶类,早生种。植株较高大,树姿半开展,主干较明显,分枝较密。叶片呈上斜状着生,叶色绿,叶质较厚软。春茶萌发期早,春茶一芽二叶初展期一般在3月下旬(福建省福鼎市)。芽叶生育力强,发芽整齐、密度大,黄绿色,茸毛特多,持嫩性强,一芽三叶百芽重63.0 g。春茶一芽二叶干样含茶多酚14.8%、氨基酸4.0%、咖啡碱3.3%、水浸出物49.8%。产量高，每666.7 m²可产干茶200 kg以上。适制绿茶、红茶、白茶。制烘青绿茶，色翠绿，白毫多，香高爽似栗香，味鲜醇。抗性强，适宜于长江南北及华南茶区推广，在湖南各茶区均有种植。

(二)白叶1号(安吉白茶)

省级良种。原产浙江省安吉县，系自然突变而成。无性系，灌木型，中叶类，中偏晚生种。植株较矮小，树姿半开展，分枝部位较低，密度中等。叶片呈水平或上斜状着生，叶色淡绿，叶质较薄柔。春茶萌发期中偏晚，一芽二叶开展期在4月中旬(浙江省杭州市)，比福鼎大白茶晚4 d。芽叶生育力中等，持嫩性强，春季幼嫩芽叶呈玉白色，叶脉淡绿色，随着叶片成熟和气温升高芽叶逐渐转为浅绿色，夏秋季芽叶均为绿色，芽叶茸毛中等，一芽三叶百芽重40.5 g。春茶一芽二叶干样含茶多酚13.7%、氨基酸6.3%、咖啡碱2.3%、水浸出物49.8%。产量中等，每666.7 m²产安吉白茶干茶5 kg左右。适制绿茶。制"安吉白茶"，色泽翠绿，香气似花香，滋味鲜爽，叶底玉白色，品质优良。抗性较弱。适宜江南茶区，在湖南部分地区有种植。

(三)迎霜

国家级良种。系杭州市茶叶研究所从福鼎大白茶与云南大叶种自然杂交后代中采用单株选育法育成。无性系，小乔木型，中叶类，早生种。植株较高大，树姿直立，分枝密度中等。叶片呈上斜状着生，叶色黄绿，叶质柔软。春茶萌期发早，一芽二叶期较福鼎大白茶早4 d左右。芽叶生育力强，持嫩性强，黄绿色，茸毛中等，一芽三叶百芽重45.0 g。春茶一芽二叶干样含茶多酚18.1%、氨基酸5.4%、咖啡碱3.4%、水浸出物44.8%。产量高，每666.7 m²可产干茶280 kg。适制红茶、绿茶。制绿茶，条索细紧，色泽嫩绿尚润，香高鲜持久，味鲜浓。制工夫红茶，条索细紧，色泽乌润，香高味浓鲜；制红碎茶，品质亦优。抗寒性尚强。适宜江南茶区，在湖南部分地区有种植。

(四)早白尖5号

国家级良种。系重庆市农业科学院茶叶研究所从早白尖群体中采用单株选育法育成。无性系，灌木型，中叶类，早生种。植株适中，树姿半开展，分枝密。叶片呈稍上斜状着生，叶色深绿，富光泽，叶质厚软。一芽二叶期3月中旬(重庆市茶区)。芽叶生育力较强，嫩绿有光泽，茸毛多，一芽三叶百芽重48.0 g。春茶一芽二叶干样含茶多酚16.4%、氨基酸3.6%、咖啡碱3.9%、水浸出物47.1%。产量高，3～5龄茶树茶园平均每666.7 m²可产干茶311.5 kg。适制绿茶、红茶。制绿茶，多毫，滋味鲜爽，清香持久。制红茶，香气醇浓，滋味较浓强。抗寒性强。适宜重庆、四川、湖北、湖南、江西、安徽、浙江、江苏、河南等茶区，在湖南部分地区有种植。

(五)黄金芽

省级良种。系浙江省余姚市三七市镇德氏家茶场等4家单位从当地品种群体的自然变异枝条，通过扦插繁殖，经多代提纯而成的光照敏感型新梢白化变异体。无性系，灌木型，中叶类，中生种。植株中等，树姿半开展，分枝密度中等而伸展能力较强。叶片呈上斜状着生，披针形，叶色浅绿或黄白，光泽少，黄化叶前期较薄软，后期叶缘明显增厚。在5000℃年活动积温区域，一芽二叶开展期在3月下旬至4月初。芽体较小，茸毛多，黄白色。茶园全年保持黄色。一芽二叶初展百芽重12.9 g。春茶一芽二叶干样含茶多酚23.4%、氨基酸4.0%、咖啡碱2.6%、水浸出物48.4%。产量中等，每666.7 m²产鲜叶86 kg。适制名优绿茶，具有"三黄"标志；香气浓郁有瓜果韵，持久悠长；滋味醇、糯、鲜。以一芽一叶初展为原料加工的卷曲形茶，外形纤秀、浅黄色，香气高鲜，滋味鲜甜。以一芽二叶初展采制的成品，外形浅黄色带绿，香气高而鲜灵，滋味鲜醇。白化程度高的黄金芽抗寒冻、抗旱、抗灼伤能力相对较弱，但返绿程度好的茶园依然有良好的抗逆能力。适宜年活动积温大于4200℃以上区域的山地中性、酸性土壤种植。湖南有引进种植。

(六)中茶108

国家级良种。系中国农业科学院茶叶研究所选育而成。无性系，灌木型，中叶类，特早生种。植株中等，树姿半开展，分枝较密。叶片呈上斜状着生，叶色绿，叶质中等。一芽二叶期在4月初，较福鼎大白茶早10 d(浙江省杭州市，2011年)。芽叶生育力强，持嫩性强，黄绿色，茸毛较少，一芽三叶百芽重36.7 g。春茶一芽二叶干样含茶多酚12.0%、氨基酸4.8%、咖啡碱2.6%、水浸出物48.8%。产量高，每666.7 m²可产干茶250 kg。制绿茶品质优，适合加工龙井、烘青等名优绿茶。制烘青绿茶，外形紧结，色泽绿润，汤色嫩绿明亮，清香浓郁，滋味鲜爽，叶底绿亮显毫。制扁形茶，外形光扁挺直匀整，翠绿鲜艳，滋味清爽鲜，叶底嫩绿。抗寒、抗旱性较强。适宜江北、江南茶区，在湖南有种植。

（七）千年雪

省级良种。系浙江省余姚市三七市镇德氏家茶场等单位从当地农家品种有性繁殖后代经单株选育而成。无性系，灌木型，中叶类，中生种。植株高大，树姿半直立，分枝密而伸展能力较强。叶片呈上斜状着生，叶色绿，叶质较软。在 5000℃ 年活动积温区域，一芽二叶初展期在 4 月上旬。芽叶生育力较强，芽体中等偏粗壮，茸毛少，日最高气温低于 25℃ 时，春茶新芽萌展初期粗壮、乳白色，萌展后渐成绿茎白叶；后随气温升高，叶背出现复绿，在 6—7 月间完全返绿。一芽二叶初展百芽重 16.0 g。春茶一芽二叶干样含茶多酚 22.5%、氨基酸 5.0%、咖啡碱 2.6%、水浸出物 49.4%。产量中等，每 666.7 m² 产鲜叶 65.7 kg。适制白茶、绿茶。白化一芽一叶初展为原料加工扁形茶，外形挺直壮实，色泽绿带嫩黄，香气高鲜，滋味鲜甜；白化一芽二叶初展加工的宁波白茶色泽浅黄，香高鲜灵，滋味鲜醇；以返绿期采制的卷曲形绿茶，色泽绿，香气高而持久，滋味醇鲜。抗寒冻、抗旱性均很强。适宜年活动积温小于 5000℃ 以下区域山地中性、酸性土壤种植。

（八）舒茶早

国家级良种。系安徽省舒城县农业局等单位从当地群体中采用单株系统选育法育成。无性系，灌木型，中叶类，早生种。植株适中，树姿半开展，分枝较密。叶片呈上斜状着生，叶色深绿，有光泽，叶质厚较软。一芽三叶盛期在 4 月中旬（安徽省舒城县）。芽叶生育力强，持嫩性强，发芽整齐，长势强，淡绿色，茸毛中等，一芽三叶百芽重 58.2 g。春茶一芽二叶干样含茶多酚 14.3%、氨基酸 3.7%、咖啡碱 3.1%、水浸出物 49.1%。产量高，国家区试每 666.7 m² 平均产鲜叶 775.6 kg，是对照种的 238.1%。适制绿茶，具兰花香。所制"舒城小兰花"为历史名茶，色泽翠绿，兰花清香持久，滋味鲜醇回甘。抗寒性、抗旱性强。适宜江北茶区种植，在湖南有种植。

（九）平阳特早茶

省级良种。原产浙江省平阳县，系浙江省平阳县农业局从当地群体品种中采用单株选育而成。无性系,小乔木型,中叶类,特早生种。植株较高大,树姿半开展,分枝较密。叶片呈上斜状着生,叶色深绿,叶质厚软。春茶萌发期特早,一芽二叶期在4月上旬(浙江省杭州市),比福鼎大白茶早4 d。芽叶生育力强,持嫩性较强,绿色,节间较短,茸毛较多,一芽三叶百芽重42.5 g。春茶一芽二叶干样含茶多酚16.8%、氨基酸5.0%、咖啡碱2.2%、水浸出物51.2%。产量高,每666.7 m²可产干茶200 kg。适制绿茶,品质优良。抗逆性强。适宜江南、江北茶区,在湖南有种植。

(十)丹霞1号

省级良种。系广东省农业科学院茶叶研究所和广东省仁化县农业局等单位从当地白毛茶野生群体自然变异株中选育而成。原产广东省仁化县。无性系,小乔木型,中叶类,中生种。树姿半开展,分枝尚密。叶片呈上斜状着生,叶色深绿,叶背茸毛密而厚,叶质厚脆。在广东省仁化县3月上旬萌动,一芽三叶期在4月中旬。芽叶生育力较强,绿色或黄绿色,肥壮,茸毛特多而长,色泽洁白,一芽三叶百芽重157.7 g。春茶一芽二叶干样含茶多酚20.8%、氨基酸4.1%、咖啡碱3.4%、水浸出物46.3%。产量高,每666.7 m²可产干茶169 kg。适制名优红茶、白茶。制红茶,外形秀丽,金毫满披,花香浓郁,滋味浓爽,汤色红亮。制白茶,外形挺直,芽头肥壮,白毫满披,兰花毫香浓郁持久,汤色杏黄明亮,滋味鲜醇,叶底嫩匀。抗逆性强。适宜广东北部、广东东部及其他大叶种茶区,在湖南南部部分地区有种植。

(十一)丹霞2号

省级良种。系广东省农业科学院茶叶研究所和广东省仁化县农业局等单位从当地白毛茶野生群体自然变异株中选育而成。原产广东省仁化县。无性系,小乔木型,中叶类,中生种。树姿半开展。叶片呈上斜状着生,叶色绿,叶背茸毛密而厚,叶质厚。在广东省仁化县3月上旬萌动,3月下旬开采。芽叶生育力强,绿色或黄绿色,肥壮,茸毛特多,色泽洁白,一芽三叶百芽重162.3 g。春茶一芽二叶干样含茶多酚18.9%、氨基酸3.8%、咖啡碱3.7%、水浸出物45.5%。产量高,每666.7 m²可产干茶178 kg。适制名优红茶、白茶。制红茶,外形秀丽,金毫厚披,甜韵玫瑰香浓郁持久,滋味浓爽显香,汤色铜红明亮。制白茶,外形挺直,芽头肥壮,白毫厚披,汤色杏黄明亮,滋味浓醇显兰花香,叶底匀齐明亮。抗逆性强。适宜广东北部、广东东部及其他大叶种茶区,在湖南汝城南部有种植。

(十二)梅占

国家级良种。原产福建省安溪县。无性系,灌木型,中叶类,中生种。植株较高大,树姿直立,主干较明显,分枝密度中等。叶片呈水平状着生,叶色深绿,富光泽,叶质厚脆。春茶萌发期中偏迟,一芽二叶初展期在3月下旬至4月上旬(福建省福安市)。芽叶生育力强,发芽较密,持嫩性较强,绿色,茸毛较少,一芽三叶百芽重103.0 g。春茶一芽二叶干样含茶多酚16.5%、氨基酸4.1%、咖啡碱3.9%、水浸出物51.7%。产量高,每666.7 m² 可产干茶200～300 kg。适制乌龙茶、绿茶、红茶。制红茶,香高似兰花香,味醇。制炒青绿茶,香气高锐,滋味浓厚。制乌龙茶,香味独特。抗寒性与抗旱性较强。适宜江南茶区,在湖南一些茶区有种植。

(十三)铁观音

国家级良种。原产福建省安溪县。无性系,灌木型,中叶类,晚生种。植株中等,树姿开展,分枝稀。叶片呈水平状着生,叶色浓绿光润,叶质厚脆。春茶萌发期中偏迟,一芽二叶初展期在3月下旬至4月上旬(福建省福安市)。芽叶生育力较强,发芽较稀,持嫩性较强,绿带紫红色,肥壮,茸毛较少,一芽三叶百芽重60.5 g。春茶一芽二叶干样含茶多酚17.4%、氨基酸4.7%、咖啡碱3.7%、水浸出物51.0%。产量较高,每666.7 m² 可产乌龙茶100 kg以上。适制乌龙茶、绿茶。抗寒性与抗旱性较强。适宜乌龙茶茶区,在湖南炎陵等地有种植。

(十四)黄金桂(黄旦、黄棪)

国家级良种。原产福建省安溪县。无性系,小乔木型,中叶类,早生种。植株中等,树姿较直立,分枝较密。叶片呈稍上斜状着生,叶色黄绿,富光泽,叶质较薄软。春茶萌发期早,一芽二叶初展期在3月中旬左右(福建省福安市)。芽叶生育力强,发芽密,持嫩性较强,黄绿色,茸毛较少,一芽三叶百芽重59.0 g。春茶一芽二叶干样含茶多酚16.2%、氨基酸3.5%、咖啡碱3.6%、水浸出物48.0%。产量高,每666.7 m² 可产乌龙茶150 kg左右。适制乌龙茶、绿茶、红茶。制乌龙茶,香气馥郁芬芳,俗称"通天香",滋味醇厚甘爽。制红茶、绿茶，条索紧细，味香浓郁、醇厚，是制作特种绿茶和工夫红茶的优质原料。抗旱、抗寒性较强。适宜江南茶区，在湖南一些茶区有种植。

(十五)福建水仙

国家级良种。原产福建省建阳区。无性系，小乔木型，大叶类，晚生种。植株高大，树姿半开展，主干明显，分枝稀。叶片呈水平状着生，叶色深绿，富光泽，叶质厚、硬脆。春茶萌发期较迟，一芽二叶初展期在3月下旬至4月上旬(福建省福安市)。芽叶生育力较强，发芽密度稀，持嫩性较强，淡绿色，较肥壮，茸毛较多，节间长，一芽三叶百芽重112.0 g。春茶一芽二叶干样含茶多酚17.6%、氨基酸3.3%、咖啡碱4.0%、水浸出物50.5%。产量较高，每666.7 m² 可产乌龙茶150 kg。适制乌龙茶、绿茶、红茶、白茶。制乌龙茶，色翠润，条索肥壮，香高长似兰花香，滋味醇厚，回味甘爽。制红茶、绿茶，条索肥壮，毫显，香高味醇。制白茶，芽壮毫多色白，香清味醇。抗寒、抗旱能力较强，适应性较强。适宜江南茶区，在湖南部分茶区有种植。

(十六)黄观音

国家级良种。系福建省农业科学院茶叶研究所以铁观音为母本、黄棪为父本，采用杂交育种法育成。无性系，灌木型，中叶类，早生种。植株较高大，树姿半开展，分枝较密。叶片呈上斜状着生，叶色黄绿，有光泽，叶质尚厚脆。春茶萌发期早，一芽二叶初展期在3月中、下旬(福建省福安市)。芽叶生育力强，发芽密，持嫩性较强，新梢黄绿微带紫色，茸毛少，一芽三叶百芽重58.0 g。春茶一芽二叶干样含茶多酚19.4%、氨基酸4.8%、咖啡碱3.4%、水浸出物48.4%。产量高，每666.7 m² 可产乌龙茶200 kg以上。适制乌龙茶、绿茶、红茶。制乌龙茶，香气馥郁芬芳，具有"通天香"的香气特征，滋味醇厚甘爽。制绿茶、红茶，香高爽，味醇厚。抗寒与抗旱性强。适宜乌龙茶茶区及江南红茶、绿茶茶区，在湖南一些茶区有种植。

(十七)金观音

国家级良种。系福建省农业科学院茶叶研究所以铁观音为母本、黄棪为父本，采用杂交育种法育成。无性系，灌木型，中叶类，早生种。植株较高大，树姿半开展，分枝较密。叶片呈水平状着生，叶色深绿，有光泽，叶质厚脆。春茶萌发期早，一芽二叶初展期在3月中、下旬(福建省福安市)。芽叶生育力强，发芽密且整齐，持嫩性较强，紫红色，茸毛少，一芽三叶百芽重50.0 g。春茶一芽二叶干样含茶多酚19.0%、氨基酸4.4%、咖啡碱3.8%、水浸出物45.6%。产量高，每666.7 m²可产乌龙茶200 kg以上。适制乌龙茶、绿茶。制乌龙茶，香气馥郁悠长，滋味醇厚回甘，"韵味"显，具有铁观音的香味特征。抗性与适应性强。适宜乌龙茶茶区，在湖南有种植。

(十八)丹桂

国家级良种。系福建省农业科学院茶叶研究所从肉桂自然杂交后代中采用单株育种法育成。无性系，灌木型，中叶类，早生种。植株较高大，树姿半开展，分枝密。叶片呈稍上斜状着生，叶色深绿或绿，有光泽，叶质较厚软。春茶萌发期早，一芽二叶期在3月中、下旬(福建省福安市)。芽叶生育力强，发芽密，持嫩性强，黄绿色，茸毛少，一芽三叶百芽重66.0 g。春茶一芽二叶干样含茶多酚17.7%、氨基酸3.3%、咖啡碱3.2%、水浸出物49.9%。产量高。适制乌龙茶、绿茶、红茶。制乌龙茶，香气清香持久、有花香，滋味清爽带鲜、回甘；制绿茶、红茶，花香显，滋味浓爽。抗寒与抗旱性强，抗病虫能力强。适宜福建、广东、广西、湖南、浙江及相似茶区，在湖南有种植。

(十九)春兰

国家级良种。系福建省农业科学院茶叶研究所从铁观音自然杂交后代中采用单株育种法育成。无性系，灌木型，中叶类，早生种。植株中等，树姿半开展。叶片呈水平状着生，叶色深绿或绿，有光泽，叶质较厚脆。春茶萌发期较早，一芽二叶初展期在3月中、下旬(福建省福安市)。育芽能力较强，持嫩性较强，芽叶黄绿色，茸毛少，一芽三叶百芽重58.0 g。春茶一芽二叶干样含茶多酚15.6%、氨基酸5.7%、咖啡碱3.7%、水浸出物51.4%。产量较高。适制乌龙茶、绿茶、红茶。制乌龙茶，外形重实，香气清幽细长，兰花香显，滋味醇厚有甘韵。制绿茶，汤色浅绿明亮，花香浓郁持久，滋味鲜醇爽口。制红茶，外形细长匀整，色泽乌黑有光，汤色金黄，香气似花果香，滋味鲜活甘爽。抗旱性与抗寒性强。适宜福建、广东、广西、湖南及相似茶区种植。

(二十)瑞香

国家级良种。系福建省农业科学院茶叶研究所从黄棪自然杂交后代中采用单株育种法育成。无性系，灌木型，中叶类，晚生种。植株较高大，树姿半开展。叶片呈上斜状着生，叶色黄绿，叶质较厚软。春茶萌发期较迟，一芽二叶初展期在 3 月下旬至 4 月上旬(福建省福安市)。芽叶生育力强，发芽整齐，芽梢密度高，持嫩性较好，茸毛少，一芽三叶百芽重 94.0 g。春茶一芽二叶干样含茶多酚 17.5%、氨基酸 3.9%、咖啡碱 3.7%、水浸出物 51.3%。产量高。适制乌龙茶、绿茶、红茶。制乌龙茶，色翠润，香气浓郁清长、花香显，滋味醇厚鲜爽、甘润。制绿茶汤色翠绿清澈，香浓郁鲜爽，味醇爽。制红茶，金毫显，汤色红艳，鲜甜花香显，味鲜浓。抗旱与抗寒性强，适应性广。适宜福建、广东、广西、湖南及相似茶区种植。

(二十一)金牡丹

国家级良种。系福建省农业科学院茶叶研究所以铁观音为母本、黄棪为父本，采用杂交育种法育成。无性系，灌木型，中叶类，早生种。植株中等，树姿较直立。叶片呈水平状着生，叶色绿，具光泽，叶质较厚脆。春茶萌发期较早，一芽二叶初展期在 3 月中、下旬(福建省福安市)。芽叶生育力强，持嫩性强，紫绿色，茸毛少，一芽三叶百芽重 70.9 g。春茶一芽二叶干样含茶多酚18.6%、氨基酸 5.1%、咖啡碱 3.6%、水浸出物 49.6%。产量高，每 666.7 m² 可产乌龙茶 150 kg 以上。适制乌龙茶、绿茶、红茶，品质优。制乌龙茶，香气馥郁芬芳，滋味醇厚甘爽，韵味显，具有铁观音的香味特征。制红茶、绿茶，花香显，味醇厚。抗性与适应性强。适宜福建、广东、广西、湖南及相似茶区种植。

(二十二)英红 9 号

省级良种。系广东省农业科学院茶叶研究所从云南大叶茶群体中采用单株育种法选育而成。无性系，乔木型，大叶类，早生种。植株高大，树姿半开展，分枝较密。叶片呈稍上斜状着生，特大，叶色淡绿，叶质厚软。在广东省英德市一芽三叶期在 3 月下旬。芽叶生育力和持嫩性强，黄绿色，茸毛少，一芽三叶百芽重 130.0 g。春茶一芽二叶干样含茶多酚 21.3%、氨基酸 3.2%、咖啡碱 3.6%、水浸出物 55.2%。产量高，每 666.7 m² 可产干茶 230 kg。适制红茶，品质优良。制工夫红茶，色泽乌褐油润显金毫，蔗甜花香高长持久。汤色红明透亮，滋味浓醇甜滑；制一芽一叶金毫红茶，金毫满披，香气清幽如兰，滋味鲜醇细腻。抗寒性较弱。适宜华南茶区，在湖南南部有部分种植。

(二十三)金萱(台茶 12 号)

省级良种。系台湾地区茶业改良场以台农 8 号为母本、硬枝红心为父本，采用杂交育种法选育而成。无性系,灌木型,中叶类,中生(偏早)种。植株中等,树姿开展,分枝密度大,分枝均匀,枝条较青心乌龙及铁观音粗壮。叶片呈稍上斜状着生,叶色淡绿,具光泽,叶质厚。春茶萌发期在2月末(台湾茶区),采摘期长。芽叶生育力强,发芽整齐,密度中等,绿带紫,节间粗长,茸毛短密,嫩叶背面有茸毛,一芽三叶百芽重98.7 g。春茶一芽二叶干样含茶多酚17.8%、氨基酸2.6%。4~6龄茶树茶园每666.7 m²可产干茶56.7 kg。适制乌龙茶,滋味甘醇浓厚,香气高雅,带浓厚的玉兰香气;亦适合加工铁观音型茶。抗寒性强,适应性强。适宜台湾北部茶区,在湖南有种植。

(二十四)福鼎大毫茶

国家级良种。原产福建省福鼎市。无性系,小乔木型,大叶类,早生种。植株高大,树姿较直立,分枝较密。叶片呈水平状着生,叶色绿,富光泽,叶质厚脆。春茶萌发期早,春茶一芽二叶初展期一般在3月下旬(福建省福安市)。芽叶生育力较强,发芽整齐,持嫩性较强,黄绿色,肥壮,茸毛特多,一芽三叶百芽重104.0 g。春茶一芽二叶干样含茶多酚17.3%、氨基酸5.3%、咖啡碱3.2%、水浸出物47.2%。产量高,每666.7 m²可产干茶200~300 kg。适制绿茶、红茶、白茶,是制白毫银针、白牡丹、雪芽的优质原料。抗性强和适应性广,适宜于长江南北及华南茶区推广,在湖南各茶区有种植。

第三章　绿茶加工

绿茶是我国生产的主要茶类之一，历史悠久、产区广、产量大、品质好。目前，我国已成为全球最大的绿茶生产、消费和出口国。我国绿茶加工在传承传统炒制技术的基础上，已由手工方式逐渐实现了机械化、连续化和清洁化加工。

湖南是我国优质绿茶主要产区之一，绿茶也是湖南主产茶类之一。高桥银峰、古丈毛尖、石门银峰、碣滩茶、黄金茶等品质优异，深受广大消费者喜爱。

第一节　品质特征

绿茶品种虽然很多，但品质优良的绿茶其品质特征是干茶色泽翠绿或黄绿，清汤绿叶，具有清香或熟嫩栗香等，滋味鲜醇爽口。不同种类的绿茶，其品质特征各有所不同。长炒青绿茶要求外形条索紧直、匀整、圆浑，有锋苗，状似眉毛，干茶色泽绿翠光润；内质清香持久，最好有熟板栗香，味浓而醇；汤色黄绿明亮，叶底嫩匀，忌红梗红叶、焦斑及闷黄叶等。圆炒青绿茶要求外形颗粒圆紧，匀称重实，色泽绿润；内质香气清纯，味醇和爽口，叶底芽叶完整明亮。烘青绿茶则要求外形条索紧细、匀整，芽尖白毫显露，色泽墨绿光润；内质香气清正，滋味醇和，汤色清澈，耐冲泡。蒸青绿茶则要求色泽深绿，茶汤浅绿明亮，叶底青绿，香气鲜爽，滋味甘醇。

湖南及我国其他产茶省的部分名优绿茶品质特征见表3-1。

表3-1　部分名优绿茶品质特征

茶名	品质特征
龙井茶	干茶外形扁平、嫩绿光滑，茶汤清香明显，汤色黄绿明亮，滋味鲜甜醇厚，有鲜橄榄的回味
碧螺春	干茶条索纤细匀整，呈螺形卷曲，白毫显露，色绿；汤色碧绿清澈，清香、味鲜甜
南京雨花茶	条索圆紧挺直如松针，叶色翠绿有茸毛；汤色清澈明亮，味鲜爽
六安瓜片	叶呈单片，形似瓜子，叶色翠绿起霜，清香高长，滋味鲜甜
高桥银峰	干茶条索呈波形卷曲，锋苗明显、银毫显露，色泽翠绿，清香味醇
太平猴魁	干茶如含苞待放的白兰花，肥壮重实，色苍绿，叶脉微泛红，冲泡后略带兰花香，滋味鲜醇
安化松针	条索细紧挺直似松针，披白毫，叶色翠绿，味鲜甜
黄山毛峰	特级外形芽叶肥壮，形似"雀舌"，带有金黄片，叶色嫩绿，金黄油润，密披白毫，味鲜浓
信阳毛尖	条索圆直细紧，翠绿色，白毫显露，有板栗香，滋味鲜醇
庐山云雾	条索细紧，青翠多毫，香气鲜爽，滋味醇厚

根据GB/T 14456.3—2016的规定，中小种绿茶特级及一到三级的感官品质特征及要求分别见表3-2至表3-5。

表3-2　长炒青绿茶感官品质要求

级别	外形				内质			
	条索	整碎	色泽	净度	香气	滋味	汤色	叶底
特级	紧细显锋苗	匀整	绿润	稍有嫩茎	鲜嫩高爽	鲜醇	清绿明亮	柔嫩匀整，嫩绿明亮
一级	紧结有锋苗	匀整	绿尚润	有嫩茎	清高	浓醇	绿明亮	嫩绿明亮
二级	紧实	尚匀整	绿	稍有梗片	清香	醇和	黄绿明亮	嫩绿尚明亮
三级	尚紧实	尚匀整	黄绿	有梗片	纯正	平和	黄绿尚明亮	稍有摊张，黄绿尚明亮

表3-3　圆炒青绿茶感官品质要求

级别	外形				内质			
	条索	整碎	色泽	净度	香气	滋味	汤色	叶底
特级	细圆重实	匀整	深绿光润	净	香高持久	浓厚	清绿明亮	芽叶较完整，嫩绿明亮
一级	圆结	匀整	绿润	稍有嫩茎	高	浓醇	黄绿明亮	芽叶尚完整，黄绿明亮
二级	圆紧	匀称	尚绿润	稍有黄头	纯正	醇和	黄绿尚明亮	尚嫩尚匀，黄绿尚明亮
三级	圆实	匀称	黄绿	有黄头	平和	平和	黄绿	有摊张，黄绿尚明亮

表3-4　扁炒青绿茶感官品质要求

级别	外形				内质			
	条索	整碎	色泽	净度	香气	滋味	汤色	叶底
特级	扁平挺直光削	匀整	绿润	洁净	鲜嫩高爽	鲜醇	清绿明亮	柔嫩匀整，嫩绿明亮
一级	扁平挺直	匀整	黄绿润	洁净	清高	浓醇	绿明亮	嫩匀，绿明亮
二级	扁平尚直	尚匀整	绿尚润	净	清香	醇和	黄绿明亮	尚嫩，黄绿明亮
三级	尚扁直	尚匀整	黄绿	稍有朴片	纯正	醇正	黄绿尚明	稍有摊张，黄绿尚明亮

表3-5　烘青绿茶感官品质要求

级别	外形				内质			
	条索	整碎	色泽	净度	香气	滋味	汤色	叶底
特级	细紧显锋苗	匀整	绿润	稍有嫩茎	鲜嫩清香	鲜醇	清绿明亮	柔嫩匀整，嫩绿明亮
一级	细紧有锋苗	匀整	尚绿润	有嫩茎	清香	浓醇	黄绿明亮	尚嫩匀，黄绿明亮
二级	紧实	尚匀整	黄绿	有茎梗	纯正	醇和	黄绿尚明亮	尚嫩黄，绿尚明亮
三级	粗实	尚匀整	黄绿	稍有朴片	稍低	平和	黄绿	有单张，黄绿

第二节　鲜叶原料要求

绿茶的花色品种较多，有炒青绿茶、烘青绿茶、晒青绿茶等大宗绿茶，也有如龙井、毛峰、银峰、碧螺春、银针、松针等形态各异的名优绿茶。各种绿茶对鲜叶嫩度、新鲜度和匀度的要求不尽相同。大宗绿茶如眉茶、珠茶和烘青绿茶，一般要求鲜叶具有一定的成熟度，采摘标准为一芽二、三叶；而名优特种绿茶，除少数特殊茶品外，大多要求芽叶幼嫩，有的要求一芽二叶初展，有的要求一芽一叶，还有的则要求只采一个嫩芽。尽管要求不一致，但各种绿茶对鲜叶适制性仍然有着共同的要求。

鲜叶色泽：一般要求叶色绿。紫色芽叶不适宜加工绿茶。

叶型大小：一般以中小叶种为宜。

化学成分组成：以叶绿素、蛋白质等含量高的为好，多酚类化合物的含量不宜太高，尤其是花青素含量更应减少到最低程度。

鲜叶的叶色、叶型和化学成分组成是相互关联的。一般叶色绿的鲜叶，叶绿素、蛋白质的含量高。叶型大小与鲜叶内化学成分含量也有关系，叶型大的鲜叶通常多酚类化合物含量较高，加工成绿茶，滋味过于浓烈，干茶外形较为粗大。

第三节　炒青绿茶加工

炒青绿茶是我国绿茶产区最广、产量最多的一种绿毛茶，主要加工为出口眉茶。由于加工过程中采用"炒干"干燥方式，其毛茶习惯上称为"炒青"。根据外形的不同，炒青绿茶可分为两种：一种外形成条、紧结，称为"长炒青"，其成品紧结、略曲、辉白，形似眉毛，故名"眉茶"；另一种外形浑圆紧结，称为"圆炒青"，其成品为"珠茶"。炒青绿茶在湖南生产范围较广。我国各地生产的长炒青由于不同地区鲜叶品质的差异、加工机械设备配套以及具体加工方法的不同，品质也各有差异，有的甚至有较大差异。但对于高级茶的品质均要求外形条索紧直、匀整、有锋苗、不断碎，色泽绿润，调和一致，净度好；内质要求香高持久，最好能有熟板栗香；汤色清澈，黄绿明亮；滋味浓醇爽口，忌苦涩味；叶底嫩绿明亮，忌红梗、红叶、焦斑、生青及闷黄叶。

炒青绿茶加工的基本工序是鲜叶摊放、杀青、揉捻和干燥等几道工序。

一、鲜叶摊放

鲜叶摊放是绿茶初制过程中不可或缺的工序之一，也是形成绿茶色绿、味醇等品质特征的重要措施之一，其对高级绿茶的作用效果较低级绿茶更为显著。

鲜叶在摊放过程中，内含化学成分发生缓慢变化。随着水分的散失，细胞液浓度增加，酶的活性增强，鲜叶中青草气部分散发，多酚类物质轻微氧化，部分蛋白质水解为氨基酸，淀粉分解转化为可溶性糖，这些变化都有利于提升茶叶品质。由于叶绿素的少量破坏，使叶色绿中透黄，有嫩绿的感觉；蛋白质、淀粉的水解，使水浸出物含量增加，同时多酚类物质与氨基酸的比率降低，使茶汤滋味变得更醇和。一般鲜叶经摊放后，含水量减少至 70% 左右时便可炒制。根据"嫩叶老摊，老叶嫩摊"的原则，高级鲜叶摊放后含水量应适当低些，低级鲜叶含水量则略高。

鲜叶摊放的具体方法是：细嫩炒青绿茶鲜叶原料摊放在竹垫或篾盘等设备内，要求均匀薄摊，摊叶厚度一般 2~3 cm，摊叶量 1 kg/m² 左右，摊放时间 6~8 h，气温低、湿度大或雨水叶、露水叶，摊放时间适当延长，摊放过程中，可轻翻 1~2 次。大宗炒青绿茶，选择清洁、阴凉的场地，下铺竹垫等设施，摊叶厚度 15~20 cm，约 20 kg/m²，时间 12 h 以内；中间 2 h 左右适当翻动鲜叶，防止鲜叶发热。摊放适度后即投入付制。要求做到先进厂先付制。目前，已有各种设备用于鲜叶贮青和摊放，各厂家应根据自身环境条件制定合理的摊放技术参数，确保鲜叶品质。

二、杀青

杀青是形成和提高炒青绿茶品质的关键技术。杀青的目的：一是彻底破坏鲜叶中酶的活性，制止多酚类化合物的酶促氧化，以便获得绿茶应有的色、香、味；二是散发青气、发展茶香；三是改变叶片中内含成分的部分性质，促进绿茶品质的形成；四是蒸发一部分水分，使叶质变为柔软，增加韧性，便于揉成条。杀青为绿茶独特的品质形成奠定良好的基础。

(一)杀青技术

目前炒青绿茶的杀青已经全部机械化，杀青机械种类较多，可分为锅式杀青机、滚筒杀青机、槽式杀青机、汽热杀青机、热风杀青机等类型。锅式杀青机类型较多，但目前一般不再使用，而是普遍采取滚筒杀青机等杀青。

滚筒杀青机机型也较多，常用型号有 40 型、50 型、60 型、70 型和 80 型等，以电和生物质燃料为主。以 70D 型杀青机为例，打开电源，设定杀青温度，启动加热装置。启动电动机使筒体转动均匀受热。接着将鲜叶投入输送机的贮茶斗内，当滚筒温度达到设定温度后，启动输送鲜叶电机进行投叶。开始上叶时投叶量要多，以免焦叶。杀青时间 2.5～3.5 min。当开始出叶时应观察杀青程度，并按杀青程度调整投叶量的多少，投叶量通过匀叶器的高低来控制。在杀青过程中，应随时检验出叶情况：如杀青程度偏嫩，应放低匀叶器，减少投叶量；如杀青程度偏老，则升高匀叶器，以增加投叶量。每小时投叶量，春季嫩叶为 150～200 kg，后期老叶可适当增加；如遇雨水叶或露水叶，以及嫩叶含水量较高的鲜叶，则需调整滚筒转速，使筒体在 20 r/min 转速下工作，以延长叶子在筒内的停留时间，一般鲜叶以中速 25 r/min 为宜。

当杀青结束时，需要提前关闭加热电源，以免结束时产生焦叶。杀青结束后，需要让滚筒继续转动，防止滚筒受热不均，筒体变形。在滚筒温度降到常温后，再关闭电源。

(二)杀青程度

杀青程度，一般是在出叶口取叶通过感官来判断。当叶色由鲜绿转为暗绿，不带红梗红叶，手捏叶软，略有黏性，嫩茎梗折而不断，紧握叶子成团，稍有弹性，青草气消失，略带茶香即为适度。如叶焦边，叶片上出现焦斑等现象，则为杀青过度；如杀青叶仍鲜绿，茶梗易折断，叶片欠柔软，青草气重，则为杀青不足。

三、揉捻

揉捻的目的是卷紧茶条，缩小体积，为炒干成条打好基础；同时适当破坏叶组织，促使茶汁容易泡出，又耐冲泡。

揉捻最容易观察的是形成茶条。炒青绿茶揉捻叶外形要求"五要五不要"：一要叶条，不要叶片；二要圆条，不要扁条；三要直条，不要弯条；四要紧条，不要松条；五要整条，不要碎条。同时要求叶色翠绿，不泛黄，香气清高，不低闷。影响揉捻适度的因素主要有投叶量、揉捻时间和压力、揉捻叶的温度等，须适当掌握。

（一）热揉和冷揉

热揉是指杀青叶不经摊凉，趁热揉捻。冷揉是指杀青叶出锅后，经过一段时间的摊凉，使叶温下降到一定程度时再进行揉捻。

不同老嫩程度的叶子具有不同的成条性。嫩度较高的叶子，由于纤维素含量低，又有较多的果胶等，叶子在揉捻时容易成条；老叶含有较多的淀粉，趁热揉捻有利于淀粉继续糊化，有利于和其他物质充分混合，从而增加叶表黏稠性，同时，在热的条件下，纤维素软化容易成条。但热揉的缺点往往是叶色易变黄，并有水闷气。因此，在热的条件下，对于嫩叶来说，它本身在揉捻时容易成条，为了保持良好的色泽和香气，应该采用冷揉；对那些成熟老叶，趁热揉捻可获得较好的外形。虽然热揉对色泽和香气有影响，但较老叶子本来香气就不高，叶子也较深绿，热揉失去一部分叶绿素，不仅对它的叶色影响不大，有时反而会使叶底明亮些，所以较老叶子一般采用热揉。我们常见的一芽二、三叶鲜叶，属中等嫩度，宜采用温揉，即杀青叶稍经摊放、叶子尚温时揉捻为好。

（二）投叶量

各种型号的揉捻机，都有一定的投叶适量范围。投叶量的多少，直接关系到揉捻叶的质量。投叶量过多，一方面由于叶团翻转冲击揉桶，叶子因过多而甩出桶外。另一方面杀青叶在揉桶内翻转困难，揉捻不均匀，不仅条索揉不紧，也会造成松散条和扁碎条多。此外，因叶子与叶子之间、叶子与揉桶之间以及叶子与揉盘之间摩擦增大，致使叶子在桶内摩擦发热，不仅影响外形也影响内质。但投叶量过少，叶子相互带动力减弱，不易翻动，起不到揉捻的作用。一般以自然装满揉桶为宜。

（三）揉捻机转速

绿茶揉捻，揉捻机转速不宜过快。在一定范围内，揉捻叶的成条率随揉捻机转速增加而下降,而叶子断碎率则随揉捻机转速增加而增加。

(四)揉捻时间和加压

揉捻时间和加压二者关系密切,往往揉捻时间并不长,但如果加压过重,会致使梗叶分离,揉捻叶没有成条就先断碎。对揉捻叶既要达到一定的细胞破碎率,又要保持条索完整,还要求成条率达到规定的要求。嫩叶芽尖锋苗要保持,不能断碎。揉捻加压应遵循"先轻后重,逐步加压,轻重交替,最后松压"的原则。在揉捻开始阶段,一般都不加压,通过轻轻揉捻,使叶片能逐渐沿着叶子主脉初步卷成条状。当叶团开始在揉桶内能上下滚动时,可开始加压。压力的轻重,应视叶子老嫩来掌握。一、二级鲜叶应以无压揉捻为主,中间适当加以轻压;三级及以下鲜叶要适当加压,但应逐步加重。开始无压,中间加压,最后松压。如果加压过早或过重或一压到底,往往达不到揉捻叶的良好效果。总之,投叶要适度,转速要适宜,时间要保证,加压要适当。

炒青绿茶加工使用的揉捻机,一般以中小型揉捻机为宜。具体机型有6CR-40/45/55型,转速一般为42~50 r/min。嫩叶转速宜慢,较老叶子转速可稍快。嫩叶投叶量可多些,老叶投叶量应少些。嫩叶采取一次揉捻;老叶可分两次揉捻,中间解块筛分一次,筛面茶再进行复揉。解块分筛的筛网配置:上段为4孔,下段为3孔。操作时,上叶要均匀,筛底揉捻叶上烘或炒干,粗头可再揉一次,以使茶条更加紧结。

(五)揉捻程度

三级以上的叶子成条率达80%以上,三级及以下的叶子成条率达60%以上。揉捻叶细胞破碎率一般为45%~55%。茶汁附着叶面,手摸有湿润黏手感觉,即茶条紧结不扁、嫩叶不碎、老叶不松为适度。

四、干燥

干燥是决定炒青绿茶品质的最后一关,对形成炒青绿茶品质有着重要的作用。干燥的目的:一是叶子在杀青的基础上继续使内含物发生变化,提高内在品质;二是在揉捻的基础上收紧条索,改进外形;三是排除过多水分,防止霉变,便于贮藏。

炒青绿茶的干燥一般分为炒二青、炒三青和辉锅三道工序。炒青绿茶初制的干燥工艺中,其水分指标控制:二青叶含水量40%,三青叶含水量20%,采用"烘—炒—炒"或"烘—炒—滚"工艺为佳。

(一)炒二青

二青是茶叶干燥的前期阶段,主要目的是散失水分,后期可整理茶条,为做形作准备。

二青采用烘干较好,但叶子烘干程度必须严格掌握。如烘叶过干,炒干时容易断碎;而烘叶过潮,则在炒锅中翻炒很困难,茶叶黏锅易产生烟焦气味,既不利于操作,也会影响成茶品质。二青叶烘干程度以含水量40%~50%为宜。老叶的叶质硬,果胶质含量较少,叶子本身含水量又较低,二青叶含水量宜高,如果烘得过干,影响茶叶成条。嫩叶与此相反,含水量可略低。一般烘到叶子手握不黏,稍感触手,而叶子尚软,仍可成团,松手后会弹散即可。烘干温度不能过高,烘干机一般掌握在100~120℃。

二青采用滚筒炒干机,只要技术得当,也能取得较好的效果。要求桶温较高,叶量不能太多,排气性能要良好,以便获得较好的色、香、味。滚二青程度与烘二青相同。

二青后的茶坯应及时摊凉,目的是使初干后的茶叶内部水分重新分配,以便炒三青时干燥均匀。摊凉厚度4~5 cm,时间30~60 min。

(二)炒三青

三青以锅炒做形为主,同时散失水分,发展品质。

经过初烘或初炒后的二青叶,上炒干机炒三青。每锅投叶量为7.5~10 kg二青叶,锅温为100~110℃,炒到手握叶子有部分发硬,但不会破碎,而有触手感觉,略有弹散力即可。含水量20%左右为宜。

炒三青时必须经常检查茶坯温度,火温要求逐渐降低。如手握茶坯感到烫手时,应立即降低火温,以免茶叶产生枯焦和产生"鱼眼泡";反之,茶坯温度过低,则应立即加火升温,否则影响成茶香气。

三青完成后要求及时摊凉,时间30 min左右。

(三)辉锅

辉锅主要是发展香气,进一步做紧茶条,散失水分,达到足干。

辉锅有两种方法,即锅式炒干机辉锅和瓶式炒干机辉锅,前者称炒,后者称滚。

用锅式炒干机辉锅，叶量为两锅三青叶。锅温 90～100℃，炒 30～40 min，炒至含水量 5%～6% 为适度。

用瓶式炒干机辉锅，需要掌握三个环节。一是叶量要多。滚筒内叶子要放满，炒时有少量叶子滚出为度。二是温度不能太高，除刚上叶子时的 10 min 内，温度可稍高外，此后温度宜低，否则因干燥快，来不及炒紧，达不到条索紧结的要求。三是炒的时间与低温相适应，一般需 90 min。低温长时间的辉炒，对形成紧结的条索是十分有利的。用瓶式炒干机进行辉锅所制产品的特点是：芽叶较完整，锋苗好，断碎少；但紧结度较差。如果三青叶含水量较高进行滚炒，茶条易弯曲，一般使三青叶炒至含水量 12% 左右，然后上瓶式炒干机滚炒较为适宜。

（四）干燥程度

茶条紧结圆直，色泽绿润，香气清高，含水量 5%～6%，手捏茶叶即成粉末为适度。毛茶起锅后，稍经摊凉，即可装袋贮存。

第四节　烘青绿茶加工

烘青毛茶为条形茶。烘青毛茶经过精制加工，多用于窨制花茶，其成品统称烘青花茶。亦有直接销售的，习惯上称为"素烘青"。

烘青绿茶鲜叶加工分为杀青、揉捻和烘干三个工序。

一、杀青和揉捻

烘青绿茶杀青技术的基本要求与炒青绿茶制法相同。同样需要掌握"高温杀青，先高后低""抛闷结合，多抛少闷"以及"嫩叶老杀，老叶嫩杀"的杀青三原则。

为了耐冲泡，烘青毛茶的揉捻程度并不要求很高，但条索在揉捻过程中基本定型，所以揉捻要掌握适当，采用轻压、重压交替进行的方法，既要条索紧结，又要尽可能减少断碎。老嫩不匀的叶子，揉捻后需进行解块分筛，筛面粗大叶进行复揉，使面张茶的条索比较紧结。

二、烘干

烘青绿茶的干燥采用烘干，烘青之名由此而来。目前绝大多数茶叶加工厂采用烘干机烘干，个别产区仍有用烘笼烘干的。不论机械烘干还是烘笼烘干，均分为毛火与足火两步进行，中间摊凉 1 次。

目前，茶叶烘干主要采用自动链板式烘干机烘干，其热源以煤火或柴火为主，近年来已有相当一部分企业采用以电能作为热源的烘干机烘干。

(一)自动链板式烘干机烘干

毛火进风温度为 110 ~ 125℃，摊叶厚度约 1 cm，每隔 2 ~ 3 min 自下而上翻动一次，使上层茶叶循序落入下层，全程为 12 min 左右，以稍感刺手为适度，毛火茶含水量为 18% ~ 25%。摊凉回潮 0.5 ~ 1 h，厚度约 10 cm，摊至叶子回软为宜。足火进风温度为 90 ~ 105℃，摊叶厚度 1 ~ 2 cm，足火茶含水量 4% ~ 6%，手捏叶即成粉末为适度。

(二)烘笼烘干

毛火阶段掌握"高温、薄摊、少翻、长烘"，烘心温度 85℃ 左右，摊叶厚度 1.5 ~ 2 cm，每隔 3 ~ 5 min 翻烘一次，时间约 20 min，含水量 18% ~ 25%，下烘摊凉，时间为 0.5 ~ 1 h。足火掌握"低温、厚摊、少翻、长烘"，烘心温度 70 ~ 75℃，摊叶厚度 4 ~ 5 cm，每隔 7 ~ 8 min 翻烘一次，烘 40 ~ 60 min，干度符合要求后下烘。

烘青绿茶烘干最忌烟气、焦气，火功不能偏高。用烘干机烘干，热风炉不能漏烟；用烘笼烘茶，须用优质木炭，必须拣净柴头，防止燃烧冒烟。火力务求均匀，切忌明火上蹿。上下焙茶，操作宜轻，防止碎茶落入火中产生烟气。不论机械烘干还是烘笼烘干，都要正确掌握火温和茶叶干燥程度，防止焦茶或火功偏高。

第五节　珠茶加工

珠茶是中国主要外销茶之一。因其外形浑圆紧结，宛如珍珠，故名珠茶。

珠茶初制时最后一道干燥工序用炒干方法,其毛茶称为"平炒青";为了与长条形的眉茶相区别,亦称"圆炒青"或"圆茶"。

一、鲜叶要求

炒制珠茶的鲜叶标准为一芽二、三叶,要求品种划一,老嫩分清。自珠茶炒干机应用以来,珠茶的外形质量大有改进。不仅嫩叶可炒制成圆,较老叶子亦能炒制成圆。但是如果鲜叶较混杂,老嫩不一致,所制毛茶外形虽已成圆,内质却相差甚大,这给毛茶的精制加工带来困难,品质难以划分。因此,要求鲜叶在品种以及嫩度上基本一致。

二、杀青

目前用于珠茶的杀青机械,大部分为锅式杀青机,亦有少量应用滚筒杀青机等杀青。在具体操作上,珠茶杀青采用先闷后抛的方法。使用 84 型杀青机杀青,每锅投叶量以 7 kg 左右为宜;先闷炒 3 ~ 4 min(64 型杀青机闷炒 2.5 ~ 3 min),待大量水蒸气从盖缝冲出时,揭盖抛炒,直到叶色变为暗绿、茎梗折而不断时起锅。杀青叶含水量 60% ~ 64%,失重 35% ~ 40%。实践证明,采用"温高、量少、时短"的杀青方法,对保持叶色翠绿,增进香气鲜爽,减轻苦涩味均有良好作用。

杀青适度的感官要求:色泽暗绿,无红梗红叶和暗黄色,无爆斑点,芽叶完整不断碎;无青草气,无烟焦气,无水闷黄熟味;手折嫩梗不断,手握能成团,松开时又能散开。

采用 84 型双锅杀青机杀青,杀青叶品质较为稳定,且能保持传统商品茶的优良品质,操作上能灵活调节抛炒和闷炒。缺点是台时产量较低,间歇式杀青,手工辅助作业较多,如需逐锅投叶、出叶等。

三、揉捻

揉捻为珠茶的颗粒圆结打好基础。珠茶的揉捻叶质量,要求条索卷紧匀齐,80% 以上的杀青叶卷成紧结的条索形,并保持芽叶完整,不带扁条和团块,揉出叶汁,细胞破损率为 45% ~ 55%。

常用的揉捻机主要是 55 型和 45 型两种。揉捻采用"轻—重—轻"的加压原则。

揉捻时间一般嫩叶为 15 min 左右。55 型揉捻机每桶装杀青叶 27.5 kg 左右，45 型揉捻机每桶为 13.5~15 kg。揉捻加压程序为先无压 5 min，轻压或中压 8 min，再无压 2 min。中低级叶 55 型揉捻机每桶装杀青叶 25 kg 左右，45 型装 12.5~13 kg，揉 15~20 min。采用温揉，加压程序为轻压 5~7 min，中压或重压 8~10 min，最后无压 2~3 min。

珠茶的杀青叶含水量较高，叶质较柔和，揉捻加压比长炒青的加压要轻一些，比烘青的加压要轻得多，这是平炒青的揉捻特点，如果加压太重，揉捻时间太长，会造成叶汁流失，碎末茶增加，既降低了茶叶品质，又减少了正茶的精制率，降低了经济效益。

揉捻叶应及时进行炒二青。

四、干燥

通过炒二青、炒小锅、炒对锅和炒大锅四道工序炒制，使茶叶由条索形逐步盘卷形成颗粒形。上述四道工序，除了炒二青大部分用滚筒炒干机外，炒小锅、炒对锅和炒大锅三道工序用相同的珠茶炒干机完成。

(一)炒二青

目前广大茶厂和茶农普遍采用滚筒炒干机炒二青。

滚筒炒干机的筒径，中间为 110 cm，两端分别为 90 cm 和 82 cm，长 150 cm。每筒投揉捻叶 35 kg 左右，筒壁温度约 240℃。滚炒时间以揉捻叶含水量高低而定，含水量高的，滚炒时间较长，约需 45 min；含水量低的，一般需 35 min。

二青叶含水量直接影响炒小锅的操作。过干不易成圆，过湿容易结块。二青叶一般以含水量 40% 左右为宜。夏茶气温高，炒干时叶子失水较快，二青叶含水量应比春茶高，以 45% 为好。

(二)炒小锅、炒对锅和炒大锅

这三个工序都是珠茶鲜叶加工成圆的过程，都在相同的珠茶炒干机中完成，既有共同的技术措施，也各有独特的目的要求。炒小锅是在蒸发水分的同时,主要使较细嫩和较碎的所谓"下脚茶"成圆;炒对锅是大部分叶子成圆的最基本过程,颗粒形成,尤其是中档茶颗粒形成的过程,都是在炒对锅中产生;炒大锅则是进一步干燥,使在炒对锅时所形成的颗粒予以固定,并使面张较粗大叶子成圆。所谓"小锅脚、对锅腰、大锅帽"就是这个意思。

1. 炒小锅

要求叶量要少,锅温稍高,抛炒有力。每锅投叶量为 12.5 ~ 15 kg 二青叶。炒时掌握叶温先高后低,高级茶温度宜高,低级茶温度应低。高级肥壮嫩叶叶温 45 ~ 50℃;中低级以及夏秋茶叶温 40 ~ 50℃。炒制时间为 45 min 左右,炒至细嫩茶初步成圆或形成弯卷,春茶含水量约 30%、夏秋茶约 35% 为适度。

2. 炒对锅

炒对锅是珠茶鲜叶加工成圆的关键过程。随着珠茶炒干机的炒板往复运动,叶子在锅中不断受到弧形炒板的推力和球形锅面的反作用力,促使叶子在锅中不断推炒,逐渐卷曲,形成颗粒。炒对锅实质上是颗粒"做坯"的过程。温度不宜过高,以免水分蒸发过快而使叶子来不及成圆。炒对锅要炒到叶子基本成"圆坯",且能分颗粒为止。

炒对锅投叶量一般为两小锅叶。但也因叶质不同而有差异,高级嫩叶每锅投炒小锅叶约 22.5 kg,中低级为 20 kg 左右。叶质不同,叶温掌握亦应变化。嫩叶、肥壮芽多的叶子叶温可稍高,较老的叶子叶温应略低,一般为 40 ~ 45℃,并掌握先高后低的原则。

炒对锅应炒至腰档叶及紧细脚茶成圆率达到 80% 以上,有些粗大的单片叶卷曲成圆包(俗称"黄头"),含水量降至 15% ~ 17% 为适度,炒制时间 90 ~ 120 min。

3. 炒大锅

炒大锅主要作用是炒紧和固定腰档茶,做圆面张茶,并使茶叶炒干。

每锅投对锅叶 40 kg 左右,叶温掌握视叶质而定。高级嫩叶为 40 ~ 45℃,加盖后升至 50℃;中低级叶为 38 ~ 40℃,加盖后升至 45℃。炒制时间 150 ~ 180 min,炒至含水量为 4% ~ 6% 至颗粒外表色绿起霜,以手指搓捻能成粉状,即可起锅。

炒大锅有时产生扁形茶和碎末茶较多,其原因为:前者主要是炒板推力太大,茶叶翻动过猛,细嫩茶粒不停地甩在炒板上造成的。一般应掌握炒干机炒板的抛幅以锅内茶堆易竖山头，炒动 4～5 次茶堆能翻一个周身为好。后者主要是炒板边缘与锅弧形线的间隙不匀称，造成颗粒摩擦过度所致，应及时纠正这种情况。

炒大锅过程中的加盖，目的是不使水分蒸发过快，保持叶温和叶质的柔软度，便于炒成紧结的颗粒，特别是面张茶成颗粒。但加盖时间过长，往往出现叶色黄熟、香气低闷、叶底泛黄等缺点。近年有的茶厂探索把加盖时间相应缩短，成品茶质量都有不同程度的提高。三种常见的新炒法：第一种是炒大锅前期不加盖，炒制 90 min 以后，加盖 30 min 左右，使水分蒸发减慢，叶温升高，保持叶质柔软，这对颗粒圆紧有一定作用，但对内质有所影响；第二种是高档嫩叶炒大锅的全程都不加盖，中低级叶在炒对锅结束后予以筛分，将筛面和筛下的茶叶分别进行炒制，筛下嫩叶炒大锅全程都不加盖，筛面茶采用分次加盖的方法炒干，这种炒法在保证内质的前提下，对颗粒规格的提高有效果；第三种是采取分次加盖的方法，在大锅炒 90 min 左右后，分两三次加盖炒制，每次加盖时间为 10～15 min，然后去盖炒制 15～20 min，交替进行。

上述三种不同加盖方法炒制，全程不加盖的，加工成的干茶色、香、味均好，但颗粒稍有敞开粒松的缺点；一次加盖 30 min 的方法颗粒较紧，而色、香、味较差；分次加盖炒制的色、香、味比不加盖的略逊，但比一次加盖 30 min 效果好，外形颗粒紧结度与一次加盖的基本上没有差异。目前大部分产区，以分次加盖炒法较为普遍。

在珠茶鲜叶加工干燥过程中，炒干温度高低左右着叶子失水的快慢和炒干时间的长短；而茶叶含水量又直接关系到叶子的可塑性，从而直接影响着珠茶颗粒的圆紧程度；湿热作用下物质变化的程度又随时间的延长而加深，所以温度影响着毛茶的色、香、味和外形。采用"温高、火匀、时短、少盖"的方法匀火炒茶，产品外形圆紧结实，色泽翠绿，汤清香高，叶底明亮，品质较好。

所谓匀大炒茶法就是炒小锅、炒对锅、炒大锅温度均较高，并保持相对的一致性，三个工序间的温差也较小；炒干总时间约为 7 h；炒大锅后期加盖闷炒 30 min 以下，开盖与加盖交替进行。

第六节　绿碎茶加工

绿碎茶是颗粒状的绿茶，以绿碎茶加工的袋泡茶和花茶深受消费者喜爱。绿碎茶大多以中低档鲜叶为原料，鲜叶采摘可实行机械化。采用中低档鲜叶原料加工绿碎茶，比加工其他大宗绿茶或红茶可提高经济效益15%左右。若适当配置夏秋茶比率，还可增进绿碎茶的滋味浓度。绿碎茶一般分颗粒茶、末茶、片茶三大类型四个花色。1、2号茶为颗粒茶，是绿碎茶的主要花色；3号茶为末茶，4号茶为片茶。绿碎茶的品质特征：颗粒茶呈紧实颗粒状，片茶呈皱褶状，末茶呈沙粒状；色泽绿润，滋味浓爽，汤色黄绿明亮，叶底黄绿。

绿碎茶加工分杀青、揉切、干燥等工序。

一、杀青

绿碎茶杀青技术与炒青绿茶相同，杀青程度比一般炒青绿茶稍重，含水量在58%左右。若杀青叶含水量超过60%，则8孔面茶多，颗粒松泡，片形茶多，且揉切时茶汁流失，影响滋味浓度，同时给解块分筛带来一定困难；杀青叶含水量在51%以下，虽然颗粒紧实，但末茶增多。

二、揉切

为了使绿碎茶滋味浓爽，在揉切过程中要求最大程度地破坏叶细胞，使茶汁在冲泡时快速浸出。因此，绿碎茶揉切一般用709型和705型转子揉切机，前者用于初切，后者用于复切。由于该刀挤压力大，揉叶在机内通过时间20~24 s，输出叶温比室温高10℃左右，应与解块筛分机配套组成揉切流水线。揉切后，通过解块筛分机的筛面茶(4孔面茶)一般约占每次总量的40%。这些筛面茶与初揉叶混合揉切有利于外形细紧，头子茶少，同时可进行连续作业。

投叶量：较嫩的原料每小时投叶450 kg左右。一般投叶量增加，颗粒茶减少，片茶增多。

三、干燥

绿碎茶因茶身小，生化变化快，揉切叶应及时上烘。干燥时采取高温、短时、薄摊的方法。一般分两次干燥，第一次温度为 100～110℃，第二次温度为 75～85℃，中间摊凉一次。摊凉必须短时、薄摊，使之达到烘匀的目的，干茶含水量掌握在 3%～5% 为宜。

第七节　特种绿茶加工

特种绿茶是指选用极高嫩度的茶树鲜叶为原料，采用特定加工工艺制成的具有特殊外形和独特品质的绿茶，其品质的形成主要来源于优越的地理环境、优良的茶树品种、精细的采摘标准、精湛的加工技术和独特的贮藏方式。这些茶大多产制历史悠久，产量不大却名气大，且品质优异，故也称名优（绿）茶。我国特种绿茶种类繁多，外形各异，有扁片形、条形、卷曲形、针形、圆（颗粒）形和朵形等。湖南是我国优质绿茶主产区之一，特种绿茶品种较多，外形主要有针形、条形和卷曲形三种，其中代表性的名优绿茶有高桥银峰、黄金茶、古丈毛尖、石门银峰、碣滩茶等。

一、高桥银峰

高桥银峰产地位于湖南省长沙县高桥镇，系湖南省茶叶研究所（原湖南省高桥茶叶试验站）为向新中国成立十周年献礼特别创制的绿茶类名茶。高桥银峰自问世以来，已成为接待贵宾的佳茗，并先后得到了毛泽东、宋庆龄、王震等多位老一辈党和国家领导人的赞誉和鼓励。郭沫若 1964 年夏初品尝高桥银峰后赠律诗一首，对高桥银峰给予极佳赞美。

高桥银峰干茶条索呈波形卷曲，锋苗明显、银毫显露，色泽翠绿，清香味醇。其加工工艺分为杀青、清风、初揉、初干、做条、提毫、摊凉、烘焙干燥等 8 道工序，其中提毫为高桥银峰的特色工艺，也是其形成白毫茸立的关键技术。湖南很多名茶的工艺都是参照高桥银峰的加工工艺。

（一）鲜叶要求

一般清明前采摘芽叶茸毛较多的茶树品种的一芽一叶初展鲜叶为原料，长约2.5 cm，要求鲜、嫩、匀、净。芽叶采回后，薄摊于洁净的篾盘中，置于通风阴凉处。

（二）工艺技术

1. 杀青

采取手工杀青和机械杀青两种方式。

（1）手工杀青

在平锅内进行，锅径60 cm。杀青采取高温、量少和老杀的方式。锅温120～130℃，投叶量0.4～0.5 kg。开始两手均匀翻炒，以闷为主，抖闷结合，当水分大量蒸发时逐步降低火温至90℃，以扬抖为主。炒至茶叶绉软卷缩、色泽暗绿、清香悦鼻时即出锅。杀青历时3 min，鲜叶减重30%～35%。

（2）机械杀青

在鲜叶采摘高峰期可采用小型杀青机杀青。杀青前先点燃炉子（电加热，打开电源开关），同时开动机械空转，待进叶口温度达到130℃、出口温度达到110℃时开始投叶，投叶时要先多后匀，防止焦叶。杀青温度力求稳定，杀青要求杀匀杀透，清香显露，手握茶叶柔软，有1/3左右叶缘略卷为适度。

2. 清风

杀青叶应及时摊凉。采用手工杀青，杀青叶直接扫入篾盘中，扬簸10余次，散去热汽，簸去细片碎末，保持茶叶完整洁净，当叶温降至30℃左右进行初揉。机械杀青，在杀青机出口处，用鼓风机或电风扇将杀青叶吹开，让杀青叶快速散热并带走水蒸气，防止杀青叶堆积变黄并产生水闷气。

3. 初揉

一般采取手工揉捻。将清风后的杀青叶收拢，双手合抱回转揉捻1～2 min，中间抖散一次。当茶汁开始渗出，茶条初卷时即可。初揉切不可过重过久，否则因茶汁过多，初干时黏锅而影响色泽和滋味，还会减少冲泡次数。

机械揉捻：根据杀青叶的多少选用25型或35型微型揉捻机揉捻。装叶量以自然装满揉桶为宜，不得紧压，一般轻压揉捻5～8 min，揉捻至条索形成即可下机。

4. 初干

初揉茶坯入锅，锅温 80℃。前期以翻炒蒸发水分为主；待茶条黏性大减，含水量 30% ~ 35% 时即转入做条。

5. 做条

做条时锅温应逐步降至 65℃ 左右，使茶坯在初揉基础上继续搓紧成条形，适当促使叶细胞组织破损以增进茶味。具体做法是双手合捧茶坯回转搓揉，前段用力要轻，随水分散发，搓揉用力逐步加重。经 10 ~ 15 min，茶条紧结完整，基本定型，含水量 20% ~ 26% 时，开始提毫。

6. 提毫

提毫是创制高桥银峰的独特工序，可充分发挥茶叶香气，使茶条形态固定，白毫茸立而又不脱落。提毫仍在热锅中进行，锅温 45 ~ 50℃。方法是将茶坯捧于掌中，双手旋回搓揉，用掌力让茶叶互相摩擦，以擦破附着于茶条表层的胶糖类薄膜。随着茶叶逐步干燥，白毫被竖立显露出来。由于水分含量较少，用力须柔和均匀，不可过重过猛，不可将茶叶在锅内摩擦，以便保毫保尖，保持茶叶完整。同时火温不可过高，以防白毫老化枯黄。

7. 摊凉

提毫后出锅，将茶坯摊放在竹制篾盘中，使水分渗透均匀，便于进一步烘至足干。摊凉时间约 30 min。

8. 烘焙干燥

用竹焙笼烘干，茶叶不能直接摊于焙芯上，必须在焙芯上衬细软洁净的烘布。烘焙时间约 30 min，开始 70 ~ 75℃ 逐步降至 60℃ 左右，中途翻动 3 ~ 4 次。烘至茶叶含水量 5% 左右即为适度。高桥银峰采用先炒后烘，独用清风去杂和首创提毫工序，既保持芽叶完整干净，又保持白毫完整而不脱落、银毫隐翠的外形及香高味鲜的内质。及时摊凉后包装贮存。

二、古丈毛尖

古丈毛尖产于湖南省湘西土家族苗族自治州古丈县，是我国历史名茶之一，始于西汉，唐代即以芽茶入贡。古丈毛尖采制精细，以条索紧、细、圆、直，色翠显毫，汤色黄绿明亮，滋味醇爽，香高持久，耐冲泡等显著特点而久负盛名，被誉为"绿茶中的珍品"。古丈毛尖加工工艺流程分为摊青、杀青、初揉、炒二青、复揉、炒三青、做条(理条、拉条、直条)、提毫收锅8道工序。

(一)鲜叶要求

手工采摘,一般在清明前一个星期开采,采期10~15 d。根据质量要求,鲜叶标准为一芽至一芽一叶初展或开展。不应捋采和抓采,以保持鲜叶芽叶完整、新鲜、匀净,不夹带杂质。不采雨水叶、露水叶、紫色叶、虫伤叶以及空心芽叶。采用清洁卫生、透气良好的盛具装盛,不紧压。鲜叶运送应及时,防止发热红变、机械损伤和混入非茶类夹杂物。

(二)加工技术

1.摊青

采摘(收购)的鲜叶原料要求严格按级验收,按质分别摊放。做到晴天叶与雨水叶分开,不同品种的鲜叶分开,老嫩程度不同的鲜叶分开。摊叶厚度、时间根据茶叶含水量及天气状况而定。一般晴天鲜叶摊叶厚度3~5 cm,摊放时间5~8 h;雨天鲜叶摊叶厚度2~3 cm,摊放时间10~12 h。摊至叶色失去光泽,青草气消失,清香呈现,鲜叶含水量70%~72%为适度。

2.杀青

(1)手工杀青

手工杀青在直径78 cm、深24.5 cm、倾斜度15°的铁锅内进行。炒前应洗净铁锅。当锅温升至180~220℃即可投放鲜叶,每锅投放鲜叶0.4~0.6 kg,鲜叶下锅后,双手翻抖,先闷后抖,抖闷结合。每锅杀青时,锅温先高后低,杀青时间3~4 min,至颜色变暗,叶质柔软,发出清香时止,出锅清风摊凉至室温。

(2)机械杀青

采用40型、50型或60型滚筒式杀青机杀青,杀青机投叶端20 cm处内壁温度在280~320℃,杀青时间1.5~2.5 min,至颜色变暗,叶质柔软,手握成团,并有弹性,嫩茎折而不断,发出清香时止,清风摊凉至室温。

3.初揉

(1)手工揉捻

在光滑洁净的簸箕中进行,将经过摊凉的杀青叶进行揉捻。初揉用力应轻,中途解块2~3次,初揉时间3~4 min,茶叶初步成条即可。

（2）机械揉捻

采用 30 型、40 型等小、中型揉捻机轻揉，时间 5 ~ 10 min，成条率 80% 左右时下机、抖散。

4. 炒二青

（1）手工炒二青

以抖炒为主。炒量为一锅揉捻叶坯量，时间 4 ~ 5 min，炒至四成干即可出锅。出锅后，茶坯应及时摊凉散热。

（2）机械炒二青

采用 60 型不锈钢瓶式炒干机，投叶量为 4 ~ 6 kg 揉捻叶，锅温在 175 ~ 185℃，时间 3 ~ 5 min。

5. 复揉

（1）手工复揉

用力较初揉重，中途结块 1 ~ 2 次，揉 4 ~ 5 min，揉至茶条紧结成形。

（2）机械复揉

采用 40 型或 45 型揉捻机揉念，揉捻时间 10 ~ 15 min，揉至茶条紧结成形。

6. 炒三青

以抖炒为主，炒至茶条不黏手时降低锅温，待锅温降至 60℃ 时，即可在锅内做条。

7. 做条

做条应与炒三青两道工序一次性完成。先理条，待茶条基本理顺后，再拉条。理、拉、搓反复进行，炒至茶条有光滑感时即可出锅摊凉。若采用理条机理条，时间宜控制在 5 ~ 10 min，达到条索圆、紧、直时下机摊凉。

8. 提毫收锅

炒锅洗净，锅温 70 ~ 80℃，投叶量 0.5 kg 左右。茶叶下锅后，轻轻翻炒，边翻边理条，当茶条受热回软时，用双手将理顺的茶条置于掌中，轻轻揉搓。揉搓时要防止茶条断尖脱毫，白毫提出后增温提香。炒至足干（茶叶含水量低于 6.0%）时出锅摊凉至室温，密封贮存。

三、碣滩茶

碣滩茶产自湖南省沅陵县沅水两岸，早在唐代便已是贡茶。碣滩茶为绿茶，其形、色、香、味均独特无二。外形条索细紧、圆曲，色泽绿润，显毫；香气嫩香、持久，汤色嫩黄绿亮明净，滋味醇爽、回甘，叶底嫩绿、匀亮。高档碣滩茶的加工工艺流程分为摊放、杀青、清风、初揉、初烘、复揉、复烘、做形提毫、足干。

(一)鲜叶要求

高档碣滩茶的鲜叶为清明前单芽、一芽一叶初展或一芽一叶鲜叶，要求芽叶完整、新鲜、匀净，不夹带鳞片、鱼叶、茶果、老叶及非茶类杂物。采用竹编茶篮或篓筐盛装鲜叶，及时送茶厂摊放。

(二)加工技术

1. 摊放

将鲜叶均匀薄摊于阴凉处的竹盘、竹席、摊青槽等专用设备内，厚度2~3 cm，中途轻翻2~3次。摊至叶色失去光泽，手握茶叶略有柔软感，清香呈现，鲜叶失水20%~25%为适宜。摊放时间一般6~8 h，阴雨天，气温低可适当延长。

2. 杀青

手工杀青在直斜锅内进行，机械杀青采用40型、50型或60型等杀青机杀青。

锅内杀青：当锅温达到180~220℃时投入鲜叶，投叶量为0.5 kg；鲜叶下锅后要快翻勤抖，先闷炒后抖炒，抖闷结合。杀青时的锅温把握先高后低，切忌忽高忽低。杀青时间一般2~3 min。

杀青机杀青：杀青机投叶端20 cm处内壁温度在280~320℃，投叶要求均匀，时间1.5~2 min。

杀青程度：叶色暗绿，叶质柔软，发出清香，杀青叶梗弯折不断，含水量62%左右为适度。

3. 清风

杀青叶应及时摊凉。采用手工杀青，杀青叶直接扫入篾盘中，扬簸10余次，促使叶温快速降至室温，同时簸去细片碎末。机械杀青，采用冷却输送带降低叶温；若无冷却装置在杀青机出口处加装一台风扇，利用风力使杀青叶快速散热并去除单片、鱼叶、鳞片等，防止杀青叶堆积变黄。

4.初揉

将摊凉后的杀青叶投入微、小型揉捻机内(以茶叶不加压自然装满揉桶为宜)或光滑、清洁的竹制篾盘内进行揉捻。初揉压力要轻,加压遵循"轻、重、轻"的原则。手工揉捻,时间2~3 min;机械揉捻,时间5~8 min。手工揉捻中途解块2~3次。揉捻至茶叶初步成条,茶叶表面略有茶汁,不出现短碎茶和碎末,及时转入下道工序。

5.初烘

采用焙笼或五斗烘干机烘制。焙笼温度85~95℃,烘干机温度110~130℃;摊叶切忌过厚,采取焙笼烘干,要求勤翻,防止茶坯闷黄。烘至手握茶坯不黏手,略有刺手感,含水量45%~50%时为适度。

6.复揉

复揉与初揉基本相同,用力较初揉重。手工揉捻,中途解块1~2次,揉捻至茶条成条率90%左右且成条均匀。手工揉捻,时间一般3~5 min;机械揉捻,时间8~10 min。采用单芽或一芽一叶初展鲜叶原料,一般不需复揉。

7.复烘

同初烘。温度:烘干机85~95℃;焙笼75~80℃。烘至茶条不黏手时下烘,及时摊凉。

8.做形、提毫

温度60~80℃,先高后低。先轻轻翻炒,待茶条受热回软均匀时,再反复揉搓。用力先轻后重,边揉搓边抖散茶条,使茶叶外形紧细、光润、白毫显露,香气发挥。

9.足干

采用五斗烘干机或提香机足干,采取60~65℃低温慢烘,烘至茶坯水分达5%左右、手捏茶梗即成粉末状时下烘冷却,及时包装入库。

四、石门银峰

石门银峰产于地处武陵山区腹地的湖南省石门县。石门产茶历史悠久,品质优异。据记载,至少在西汉时期,石门就是当时茶叶主产地之一。"禅茶一味"即出自湖南石门夹山。石门银峰条索紧细匀直,满披银毫,色泽翠绿油润,香气清高持久,汤色亮绿,滋味醇厚爽口,回味甘甜,叶底嫩绿鲜活、完整,具有头泡清香、二泡味浓、三泡四泡幽香犹存的独特品质。

（一）鲜叶要求

石门银峰茶的鲜叶要求严格，于清明前后选择晴天采摘，严格做到不采雨水叶、露水叶、紫色芽叶、瘦弱异形叶，不带鱼叶、鳞片、蒂梗和杂物。具体标准要求一级为发育健壮的嫩芽，芽长不低于 2 cm；二级鲜叶为一芽一叶初展 90% 以上，长度不超过 2.5 cm；三级鲜叶一芽一叶 60%，长度不超过 3 cm。要求嫩、匀、净、齐。

（二）加工技术

加工技术分手工加工、机械加工及机械与手工结合加工。其中手工与机械结合加工，杀青、揉捻或理条采取机械加工，炒坯、紧条、提毫等工序采用手工制作。

1. 手工加工

石门银峰手工加工鲜叶一般为单芽或一芽一叶初展原料，工艺流程分为摊青、杀青、清风、揉捻、炒坯、紧条、理条、提毫、摊凉、烘焙等十道工序。

（1）摊青

鲜叶采回后，立即摊放于篾盘等设备中，厚度不超过 3 cm，时间 4 ~ 8 h。以散失水分，增加芽叶的理化变化，促进色、香、味的提高。

（2）杀青

采用直径为 55 cm 左右的平锅杀青。锅温 180 ~ 220℃，投叶量 0.4 ~ 0.5 kg，双手翻炒，先闷后抖，抖闷结合，待芽叶变软，失去光泽，清香溢出时立即出锅。时间 3 min 左右。锅温掌握先高后低的原则。

（3）清风

将出锅后的杀青叶置于篾盘中迅速扬 8 ~ 10 次，以迅速降低叶温，散发水蒸气，然后均匀摊于篾盘或竹垫内，并采用风扇直接吹风，防止闷黄。

（4）揉捻

双手在篾盘内抓茶来回推揉，来轻去重，反复轻揉，时间 1 ~ 2 min，茶叶初步成条。

（5）炒坯

锅温 85℃ 左右，投入茶坯，双手翻炒，动作要轻、慢，当茶叶含水量为

40%左右时出锅摊凉。

（6）紧条

锅温要求掌握在60℃左右。将茶坯投入锅内继续翻炒至含水量30%左右，茶条打在锅中有轻微响声时，右手抓起茶条，左手心向上平放，向单一方向搓揉，先轻后重，边搓边抖散，用时5 min左右。

（7）理条

锅温控制在50℃左右时下锅，右手抓茶向前方理直，动作要轻，待八成干时，白毫隐显，转入下道工序。

（8）提毫

温度升至70~80℃，用时1 min左右。先要将茶条理直，茶条手指间落下时，注意减少与手的摩擦，待白毫大量显露时及时出锅。

（9）摊凉

出锅后的茶叶摊凉30 min左右，厚度不超过3 cm。

（10）烘焙

用炭火烘焙，木炭须燃烧完全、无异味，烘焙温度为70℃左右，中间翻动烘至手指捏茶条成粉末，含水量6%以下下烘，摊凉至室温，足干后密封并于干燥处保存。

2.机械加工

为提高产量和促进品质的稳定，石门银峰提倡改手工加工为手工与机械结合加工。加工工艺流程分为摊青、杀青、揉捻、初烘、紧条、理条、提毫、摊凉、烘焙等9道工序。

（1）摊青

同手工加工。

（2）杀青

采用40型、50型或60型滚筒杀青机杀青。进风口20 cm处空气温度达到120~130℃，杀青时间一般为1.5 min。鲜叶失重率30%~40%，芽叶柔软、失去光泽，发出清香为适度。杀青时，须在杀青机出口处，用电风扇将杀青叶吹开，让杀青叶快速散热并带走水蒸气，防止杀青叶堆积变黄并产生水闷气。

（3）揉捻

选用30型、40型或45型揉捻机轻揉，揉捻时间视鲜叶嫩度而定，一般

5～8 min。当揉捻叶成条率达90%左右时下机。

（4）初烘

采用微型自动烘干机或五斗烘干机烘干，温度100～130℃左右。当茶条含水量30%左右时进入下道工序。

（5）紧条（复揉）

采用40型或45型揉捻机，时间3～5 min。

（6）理条

采取理条机理条，时间8～10 min，达到条索圆、直再下机。

（7）提毫

采用五斗烘干机或水浴锅等设备，温度70～80℃，用时2 min左右。待白毫大量显露时立即出锅。

（8）摊凉

出锅后的茶叶摊凉30 min左右。摊凉厚度不超过3 cm，使茶叶水分分布均匀。

（9）烘焙

采用微型烘干机、五斗烘干机、茶叶提香机等设备，温度为70℃左右。待茶条达足干，手捏茶叶成粉末时下机，摊凉后包装密封于干燥处保存。

五、安化松针

安化松针为湖南针形茶代表，产于素有"茶乡"之称的安化县。自问世以来，先后多次获国内外大奖，享誉中外。20世纪60年代，安化松针与高桥银峰、君山银针同是湖南三大名茶。安化松针属于半烘半炒型特种绿茶，加工制作极为精巧，其制法有如玉露茶，具体工艺流程分为鲜叶摊放、杀青、揉捻、炒坯、摊凉、整形、干燥、筛拣等八道工序。其品质特点是外形细直秀丽，翠绿匀整，宛如松针；香气浓厚；滋味甜醇；茶汤清澈明亮；叶底匀嫩。耐冲泡。

（一）鲜叶要求

为保证安化松针的品质，鲜叶要求采用清明前嫩芽或一芽一叶初展幼嫩芽叶，并保证无虫伤芽叶、紫色叶、雨水叶、露水叶等。要求鲜、匀、嫩、净，不能有节间过长及特别粗壮的芽叶。

(二)加工技术

1.鲜叶摊放

鲜叶按进厂先后和等级分别薄摊于篾盘内,置于阴凉、通风清洁处,使水分轻度蒸发,叶缘微卷(含水量控制在 68% ~ 70%)。

2.杀青

采用手工或杀青机进行杀青。手工杀青,锅温 140℃ 左右,叶色呈暗绿,质柔软,有清香。出锅后迅速薄摊冷却。要求杀匀杀透,做到无红梗红叶及焦尖、焦边叶。

3.揉捻

杀青叶经摊凉后,进行手工或微型揉茶机揉捻,要求既要有茶汁溢出,初步成条,又要保护芽叶完整,用力或加压不能过重,揉时不能过长。

4.炒坯

采用锅炒或微型烘干机进行,温度为 70 ~ 80℃,达七八成干时即为适度。

5.摊凉

将炒好的茶坯迅速薄摊于篾盘内,使茶叶水分重新分布均匀,一般 30 min。

6.整形

这是决定安化松针紧细圆直的关键工序。全工序在专用烘茶灶上的揉盒内进行。在特制的烘盒内要求严格控制盒温(50℃→60℃→70℃→50℃→40℃左右),并采用不同搓揉手势,约经 40 min,含水量 15% 左右,使茶叶细长、紧直、圆润、色泽翠绿、显毫,似针形为适度。

7.干燥

将整形适度的茶叶薄摊于烘盒内,采用 35 ~ 40℃ 的低温慢烘(约 40 min)或用微型烘干机烘干,控制含水量在 5% 以内,并及时评审外形内质,按品质优次,随即用皮纸包好,存入生石灰缸内。

8.筛拣

为使外形美观,产品品质规格化,经存放 2 ~ 3 d 后进行筛选,筛去碎末,拣去扁片弯条,及时按品种拼配,包装出厂。

六、玲珑茶

玲珑茶产于湖南省桂东县清泉镇铜锣村玲珑组,外形条索紧细,状如环钩,色泽绿润,银毫披露;香气持久;汤色清亮,滋味浓醇,饮后甘爽清凉。因其茶形如环钩,奇曲玲珑,又产于玲珑村(组),故有之雅称。玲珑茶采摘细嫩,制工精巧,蜚声各地。

(一)鲜叶要求

春茶一芽一叶初展鲜叶,要求嫩、匀、鲜、净,不含单片、鱼叶、鳞片、老叶及其他非茶类杂物。

(二)加工技术

加工工艺分为摊放、杀青、清风、揉捻、初干、复揉整形、提毫、摊凉、足火等工序。

1. 摊放

将采回的鲜叶分批薄摊在室内通风洁净处,晴天摊放 4 ~ 6 h,雨天摊放时间则需适当延长。摊放期间要轻翻 2 ~ 3 次,以达到均匀一致。

2. 杀青

手工杀青在锅径 60 cm、锅温 120℃ 的锅中进行。双手抓茶迅速翻炒,先闷后抖,抖闷结合,待芽叶变软,失去光泽,清香溢出时立即出锅。时间为 3 ~ 5 min。锅温掌握先高后低。

机械杀青采用小型杀青机进行。杀青温度为进叶端 20 cm 处空气温度达到 130℃ 左右时开始均匀投叶,先多后匀,要求杀匀杀透;时间 1.5 ~ 2 min。杀青程度同手工杀青。杀青过程应随时检查杀青叶杀青质量,以便调节投叶速度和投叶量。

3. 清风

杀青过后,将茶叶扫入簸盘内,轻轻向上抛起,使温热的茶叶与空气充分接触,从而迅速降温冷却。机械杀青,采用电风扇直接对出口杀青叶吹风后摊凉。

4. 揉捻

揉捻有初揉和复揉。清风后揉捻为初揉,炒二青后揉捻为复揉。将茶叶收拢成团,顺时针方向团揉。高档茶叶要求不揉出汁,不须加压或轻压。揉捻至茶条基本成条,及时初干。

5. 初干

采用焙笼或烘干机初干,烘至茶坯不黏手,白毫初显,转入复揉整形。

6. 复揉整形

待茶坯初干后便可进行整形。整形要在锅中用力搓转茶叶,使茶叶条索变得紧细,形成弯曲环似钩状。

7. 提毫

当茶叶落锅有金属响声,并伴有刺手感时进行。双手抓茶缓缓搓动,使茶叶相互摩擦,待全部茶叶白毫显露,便可出锅摊凉。

8. 摊凉

将提毫后的茶叶迅速薄摊于篾盘内,使茶叶水分重新分布均匀,一般30 min左右。

9. 足火

足火温度为70℃左右。待手捏茶叶成粉末即可下烘(机),摊凉后包装于清洁、干燥处密封贮存。

七、黄金茶

黄金茶原产于湖南湘西保靖县葫芦镇黄金村,高氨基酸、高水浸出物和低酚氨比是其突出品质特征。黄金茶以前主要以当地经长期自然选择而形成的保靖黄金茶群体品种鲜叶加工而成。近年来,随着对保靖黄金茶资源的发掘利用,黄金茶加工的鲜叶主要来自新选育推广的无性系保靖黄金茶茶树新品种。其品质特征及要求见表3-6。

表3-6 黄金茶的品质要求

等级	外形	内质			
		香气	滋味	汤色	叶底
特级	条索紧细匀整,显毫,色泽翠绿	嫩栗香持久	清鲜甘爽	嫩绿明亮	嫩芽完整,嫩绿明亮
一级	条索紧细匀整,有毫,色泽翠绿	嫩栗香高	鲜爽	黄绿明亮	细嫩显芽,黄绿明亮
二级	条索较紧细匀整,带毫,较翠绿	嫩栗香高	鲜爽	黄绿亮	嫩匀,黄绿明亮

(一)鲜叶原料

特级是以单芽为主的鲜叶原料制成;一级是以一芽一叶初展为主的鲜叶原料制成;二级是以一芽一叶为主的鲜叶原料制成。鲜叶原料要求嫩、匀、净、鲜。

（二）工艺技术

1. 工艺流程

根据鲜叶嫩度不同，加工工艺分两种：（1）摊青→杀青→清风、摊凉→揉捻→初干→摊凉→做形→提毫→摊凉→足干。（2）摊青→杀青→清风、摊凉→初揉→初干→摊凉→复揉、解块→足干。其中，工艺（1）适宜于以保靖黄金茶茶树单芽、一芽一叶初展等嫩度较高的鲜叶为原料的黄金茶的加工，工艺（2）适宜于以保靖黄金茶茶树一芽一叶至一芽二叶初展鲜叶为原料的黄金茶的加工。

2. 加工技术

以单芽和一芽一叶初展等高嫩度鲜叶为原料，加工工艺如下。

（1）摊青

场地应清洁卫生、空气流通、无异味和粉尘。鲜叶进厂后，立即摊放于摊青槽或竹垫、篾盘中；摊放厚度，摊青槽 3~5 cm、竹垫和篾盘 2~3 cm，露水叶、雨水叶应薄摊；摊放时间视天气情况而定，春茶通常 8~12 h（摊青槽鼓热风摊青一般 5~8 h），以鲜叶发出清香或令人舒服的花香、含水量 70% 左右为摊青适度。露水叶、雨水叶摊放时间适当延长。鲜叶摊放过程中要求适当轻翻，一般每 2~3 h 轻翻一次。

（2）杀青

手工杀青：一般采用直径为 55 cm 左右的铁锅进行手工杀青。杀青前应先清洁锅面，然后将锅温升至 200℃ 以上（白天：锅底泛白；晚上：锅底泛红）。取 0.5~0.75 kg 鲜叶投入锅中，双手抓茶翻炒，先闷后抖，当茶叶均匀受热后，改为抖炒，边闷边抖，待芽叶柔软，失去光泽，并发出清香，立即出锅。时间 3 min 左右，锅温掌握先高后低的原则。手工杀青适宜于鲜叶量不多时采用。

机械杀青：通常采用 40 型、50 型或 60 型滚筒杀青机杀青。杀青温度为筒内离投叶端 20 cm 处内壁温度 230℃ 以上，或离投叶端 20 cm 处筒内空气温度 130℃ 左右，或离出口端 20 cm 处空气温度 90℃ 以上。杀青时间 1.5~2 min。要求投叶均匀、适量，火温稳定。

杀青程度：杀青叶含水量 62% 左右，叶色暗绿，叶缘略卷缩，叶质柔软，手捏成团，并有弹性，嫩茎折而不断，透发清香为适度。要求杀透杀匀，无红梗红叶，无焦边、爆点。

（3）清风、摊凉

采用手工杀青，将出锅的杀青叶立即均匀散置于竹垫或篾盘中，用电风扇直接吹风，使水蒸气及时散发，叶温迅速降低；机械杀青，在无冷却装置的杀青机出口端安置电风扇，从一侧对杀青叶吹风，同时及时将杀青叶均匀散置于竹垫或篾盘中摊凉至室温，摊凉后应及时揉捻，不宜久置。

（4）揉捻

手工揉捻。双手抓茶在篾盘内旋转揉捻，来轻去重，反复揉捻，揉捻用力采取"轻—重—轻"的方式，时间 2 min 左右。

机械揉捻。根据鲜叶嫩度及鲜叶量的多少，选用 35 型、40 型、45 型等中小型揉捻机，装叶量以自然装满揉桶为宜，轻揉。一般单芽揉捻时间 4 ~ 5 min；一芽一叶初展揉捻 5 ~ 8 min；一芽一叶揉捻 8 ~ 12 min。揉捻加压应掌握轻、重、轻的原则。

揉捻程度。以揉捻叶基本成条（成条率 80% 左右），茶汁少量外溢出黏附叶表面，无短碎茶条和碎末为揉捻适度。揉捻适度的茶叶，应及时解块，进入下道工序，不宜久置。

（5）初干（初烘）

一般采用五斗或平台烘干机、微型自动烘干机进行，温度 110 ~ 130℃。当达到初干温度要求后开始投叶，投叶要求均匀，采用微型自动烘干机投叶厚度一般 1 ~ 2 cm，五斗或平台烘干机一般 2 ~ 3 cm，并配合手工及时翻叶。烘至茶坯不黏手，略有刺手感，茶叶含水量 45% 左右为适度。初干（初烘）时间一般 5 ~ 8min。

（6）摊凉

将初干后的茶叶及时均匀薄摊于竹垫、篾盘或其他专用摊凉设备中，厚度一般 2 cm 左右，时间 30 min 左右。

（7）做形

手工做形：通常采用电炒锅、五斗或平台烘干机，温度 70℃ 左右。投入茶坯，翻炒，当茶条打在锅中或烘焙机斗内或平台上有轻微响声、茶坯含水量在30% 左右时开始做形。双手抓茶，向同一方向顺时针搓揉；要求先轻后重，边紧边抖散茶条，待茶条达八成干、白毫隐现时转入下道工序。时间一般 5 min 左右。

（8）提毫

采用电炒锅提毫，温度控制在 70 ~ 80℃，五斗或平台烘干机温度控制在 90 ~ 100℃，双手抓茶，采取一定的掌力，按顺时针方向旋转，使茶与茶之间相互摩擦，茶从手指间落下，时间 30 s 左右，待白毫大量显露时将茶坯扫出摊凉。

（9）摊凉

方法同初干后摊凉，厚度不超过 3 cm，时间 30 min 左右，使茶坯充分冷却及内部水分分布均匀。

（10）足干

采用焙笼或五斗烘干机、平台烘干机、微型自动烘干机及提香机足干。

采用焙笼足干，烘焙温度控制在 60℃ 左右，烘焙用的木炭应先燃烧完全，无异味、烟味，茶与焙笼之间应衬干净的白棉布，摊叶厚度 2 cm 左右，中途轻翻 2 ~ 3次。采用五斗烘干机、平台烘干机、微型自动烘干机足干，一般分两次干燥，其中第 1 次干燥温度控制在 80 ~ 90℃、第 2 次 70 ~ 80℃，中间摊凉 20 ~ 25 min；摊叶要求均匀，厚度 2 cm 左右。当用手捻茶条成粉末、含水量在 6% 以下时下烘（下机），摊凉后及时密封贮藏。利用提香机足干，按设备操作要求进行。

以一芽一叶至一芽二叶初展鲜叶进行加工，初揉一般选用 40 型、45 型或 50 型揉捻机，揉捻时间 10 ~ 12 min；初干烘至茶叶含水量 40% 左右，时间一般 5 ~ 10 min。复揉装叶量以自然装至揉桶的 4/5 左右为宜。足干采用五斗烘干机和微型自动烘干机等烘干，其中第 1 次干燥温度控制在 90℃ 左右、第 2 次 70 ~ 80℃。其他工序技术要求同一芽一叶初展等鲜叶的加工。

第八节　绿茶精加工

我国茶区广阔，各地加工生产的毛茶，由于气候、土壤条件不同，品种、采摘和初加工技术各异，导致茶叶老嫩不匀、规格不一，甚至有少量夹杂物，不符合市场需求。因此需要通过再加工（又称精加工、精制或毛茶加工）使产品规格统一，外形美观，净度提高，成为符合质量要求的商品茶。

绿茶精制主要由筛分、风选、拣剔、切轧、复火与车色、匀堆六道工序组成，每道工序又分若干工序。茶叶精制作业一般分阶段进行，采取先筛分后风选、先复火后紧门、先干燥去杂后上切、先筛分风选后拣剔、先手拣后补火、先补火后清风等技术原则，以利取料加工。

一、出口眉茶精加工

眉茶精制加工，过去分为五路（本身、长身、圆身、筋梗、轻身）加工，目前一般都改为三路（本身、圆身、筋梗）加工，也有改为二路（本身、圆身）加工。以下按目前常采用的三路（本身、圆身、筋梗）进行介绍。

（一）本身路

本身路是毛茶复火滚条后经第一次平面圆筛机分出的4~24孔底茶和4孔面茶经切分后的4孔底的茶叶，是毛茶中品质最好、占比较大的一批茶叶。其加工工艺流程称为本身路，经本身路加工出来的茶叶称为本身茶。做好本身茶的取料工作，是取得较好经济效益的关键。

本身路工艺流程分为：毛茶→复火烘干→滚条→平圆筛分→抖筛（毛抖）→平圆撩筛（毛撩）→抖筛（前紧门、复抖）→平圆撩筛（净撩）→阶梯拣梗→风选（剖扇、复扇）→拣梗→补火（复火）→车色→净茶分筛（净筛）→抖筛（后紧门）→净撩→风选（清风）→匀堆装箱。

1. 复火烘干

毛茶由于运输、贮藏过程中茶叶水分有所增加，精制之前需采用烘干机进一步烘干。对于含水量超过7%的毛茶应用烘干机烘至5%~6%，但不可太干，否则会造成碎末茶增加。操作时应根据毛茶等级和含水量高低情况，掌握烘干机的温度、转速及上茶量。一般烘干温度为90~110℃。如毛茶含水量低于7%，则不需复火。

2. 滚条

滚条目的是使茶条滚紧，使钩曲茶脱钩。一般采用八角滚筒干燥机，利用复火后茶叶的余温趁热滚条。滚条时间60~70 min，上茶量为不超过滚筒容积的1/3。

3. 平圆筛分

筛分的目的是初步分出茶叶长短、大小，分出头子茶，割去茶末、茶灰，为各孔茶规格打下基础。滚条后的毛茶采用配置4、5、6、7、8、10、12、16、24、32、40、60、80、100孔筛网的平面圆筛机（本书筛网规格用孔或目表示，表示每英寸长度孔的数目），逐次分批将毛茶分成以上 14 个筛孔茶。其中：4～24 孔为本身茶，32 孔为粗末，40 孔、60 孔为细末，80 孔、100 孔为茶灰。4 孔面上茶除第 1 次切后的 4 孔底以下归入本身茶，其余 4 孔面上茶归入圆身茶。

4. 抖筛（毛抖）

抖筛的目的是利用抖筛机抖去过粗的茶条和圆头茶，抖出较细的筋梗，使本身茶的粗细和净度初步符合各级茶的要求。抖筛采用抖筛机进行。操作上，4、5、6、7 孔茶分别进抖筛机，如 4 孔茶经 7、8、12、14 孔筛网抖筛后，7、8 孔的筛面茶归圆身路，12、14 孔筛底茶归筋梗路，其余 5、6、7 孔茶抖筛后的 7、8 孔筛底茶和筛面茶合并为 4 孔本身茶，转入下道作业。其余依次类推。然后，7 孔抖头并入 6 孔茶，6 孔抖头并入 5 孔茶中复抖，最后 4、5 孔抖头归圆身路。各孔茶抖出的筋梗合并归筋梗路。毛抖筛网配置可参考表 3－7。

表 3－7　毛抖各孔茶的抖筛网配置

毛茶级别	4 孔茶	5 孔茶	6 孔茶	7 孔茶
一级	7，8，12，14	7，8，14，14	7，8，16，16	8，9，18，18
二级	7，8，12，12	7，8，14，14	7，8，16，16	8，9，18，18
三级	7，8，12，12	7，8，14，12	7，8，16，16	8，9，18，18
四级	6，7，11，12	6，7，12，12	7，8，14，16	8，9，18，18
五级	6，7，11，12	6，7，12，12	7，8，14，16	18，20
六级	6，7，11，12	6，7，12，12	14，16	18，20

5. 毛撩

毛撩即第二次采用平面圆筛机将 4～24 孔茶作进一步的分筛，其目的是补第一次分筛的不足，撩去各孔茶过长的茶条和较粗的筋梗，筛出碎茶和较短的茶条，进一步提高各孔茶坯的匀度。毛撩采用平面圆筛机进行分筛，筛网配置可参考表 3－8。

表 3－8　毛撩筛网配置

筛孔茶	筛网配置	筛孔茶	筛网配置	筛孔茶	筛网配置
4 孔茶	4，3，7	7 孔茶	6，5，12	12 孔茶	10，9，20
5 孔茶	4，4，8	8 孔茶	7，6，12	16 孔茶	12，10，24
6 孔茶	5，4，10	10 孔茶	9，8，16	24 孔茶	18，16，28

操作时,4~24孔茶逐次经撩筛,各孔茶经撩筛后的筛面茶和下脚茶按上并下拼的原则并入。如7孔茶的撩头并入6孔茶,撩脚并入8孔茶;6孔茶撩头并入5孔茶,撩脚并入7孔茶;5孔茶撩头并入4孔茶,撩脚并入6孔茶;以此类推。4孔茶撩头经机拣长梗后可并入本身路4孔茶中。撩筛一般采用二面筛。

6. 前紧门

前紧门即第二次经过抖筛机,其目的是使各筛孔茶中过粗过细的茶进一步分清,提高净度,使各号茶粗细均匀。抖筛机筛网配置可参考表3-9。4、5、6孔茶经前紧门后的抖头可作雨茶定级,4孔茶的抖头入圆身路,各孔茶的筋梗即抖脚入筋梗路。

表3-9 前紧门抖筛机筛网配置

原料等级	4孔茶	5孔茶	6孔茶
一级	7, 8, 12, 14	7, 8, 14, 16	8, 9, 16, 18
二级	7, 8, 12, 14	7, 8, 14, 14	8, 9, 14, 16
三级	7, 8, 12, 14	7, 8, 14, 14	8, 9, 14, 16
四级	7, 8, 12, 14	7, 8, 14, 14	8, 9, 14, 16
五级	12, 12	7, 8, 14, 14	14, 16
六级	12, 12	14, 14	14, 16

7. 复撩(净撩)

第三次采用平面圆筛机对经前紧门的4、5、6孔茶和风选后的7孔茶进行分筛。筛网配置和操作要点同毛撩。

8. 阶梯拣梗(阶梯式拣梗机拣梗)

经复撩后的4、5、6、7孔茶应上阶梯式拣梗机,拣出各孔茶中较长的粗筋梗,提高茶坯净度。操作时一般各孔茶应重复3次,各孔拣出的梗子入筋梗路。

9. 风选

风选即对4~24孔各孔茶采用风选机进行风选取料。风选分2次,第1次为剖扇,其目的是初步划分茶叶级别,并扇去黄片毛衣等轻飘茶叶和夹杂物;第2次为复扇,是第一次风选后初步定级的各孔茶再一次风选,其目的是进一步分清茶叶级别,使各级别茶基本符合成品茶的规格要求,并完成取料计划。

10. 拣梗

经风选后 4 ~ 8 孔茶均需上静电拣梗机拣梗,目的是使风选定级后的各级茶进一步提高净度,拣出白梗、黄梗、细筋梗等,并力争不上手拣或减少手工拣梗量。拣梗次数一般每批茶需重复 5 ~ 6 次。实际操作过程中,要求按参考样拣净为止。静电拣梗机拣出的筋梗视含茶叶量可并入筋梗路或单独处理。

对经阶梯式拣梗机和静电拣梗机拣梗不完全,尚不能达到品质要求的 4、5、6 孔茶均需人工拣梗,拣出老梗、粗梗、白梗等杂梗。手工拣出的茶梗不再处理,可直接单独入库或出售。

拣梗除采用阶梯式拣梗机拣梗、静电拣梗与手工拣梗外,也可采用茶叶色选机代替。采用色选机拣梗,根据拣梗效果,可一次性或分次代替阶梯式拣梗机拣梗、静电拣梗及手工拣梗工序。

茶叶色选机有单层茶叶色选机、双层茶叶色选机和多层茶叶色选机,应根据需要选用。色选机的具体操作,应根据原料等情况严格按色选机操作要求进行。

11. 补火

补火即第二次利用烘干机将茶叶复火;主要是透发茶叶香气,提高茶叶风味浓度,在此基础上进一步降低茶叶的含水量,以利长期保存,保持品质基本不变。补火采用烘干机对 4 ~ 16 孔的各级茶进行复火烘干,温度 85 ~ 95℃,烘至含水量 4% ~ 5% 下烘。

12. 车色

经复火后的 4 ~ 8 孔各级在制品和 10 孔秀二在制品根据需要可进行车色。12、16、24 孔茶根据需要也可车色。其目的是使茶条紧结光滑,色泽灰绿起霜。车色作业应趁热进行,时间 90 ~ 100 min。

13. 净茶分筛

净茶分筛即第四次采用平面圆筛机对 4 ~ 16 孔各级茶再次进行筛分,其筛网配置同第一次毛茶分筛。如 4 孔特一茶采用 4、5、6、7 孔分筛后,4 孔特一茶直接进入下一道后紧门作业,从 4 孔特一分筛出来的 5、6、7 孔茶并入相同级别的 5、6、7 孔茶中。以此类推。

14. 后紧门

后紧门即第三次采用抖筛机对 4 ~ 7 孔分筛后的茶叶进行抖筛,习惯上称为后紧门，其目的、方法同前紧门。但筛网配置有所不同，可参考表 3 – 10。

表 3 – 10　后紧门筛网配置

花色等级	4 孔茶	5 孔茶	6 孔茶	7 孔茶
特一	8, 9, 16, 18	8, 9, 16, 18	8, 9, 18, 18	9, 10, 20, 20
特二	8, 9, 16, 18	8, 9, 16, 18	8, 9, 18, 18	20, 20
雨茶		7, 8, 16, 18	7, 8, 18, 18	20, 20
珍一	7, 8, 16, 18	7, 8, 16, 18	10, 11	11, 12
珍二	7, 8, 14, 16	7, 8, 14, 16	10, 11	11, 12
珍三	6, 7, 14, 16	6, 7, 14, 16	10, 11	11, 12
珍四	6, 7, 14, 16	6, 7, 14, 16	10, 11	11, 12
珍不列	6, 7	14, 16	10, 11	
特秀				11, 11
秀二				11, 12

15. 净撩

利用平面圆筛机第 5 次对 4 ~ 10 孔茶进行撩筛割脚。操作时应遵循逐孔"上并下拼"的原则。筛网配置可参考表 3 – 11。

表 3 – 11　净撩筛网配置

筛孔茶	筛网配置	筛孔茶	筛网配置	筛孔茶	筛网配置
4 孔茶	4, 3, 7, 12	7 孔茶	5, 6, 12, 16	12 孔茶	10, 10, 20, 24
5 孔茶	4, 4, 8, 12	8 孔茶	7, 7, 14, 20	16 孔茶	12, 12, 20, 24
6 孔茶	5, 5, 10, 14	10 孔茶	9, 8, 16, 20	24 孔茶	16, 16, 34, 60

16. 清风

清风即第二次风选作业，目的是经风选机风选清去各级各孔茶经补火车色和紧门后产生的轻质茶，使各孔各级茶的质量标准完全符合半成品的规格要求。方法同风选。

经清风后的茶，按级别、路、孔分别取样后入库候堆。

17. 匀堆装箱

匀堆装箱是精制的最后一道作业工序。小批量利用人工匀堆装箱，大批量则采用匀堆装箱机匀堆装箱。根据匀堆通知单核对各级各孔茶，将大小不同的筛孔茶进行匀堆，过磅装箱（袋）。

（二）圆身路

圆身路的原材料来源是毛茶经分筛一次切分的 4 孔筛面茶和本身茶 4、5 孔毛抖时的筛面茶及 4 孔前紧门的抖头。圆身茶由于外形较粗大，来源不同，品质差异较大。因此，需要特殊的工艺流程进行加工，以充分发挥原料的经济价值。这一工艺流程称为圆身路。

圆身路工艺流程分为：毛茶头、抖头→切茶→平圆分筛→抖筛→撩筛→机拣→风选定级→电拣→手拣→补火→车色→分筛→紧门→净撩→清风→匀堆。详细流程见图 3－1。

1. 切茶

切茶采用切茶机反复切断较粗大的茶叶，直至全面通过 5 孔为止，刀距掌握先松后紧。切茶机一般多用滚切机，也可用齿切机。

2. 分筛

经切茶机切断后的茶叶，再采用平面圆筛机进行筛分。配用 4、5、6、7 孔筛，7 孔以下的茶再用 7、32 孔筛分。其中，4、5、6 孔茶直接转入下一道作业抖筛。7 孔以下可拼入本身路付制；32 孔以下为茶末，单独入库付制。

其余各作业的目的及操作要求同本身路。

（三）筋梗路

从本身路和圆身路中经毛抖出来的抖脚及本身路复抖的筋梗和阶梯式拣梗机及静电拣梗机拣出的梗子、筋梗等统称为筋梗茶。该茶原料来源复杂、数量少、净度差，但一部分茶嫩度较好，加工较困难。因此，需用一套特殊工艺，将嫩芽叶提取，这一工艺流程称为筋梗路。筋梗路工艺流程分为：筋梗茶→切断→分筛→撩筛→抖筛→机拣→复撩→风选→电拣→手拣→补火→车色→分筛→紧门→撩筛→清风→匀堆。具体工艺流程见图 3－2。

在筋梗路加工中，一般是将本、圆身路各孔茶的筋梗合并后加工，也有茶厂进一步分支，即阶梯式拣梗机、静电拣梗机的梗子分一支路，这一批茶的特

```
                        ┌──────────┐
                        │  圆身茶  │
                        └────┬─────┘
         ┌───────────────────┤
         │              ┌────┴─────┐
         │              │  切茶机  │
         │              └────┬─────┘
  ┌──────┴───────────────────┴───────────────────────────────┐
 头│                     平面圆筛机                            │
  ├──────┬───────┬───────┬────────┬──────────────────────────┤
  │  4   │   5   │   6   │   7    │          32               │
  └──┬───┴───┬───┴───┬───┴───┬────┴────────────┬─────────────┘
  ┌──┴───┐┌──┴───┐┌──┴───┐   │                 │
  │抖筛机││抖筛机││抖筛机│   │                 │
  └──┬───┘└──┬───┘└──┬───┘   ▼                 ▼
 ┌───┴───┐┌──┴────┐┌─┴─────┐┌──────┐
 │平面圆筛机││平面圆筛机││平面圆筛机││归本身路│
 └───┬───┘└──┬────┘└─┬─────┘└──────┘     ┌──────┐
┌────┴────┐┌─┴──────┐┌┴───────┐          │ 茶末 │
│阶梯式拣梗机││阶梯式拣梗机││阶梯式拣梗机│          └──────┘
└────┬────┘└─┬──────┘└┬───────┘
  ┌──┴───┐┌──┴───┐┌──┴───┐
  │风选机││风选机││风选机│
  └──┬───┘└──┬───┘└──┬───┘
 ┌───┴───┐┌──┴────┐┌─┴─────┐
 │静电拣梗机││静电拣梗机││静电拣梗机│
 └───┬───┘└──┬────┘└─┬─────┘
  ┌──┴───┐┌──┴───┐┌──┴───┐
  │手工拣梗││手工拣梗││手工拣梗│
  └──┬───┘└──┬───┘└──┬───┘
  ┌──┴───┐┌──┴───┐┌──┴───┐
  │烘干机││烘干机││烘干机│
  └──┬───┘└──┬───┘└──┬───┘
  ┌──┴───┐┌──┴───┐┌──┴───┐
  │车色机││车色机││车色机│
  └──┬───┘└──┬───┘└──┬───┘
 ┌───┴───┐┌──┴────┐┌─┴─────┐
 │平面圆筛机││平面圆筛机││平面圆筛机│
 └───┬───┘└──┬────┘└─┬─────┘
  ┌──┴───┐┌──┴───┐┌──┴───┐
  │抖筛机││抖筛机││抖筛机│
  └──┬───┘└──┬───┘└──┬───┘
 ┌───┴───┐┌──┴────┐┌─┴─────┐
 │平面圆筛机││平面圆筛机││平面圆筛机│
 └───┬───┘└──┬────┘└─┬─────┘
  ┌──┴───┐┌──┴───┐┌──┴───┐
  │风选机││风选机││风选机│
  └──┬───┘└──┬───┘└──┬───┘
 ┌───┴───────┴───────┴──────────┐
 │           匀堆机              │
 └──────────────────────────────┘
```

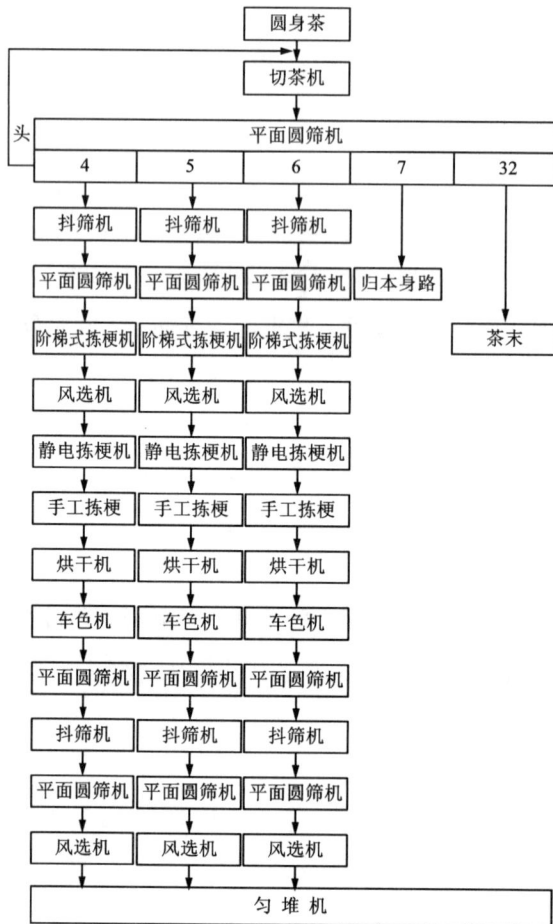

图 3-1　眉茶精制圆身路工艺流程

点是条索较粗长，含梗量较多，但条索紧结细长，茶叶也不少，因此单独加工；另一支路是本、圆身路的各孔抖脚，特别是 5、6、7 孔的筋梗茶，大部分是细梗，细长如针，细嫩的茶叶也夹杂其中，因此与拣梗机的头子分开加工，有利于取料。

　　具体操作：合并本、圆身路各孔筋梗，用切茶机反复切断，直至全部通过 5 孔筛为止。其余作业的目的及操作与本身路基本相同。

图 3-2 的流程图

```
                    筋梗茶
                      │
                      ▼
                    切茶机
                      │
                      ▼
头 ┌─────────────────平面圆筛机─────────────────────────┐
   │  5  │ 6 │ 7 │ 8 │ 10 │ 12 │ 16 │ 24 │ 32 │ 60 │   │
```

平面圆筛机

抖筛机

阶梯式拣梗机

平面圆筛机

风选机

静电拣梗机

手拣

烘干机

车色机

平面圆筛机

抖筛机

平面圆筛机

风选机

匀堆装箱机

茶末　茶灰

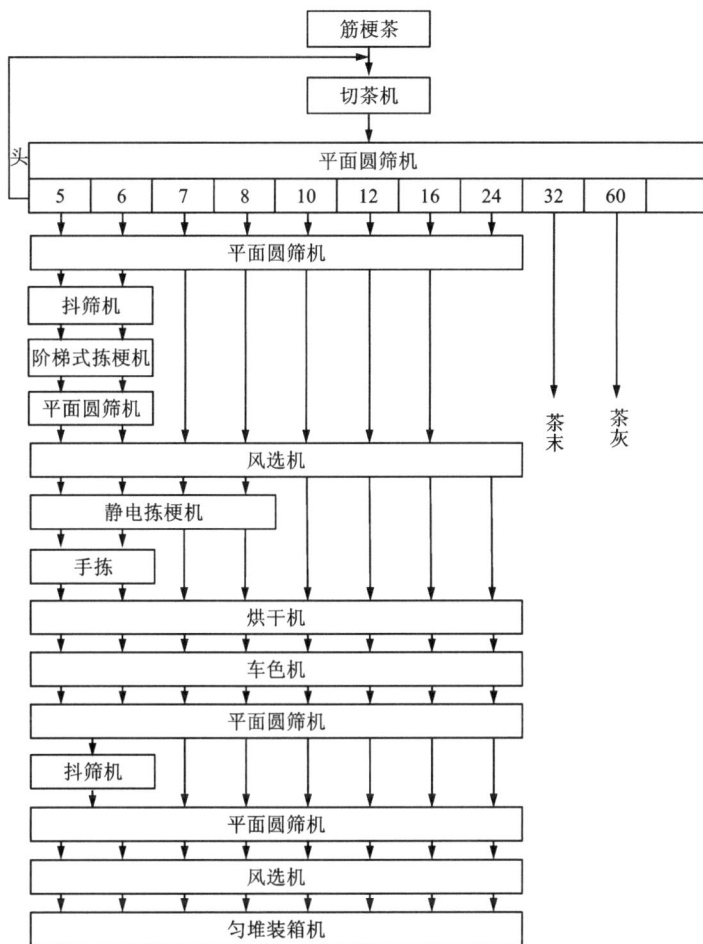

图 3-2　眉茶精制筋梗路工艺流程

二、内销炒青、烘青绿茶精加工

内销绿茶主要指炒青和烘青茶坯,后者主要是供窨制花茶用的茶坯。两种茶主要是毛茶原料不同,但精加工技术是相同的,其精加工技术较眉茶(外销眉茶)精加工技术简单。

内销炒青和烘青绿茶精加工也分本身路、圆身路和筋梗路三种工艺流程进行。

（一）本身路

本身路工艺流程分为：毛茶→复火→分筛→抖筛→撩筛→风选→紧门→阶梯式拣梗→静电拣梗→风选（清风）→手工拣梗→匀堆。具体工艺流程见图3-3。

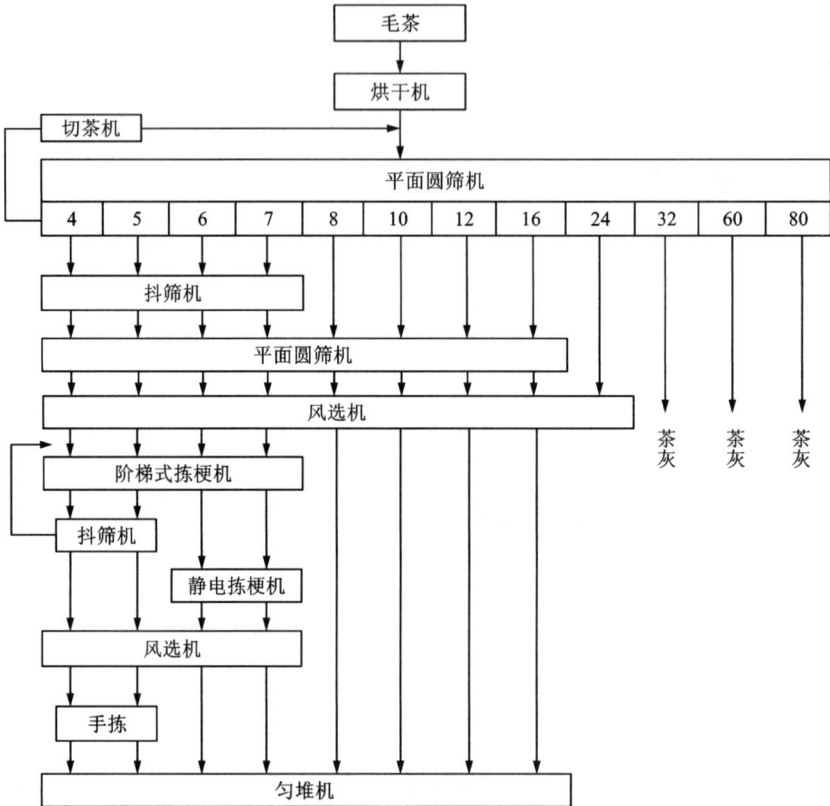

图3-3　内销绿茶精制本身路工艺流程

1. 复火

采用烘干机将毛茶水分含量烘至5%～6%。如毛茶水分不超过该含量，则不需复火。

2. 分筛

采用平面圆筛机，分别配置4、5、6、7；7、8、10、12；12、16、24、32；40、60、80孔筛网。80孔以下茶灰可直接装袋入库。

3. 抖筛

采用抖筛机，将4、5、6、7孔茶分出圆身茶和筋梗茶。抖筛筛网可参考表3－12配置。

表3－12　抖筛筛网配置

原料等级	4孔茶	5孔茶	6孔茶	7孔茶
1~2级	7, 8, 12, 14	7, 8, 12, 14	7, 8, 16, 16	8, 9, 18, 18
3级以下	6, 7, 12, 14	6, 7, 12, 14	6, 7, 14, 16	8, 9, 18, 20

4. 撩筛

采用平面圆筛机分出各孔茶的大小。筛网可参考表3－13配置。

表3－13　撩筛筛网配置

筛孔茶	筛网配置	筛孔茶	筛网配置
4孔茶	4, 3, 6, 16	8孔茶	6, 6, 12, 24
5孔茶	4, 4, 7, 16	10孔茶	8, 10, 24, 32
6孔茶	5, 4, 8, 16	12孔茶	8, 10, 24, 32
7孔茶	6, 5, 10, 24	16孔茶	10, 12, 24, 32

5. 风选

采用风选机，将4~24孔茶进行风选定级。

6. 紧门

采用抖筛机将风选后的4、5孔茶重新抖筛，去除过粗、过细的圆头及筋梗。其他筛孔茶不需进行紧门。筛网可参考表3－14配置。

表3－14　紧门筛网配置

筛孔茶	筛网配置	筛孔茶	筛网配置
1级	8, 9, 12, 14	4级	6, 7, 12, 14
2级	7, 8, 12, 14	5级	6, 7, 12, 14
3级	7, 8, 12, 14	6级	6, 7

7. 拣梗

采用阶梯式拣梗机，拣出 4 ~ 7 孔茶中的长梗。再采用静电拣梗机，拣出 1 ~ 3 级 6、7 孔茶中的白梗、黄筋及嫩茎。

阶梯式拣梗机拣梗和静电拣梗机拣梗工序，可一次性采用茶叶色选机代替，操作按色选机操作要求进行。

8. 风选(清风)

采用风选机，分清出 4、5、6、7 孔各级茶中花色，提高净度。

9. 手拣

对阶梯式拣梗机拣梗和静电拣梗机拣梗或色选机拣梗不完全的 4、5 孔的 1 ~ 3 级茶，还应采用手工将茶梗拣出。

(二)圆身路

圆身茶的来源是本身茶抖筛后的毛头和紧门的筛面茶，其特点是外形短秃带圆、茶梗较长，品质比本身茶差，一般作降级处理。圆身路工艺流程分为：切茶(切碎)→抖筛→分筛→撩筛→风选→紧门→机拣(阶梯式拣梗机拣梗或色选机拣梗)→清风→手拣→匀堆。其详细的流程见图 3 – 4。

圆身路作业要求及筛网配置与本身路基本相同。其中通过的圆身茶一定要反复切断，全部通过抖筛机，直至切、抖符合圆身茶规格为止。

(三)筋梗路

筋梗路工艺流程分为：切断→分筛→撩筛→抖筛→机拣(阶梯式拣梗机拣梗或色选机拣梗)→风选→手拣→匀堆装箱(袋)。

筋梗茶的来源与作业、筛网配置都与眉茶相同。

详细工艺流程见图 3 – 5。

```
                          ┌──────────┐
                          │  圆身茶   │
                          └────┬─────┘
              ┌────────────────▼─────┐
              │              ┌──────────┐
              │              │  切茶机   │
              │              └────┬─────┘
              │              ┌────▼─────┐
              └──────────────│  抖筛机   │
                             └────┬─────┘
```

平面圆筛机											
4	5	6	7	8	10	12	16	24	32	60	80

```
  平面圆筛机
  风选机
  抖筛机
  阶梯式拣梗机
  风选机
  手拣
  茶灰   茶灰
  匀堆机
```

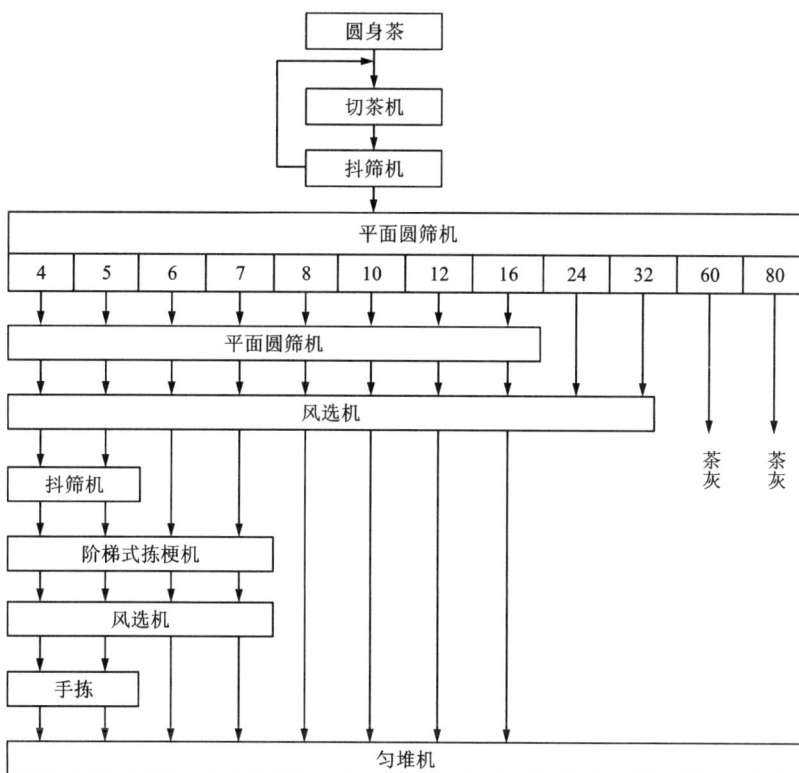

图 3－4　内销绿茶精制圆身路工艺流程

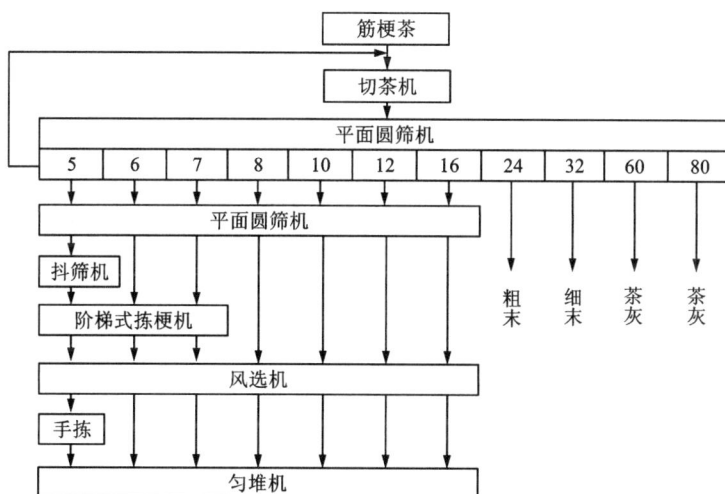

```
                          ┌──────────┐
                          │  筋梗茶   │
                          └────┬─────┘
                          ┌────▼─────┐
                          │  切茶机   │
                          └────┬─────┘
```

平面圆筛机										
5	6	7	8	10	12	16	24	32	60	80

```
  平面圆筛机
  抖筛机
  阶梯式拣梗机
  风选机
  手拣
  粗末  细末  茶灰  茶灰
  匀堆机
```

图 3－5　内销绿茶精制筋梗路工艺流程

三、珠茶精加工

珠茶精加工主要分珠茶路和雨茶路两路加工。

(一)珠茶路

珠茶路分生取、炒车、熟取和匀堆四个工段，基本作业流程分为：分筛→切分→毛撩→风选生料→炒车→撩筛→风选熟取→抖筛→拣剔→净撩→净扇→匀堆装箱。其中分筛至风选生料为生取工段，撩筛至净扇为熟取工段，生取工段与熟取工段之间为炒车工段，最后工序为匀堆工段。

1. 分筛

毛茶通过三台平面圆筛机分筛，各台圆筛机筛网配置参见表3-15。分筛后12孔以下做内销处理。

表3-15　珠茶各级毛茶分筛筛网配置

级别	第一台圆筛机	第二台圆筛机	第三台圆筛机
一、二级毛茶	5、6、7、8、10	8、10、12、16、24	16、24、36、80
三至六级毛茶	4、5、6、7、8	7、10、12、16、24	16、24、36、80
七至级外毛茶	3.5、4、5、6、7	7、10、12、16、24	16、24、36、80

2. 切分

一至四级毛茶的筛面头子茶上风扇关砂后分出轻、重头子茶，便于取料。如一至三级毛茶的轻头子茶以取三级珠茶为主，四、五级毛茶的轻头子茶以取四级珠茶为主。轻、重头子茶均采用滚切机切轧。五级毛茶的重头子茶用滚切机切轧，轻头子茶用齿切机切轧，六级毛茶及茶朴均采用齿切机切轧。切茶机切轧宜采用先松后紧、松口多切、反复切完为止，并根据不同产区的质量特点，掌握刀距松紧和切轧程度。切后的轻、重头子茶都须分筛，重头子茶筛网配置：一级为5、6、7、8、10孔；二、三级为4.5、5、7、8、10孔；四、五级为4、5、6、7、8孔。轻头子茶一至四级为4、5、6、7、8孔。

3. 毛撩

通过二层撩筛机将粗大茶撩出，使颗粒大小更为一致。4孔茶筛网配置3、

16 孔，4.5 孔茶配 4、16 孔，5 孔茶配 4.5、16 孔。

4. 风选生料

撩筛后的各级各孔茶分别进入风扇生取分级。一级身骨重实应关净砂石，二级以下以剥摊为主，要求基本分清等级。风选后，外销 5~8 孔的本身、轧身要分级、分孔、分轻重交付炒车。内销各孔茶直接出风选工段或上飘筛。

5. 炒车

各类生坯通过炒车，除去多余水分，提高颗粒的圆紧度，做成绿润银灰的色泽，并增进茶叶的香气滋味。

炒车的温度应根据室温高低、茶叶轻重、投叶量的多少而定。如室温在 30℃ 以上，炒车温度以 60~70℃ 为宜；室温在 20~30℃，炒车温度相应提高 3~4℃；室温在 10~20℃，炒车温度相应提高 6~8℃。轻质茶炒车温度可略高，重质茶则稍低。投叶量多，炒车温度稍高；投叶量少，炒车温度稍低。

着糊是珠茶加工特有的方法，目的是利用糯米糊的黏着力促使开口茶闭口，使颗粒更圆结。糯米糊的厚薄，一般以 1 kg 糯米冲糊 6~7 kg 为宜。糯米须浸透，磨浆时加水要均匀，冲糊须用沸水冲熟，并充分搅拌均匀。

着糊一般分两次进行。茶坯投入炒车机后，茶坯温度缓慢上升，经 30~40 min，升温至 70℃ 时，茶坯已干燥适度，呈现绿中带灰，即可进行第一次着糊。此时火力要旺，使茶坯温度稳定在 70℃ 左右，经 10~15 min，湿糊基本干燥，再进行第二次着糊。待第二次着糊的湿糊基本干燥时，逐渐降低温度，再炒车 60 min 左右。掌握温度是整个着糊过程的关键。温度遵循“前低、中高、后低”的原则。坯温最高不宜超过 80℃。珠茶各级各孔着糊量见表 3-16。

用条龙炒锅机磨头时，先将出茶门关闭，待磨一段时间后，茶叶色泽均匀，颗粒圆紧光滑平伏，便可开门出茶。各孔茶经炒车后，便可进入熟取工段净取（亦称净取工段），做净各孔茶。

6. 撩筛

炒车后，各孔茶须通过撩筛分清颗粒大小，割净下段碎末。撩头须复拣。若复拣撩头属于着糊块茶，交于生取工段切轧。5 孔轻重撩头合并，回联合炒车机炒车。4 孔五级撩头回条龙炒锅机炒磨。经过撩筛后的各孔轻身茶，还须进行复撩，进一步分清颗粒大小，便于风选熟取定级。

表 3－16　珠茶各级各孔着糊量

单位：kg/筒茶

级别	筛孔											
	4	4.5		5		6		7		8		10	
		重	轻	重	轻	重	轻	重	轻	重	轻	重	轻
一级	—	—	—	5.25	9	5.25	6.75	3.75	5.25	3	3.75	2.25	3.75
二级	9.75	6.75	10	6.75	10	5.25	6.75	6	6	3.75	3.75	3.75	3.75
三级	10	10	10	10	10	9	9	6	6	5.25	5.25	3.75	3.75
四级	9	10	10	10	10	9	9	6	6	5.25	5.25	—	—
五级	10	10	10	10	10	9	9	6	6	4.5	4.4	—	—

注：每筒茶为 85~95 kg。

7. 风选熟取

一级茶 5~10 孔、二级茶 4.5~10 孔、三级茶 4~10 孔均需上风扇定级，使品质符合标准。

8. 抖筛

抖掉长身茶(做雨茶)，使颗粒符合珠茶的外形规格。一级 6 孔以下轻、二级 5~10 孔(5 孔轻视情况可不上抖)、三至五级 5~10 孔均需上抖。抖筛筛网配置原则：重质茶宜稍紧，轻质茶宜稍松。抖筛筛网配置参见表 3－17。

表 3－17　珠茶抖筛筛网配置

级别	筛网	筛孔				
		5	6	7	8	10
一、二级	上层	8.5	9	10	11(12)	14(12)
	下层		10			
三级以下	上层	8	8.5	9	10	12
	下层	8.5	9	10	11	12

9. 拣别

珠茶一至三级 4~6 孔、二至三级 5~6 孔均须上机拣。经风扇出段的重质茶，各级面张茶及关砂头须上色选或手拣，要求将茶叶中的梗、籽、砂石等次杂拣净，达到规定的净度。

10. 净撩

净筛筛网配置参见表 3 - 18。净撩后，7~10 孔撩头须上抖，4~6 孔撩头须复拣。

表 3 - 18　珠茶净筛筛网配置

筛孔		4	4.5	5	6	7	8	10
筛网	上	4	4.5	5	6	7	8	10
	中	10	10	10	12	12	12	12
	下	16	16	16	16	16	16	16

11. 净扇

4~10 孔撩筛的筛底茶分别上风选机净扇，使身骨符合标准，品质最后定型。净扇后便为半成品，可交付拼配匀堆。

12. 匀堆装箱

小批量利用人工、大批量则采用匀堆装箱机，根据匀堆通知单核对各级各孔茶，将大小不同的筛孔茶进行匀堆，过磅装箱(袋)。

(二)雨茶路

经过珠茶路抖筛后的重、轻抖底茶，外形细长，与珠茶规格不同，与眉茶品质也有一定差别，因形似雨滴，故称为雨茶。加工流程分为：分筛→风选→机拣→净撩→净扇→色选或手拣→匀堆装箱。

1. 分筛

雨茶分筛筛网配置参见表 3 - 19。分筛后各孔头子茶合并复撩，筛下茶合并复撩。

表 3 - 19　珠茶分筛筛网配置

筛孔		4.5	5	6	7	8	10
筛网	上	4	4.5	5	6	7	8
	中	8	8	9	9	12	14
	下	16	16	16	24	24	24

2. 风选

经过分筛后的各孔茶分别上扇定级。4.5 孔和 5 孔重质茶如圆头过多，应复抖套出圆头。风选机的一、二口做一、二级雨茶，三口的4.5~6孔做粗茶，7~12孔做三级秀眉。

3.机拣

一、二级雨茶的4.5~7孔分别机拣，拣去大部分筋梗。

4.净撩

机拣后各级各孔雨茶，再经过一次撩筛，撩出不合规格的长条，使长短均匀一致。撩筛筛网配置参见表3-20。经撩筛后的4.5孔以下撩头逐孔上拼，筛下茶交下道工序。

表3-20　雨茶撩筛筛网配置

筛孔		4.5	5	6	7	8	10
筛网	上	4.5	4.5	5	6	7	8
	下	16	16	16	16	16	16

5.净扇

各孔茶分别上风扇净取，使品质最后定型。

6.色选或手拣

面张茶进行色选或手拣，拣去筋、梗、朴、籽等次杂，使净度符合要求。

7.匀堆装箱

小批量利用人工、大批量则采用匀堆装箱机，根据匀堆通知单核对各级各孔茶，将大小不同的筛孔茶进行匀堆，过磅装箱（袋）。

第九节　绿茶加工新技术

绿茶是我国最早生产的茶类，已经发展了炒青、蒸青、烘青和晒青等多个品目。目前，我国绿茶的产量约占总产量的60%，占出口量的80%以上；国内市场也以绿茶为主，特别是名优绿茶。绿茶是我国茶产业发展的重点方向，而名优绿茶是绿茶产业发展的重中之重。

一、鲜叶原料低温恒湿贮藏技术

采用茶鲜叶保鲜库,通过温度和湿度控制(库内温度保持在 10～15℃,相对湿度85% 以上)达到春茶鲜叶原料贮藏保鲜。具体操作上,鲜叶按老嫩度、新鲜度等质量要求,分等级存放在贮叶筐中,贮叶筐在贮叶间按设定位置要求存放,贮叶间温度根据茶叶等级及生产线作业进度调节,并引入适当湿度的空气或通过喷雾保湿,以控制其摊凉时间和失水萎凋程度。

二、组合杀青技术

(一)热风和筒壁加热两者组合的杀青技术

杀青机采用滚筒式机体结构,一方面,滚筒内的鲜叶与筒壁接触时通过热传导获得热量升温;另一方面,通过燃气供热装置,新鲜空气在其中换热后进入筒体内部与鲜叶接触换热并及时带走鲜叶逸出的水分。适当调节两种供热的幅度,保持两种加热方法杀青的优点,使杀青更匀更透,热风及时排湿又可保持色泽翠绿,同时避免焦边爆点,保证内含物质的适当转化,起到增色、提质、提香的效果。

(二)微波杀青与传统热传导杀青方式组合杀青技术

微波杀青是利用微波加热技术达到鲜叶杀青的目的。由于微波频率较高,穿透力强,杀青叶升温快,预热时间短,受热均匀,能迅速提高杀青叶的温度,克服了热传导杀青难以快速钝化酶活性的缺点,达到良好的杀青效果。与传统热传导杀青方法相比,微波杀青更容易控制温度,且使杀青过程中不易产生红梗红叶或烟焦叶。生产上,微波杀青与传统热传导杀青方式组合应用,可有效提高杀青质量。

三、微波辅助脱水技术

微波辅助脱水技术通常采用长滚筒结构机体,周边设置微波管,以适应在生产线上连续作业。初烘后的茶叶在筒体内一边翻滚一边沿轴线方向流动,微波管产生的电磁波在筒体内穿透茶叶,使茶叶升温。由于电磁波的穿透性,茶叶内外失水均匀，在滚筒内的加工环境中，由于外界湿度的共同影响，使茶叶内外水分趋于平衡，在适量脱水的同时，使茶叶中水分分布更均匀，从而便于初烘后的进一步做形和定型，也可有效地避免湿热，提高干燥质量。也有将微波发射装置加工成方形或长方形结构罩在输送带上，茶叶一方面随输送带进，另一方面在微波作用下加热脱水。

四、连续化做形技术

(一)条形名优茶成形技术

将理条机振动床行程设计得更长，且床体呈6°倾斜，通过振动床下固定电热管供热，可大大提高热能利用率，理条机与生产线连接，可实现连续化理条。

(二)片形茶连续成形技术

采用反向对辊挤压造型设计的成形设备，鲜叶杀青后，通过振动槽单列输送至对辊进行挤压造型；输送带选用耐高温、防水性好、黏着性差的安全聚合材料加工，带面设计通风气孔；造型过程中通入热空气，边造型、边脱水，提高效率；造型设备可组装连线成片形名优茶生产线。

(三)扁平外形茶振动理条锅式压扁循环成形技术

目前，理条机和锅式扁茶机已经大量使用，但理条、压扁、透气作业无法快速变换，加工产品存在芽尖开叉、芽叶不直及干茶黄变等缺陷，制茶品质不高。振动理条锅式压扁循环成形技术采用锅式扁茶机、连续理条机输送设备组装成连续化成形设备，茶叶在制品在"理条—压扁—冷却、透气、去黄片—理条—压扁"的反复循环作业中快速变换，实现连续成形。

(四)紧结外形茶的推进式成形干燥技术

采用传统的连续滚筒机体结构，将导叶板分段制成曲率不等的弯板形状，各段导叶板又首尾相接构成螺旋线，完成茶叶的做形、紧形过程。滚筒轴线与水平线的夹角设计为可调式，亦可适时调整茶叶的轴向运动速度，以控制做形时间。

(五)松散外形茶的热风解块动态烘干技术

在滚筒(内壁径向布置导叶板)中轴上设置通风管孔，揉捻后的茶叶从进料端进入旋转的滚筒中解块，热风（可从烘干机上回收再利用）从旋转的滚筒中轴进入筒内，向四周释放热能，滚筒壁密布小孔。茶叶在解块的同时迅速均匀受热，产生的碎末茶从筒壁及时去除。加工的产品脱水均匀，色泽均匀，没有碎末茶。

五、烘干技术

（一）联装茶叶烘干机组干燥技术

在传统绿茶加工中热风炉和链板烘干机的基础上，将多台烘干机联装，使初烘、二烘、三烘和提香工艺连续化。初烘：进风口温度 120～130℃，摊叶厚度 1～1.5 cm，叶温控制在 70℃左右，茶叶含水量在 35% 左右时，转入二烘。二烘：进风口温度 110～115℃，叶温控制在 65℃左右，茶叶含水量在 15% 左右时，下机转入三烘。三烘：进风口温度 90～100℃，叶温控制在 60℃左右，茶叶含水量在 8% 左右时，下机转入提香。提香：进风口温度 70～80℃，叶温控制在 50℃左右，茶叶含水量在 6% 左右时，下机摊凉装箱。

（二）高温定型快速冷却技术

采用箱体式结构，箱体分隔成上下两个作业区，上作业区引入 150～180℃高温热风，通过排风控制温度。下作业区则引入常温空气，茶叶在箱体中的链板上自上而下运动，由于两作业区的温差大且相隔时间短，利用热胀冷缩使茶叶在干燥后快速冷却过程中完成紧条定型，最后从机体底部流出。因为烘干为名优绿茶加工中的最后工序，冷却后的茶叶便于直接包装贮藏。

第四章 红茶加工

红茶属全发酵茶，是我国生产和出口的主要茶类之一。我国红茶自然产地分布较广，产品种类很多，素以香高、味浓、色艳驰名世界。红茶的基本加工工艺为萎凋、揉捻(切)、发酵和干燥，不同产地、不同工艺加工的红茶，品质差异较大。红茶按其加工工艺和品质的差异，一般可分为小种红茶、工夫红茶和红碎茶三种。湖南主要生产工夫红茶和红碎茶。

第一节 工夫红茶加工

工夫红茶是我国特有的红茶产品，有200多年的生产历史。我国工夫红茶品类多、产地广。工夫红茶常以地名命名，如滇红、祁红、宁红、宜红、湖红、闽红等。按品种分为大叶工夫和小叶工夫。大叶工夫红茶是以乔木或半乔木茶树鲜叶制成的工夫红茶；小叶工夫红茶是以灌木型小叶种茶树鲜叶为原料制成的工夫红茶。"祁红""滇红"和"闽红"等工夫红茶产品以其独特品质风格在国际市场上占有特定市场，"宜红""宁红"和"湖红"等拼配的"中国工夫红茶"也颇受国际市场欢迎。湖红是中国历史悠久的工夫红茶之一。吴觉农曾给予湖红工夫很高的评价，称其是可以与当时的"祁红"和"宜红"一样受到国外欢迎的高香红茶。

一、品质特点

工夫红茶品质特点是"红汤红叶"。工夫红茶原料细嫩，制工精细，外形条索紧直、匀齐,色泽乌润,香气浓郁,滋味醇和而甘浓,汤色、叶底红艳明亮,具有形质兼优的品质特征。我国各地工夫红茶因产地和采用的原料品种不同,而形成各自独有的特征。如产于安徽祁门的"祁红",外形条索紧结细小如眉,苗秀显毫,色泽乌润;香气蜜糖香持久,似果香又似兰花香,国际茶市上将这种香气称为"祁门香";汤色和叶底颜色红艳明亮,口感鲜醇醇厚,即便与牛奶和糖调饮,其香不仅不减,反而更加馥郁。高级"川红"为中叶种工夫红茶,条索不及大叶种肥硕,但显壮实,多金毫,香味鲜嫩,带有一种类似橘子香气。产自云南的"滇红"为大叶种工夫红茶,条索肥硕、重实,满披金黄色芽毫,有花果香味,香高味浓,汤色红艳明亮,叶底红匀鲜亮。湖北所产的"宜红",其茶汤常出现冷后浑似乳凝现象,这是茶汤中有效成分丰富、品质优良的一个标志。江西所产的"宁红",香味甜醇,茶汤似玫瑰色,叶底带花青。

我国工夫红茶各级别感官品质特征及要求分别见表4-1和表4-2。

表4-1　中小叶种工夫红茶各等级感官品质要求

等级	外形				内质			
	条索	整碎	净度	色泽	香气	滋味	汤色	叶底
特级	细紧多锋苗	匀齐	净	乌黑油润	鲜嫩甜香	醇厚甘爽	红明亮	细嫩显芽红匀亮
一级	细紧有锋苗	较匀齐	净稍含嫩茎	乌润	嫩甜香	醇厚爽口	红亮	匀嫩有芽红亮
二级	紧细	匀整	尚净有嫩茎	乌尚润	甜香	醇和尚爽	红明	嫩匀红尚亮
三级	尚紧细	较匀整	尚净稍嫩筋梗	尚乌润	纯正	醇和	红尚明	尚嫩匀尚红亮
四级	尚紧	尚匀整	有梗朴	尚乌稍灰	平和	纯和	尚红	尚匀尚红
五级	稍粗	尚匀	多梗朴	棕黑稍花	稍粗	稍粗	稍红暗	稍粗梗尚红稍花
六级	较粗松	欠匀	多梗多朴片	棕稍枯	粗	较粗淡	暗红	粗梗红暗花杂

表4-2 大叶种工夫红茶各等级感官品质要求

等级	外形				内质			
	条索	整碎	净度	色泽	香气	滋味	汤色	叶底
特级	肥壮紧结多锋苗	匀齐	净	乌褐油润金毫显露	甜香浓郁	鲜浓醇厚	红艳	肥嫩多芽红匀明亮
一级	肥壮紧结有锋苗	较匀齐	较净	乌褐润多金毫	甜香浓	鲜醇较浓	红	肥嫩有芽红匀亮
二级	肥壮紧实	匀整	尚净稍有嫩茎	乌褐尚润有金毫	香浓	醇浓	红	柔嫩红尚亮
三级	紧实	较匀整	尚净有筋梗	乌褐稍有毫	纯正尚浓	醇尚浓	较红亮	柔软尚红亮
四级	尚紧实	尚匀整	有梗朴	褐欠润略有毫	纯正	尚浓	红尚亮	尚软尚红
五级	稍松	尚匀	多梗朴	棕褐稍花	尚纯	尚浓略涩	红更亮	稍粗尚红稍暗
六级	粗松	欠匀	多梗多朴片	棕稍枯	稍粗	较粗涩	红稍暗	粗、花杂

湖南省大湘西茶产业发展促进会团体标准规定潇湘红红茶各级别感官品质特征及要求见表4-3。

表4-3 潇湘红红茶感官品质要求

等级	外形	内质			
		香气	滋味	汤色	叶底
特级	条索紧细多锋苗，显金毫，色泽乌润，匀齐洁净	甜香浓郁	醇厚甘爽	红亮	细嫩显芽红匀亮
一级	条索紧结有锋苗，较匀净，带嫩茎，色泽乌润	甜香持久	醇厚爽口	红亮	匀嫩有芽红亮
二级	条索紧结，较匀整，尚净，有嫩茎，色泽乌尚润	甜香尚持久	醇厚	红明	较嫩匀红尚亮
三级	条索尚紧结，较匀整，尚净，稍有嫩梗，尚乌润	纯正	醇和	红尚明	尚嫩匀尚红亮

二、鲜叶要求

工夫红茶要求鲜叶细嫩，匀净，新鲜，采摘标准以单芽、一芽一叶及一芽二、三叶或同等嫩度的对夹叶等。鲜叶以叶色黄绿色、叶质柔软肥厚、多酚类和水浸出物等化学成分含量高为好，制成红茶品质特别优良。潇湘红红茶鲜叶原料，特级以单芽和一芽一叶初展为主的鲜叶原料加工而成；一级以一芽一叶和一芽二叶初展为主的鲜叶原料加工而成；二级以一芽二叶和同等嫩度对夹叶为主的鲜叶原料加工而成；三级以一芽三叶和同等嫩度对夹叶为主的鲜叶原料加工而成。鲜叶原料均要求嫩、匀、净、鲜。鲜叶进厂后，严格按照鲜叶分级标准进行检验分级，分别加工付制。

三、初制技术

工夫红茶初加工分萎凋、揉捻、发酵和干燥四道工序。其加工过程主要是根据鲜叶内在的化学成分及其变化规律，人为地创造变化条件，促进红茶特有的色、香、味、形的形成。红茶初加工是一个复杂的发展过程，多酚类化合物的酶促氧化对红茶色、香、味的形成起主导作用。

(一) 萎凋

萎凋是红茶初加工的基础工序。萎凋是在一定条件下，鲜叶正常而均匀地失水，细胞液浓缩，细胞张力减小，促使内含成分变化，并控制鲜叶的物理变化与化学变化达到适度。同时叶质变软，便于揉卷成条，为揉捻创造物理条件。萎凋过程中，酶的活性增强，引起内含物质发生一定程度的化学变化，为发酵创造化学条件，并使青草气散失。

工夫红茶萎凋方法有三种。一是自然萎凋，包括室内自然萎凋和日光萎凋；二是人工加温萎凋，多为萎凋槽加温萎凋；三是萎凋机萎凋。其中萎凋槽萎凋结构简单，工效高，萎凋质量尚好，是实现半机械化生产比较行之有效的一种方法。

1. 萎凋槽萎凋

萎凋槽是以人工控制的半机械化加温萎凋设备。由热气发生炉、鼓风机、槽体三部分组成。除鼓风机外，其余均可土法生产，具有造价低廉、操作方便、节省劳力、提高工效、降低制茶成本等优点，可克服自然萎凋的困难。如使用掌握得好，萎凋质量可与自然萎凋媲美，目前一般茶厂已普遍使用。

萎凋槽的操作技术主要掌握好温度、摊叶厚度、翻抖、萎凋时间等外部条件。

（1）温度

一般鼓风气流温度控制在35℃左右，最高不超过38℃，槽体前后温度要求一致，才能获得较好的萎凋质量。温度超过38℃，虽然可以缩短萎凋时间，但叶子失水过快，萎凋时间太短，理化变化激烈，内含化学成分不能进行正常变化，萎凋不匀，影响萎凋质量，常常出现芽尖叶缘干枯，甚至发生红变、焦芽、焦边现象，尤以大叶种的叶子更为显著。温度高低，要根据具体情况灵活掌握。一般夏、秋季节，气温较高，如气温达30℃左右，可不加温，只鼓风，也可获得较好的萎凋质量。在萎凋过程中，经常检查温度的变化，调节冷热风门，掌握温度高低，萎凋温度控制"先高后低"，前期可稍高，随萎凋进展，温度逐渐降低，下叶前10～15 min停止加温，只鼓冷风。为使萎凋均匀，在萎凋过程中每隔1 h停止鼓风20～30 min效果较好。雨、露水叶要先鼓冷风，吹干表面水后再加温萎凋，以免产生水闷现象。

（2）风量

一般萎凋槽长10 m、宽1.5 m，盛叶框边高20 cm，有效摊叶面积15 m²。此种规格的萎凋槽采用7号轴流风机，功率2.8 kW，转速1440 r/min，风量16000～20000 m³/h，风压3.3～4 kPa，这种风量基本能满足萎凋要求。风量不足，影响水分散失的速度；风量过大，叶层出现"空洞"，特别是大叶种的鲜叶更易红变，萎凋不匀。风量大小应根据叶层厚薄和叶质柔软程度而定，即根据叶层通气性能的大小加以适当调节。

（3）摊叶厚度

摊叶厚度与茶叶品质有一定关系。摊叶过厚，上下层水分蒸发不匀，香味差。摊叶过薄，叶子易被吹成空洞，设备利用度不高，且萎凋不匀，影响质量。每条萎凋槽以15 m²计算，掌握"嫩叶薄摊""老叶厚摊"的原则。小叶种一般摊叶厚度为20 cm左右，大叶种18 cm左右。摊放时叶子要抖散摊平呈蓬松状态，保持厚薄一致，使通风均匀。对肥厚叶子、嫩叶及雨水叶要适当薄摊，以利表面水蒸发。有的萎凋槽前后温差大的，也可以从调节摊叶厚度上使之与温差适应。注意上叶时不能压,以保持鲜叶间疏松状态。

（4）翻抖

为使萎凋均匀和缩短时间,在萎凋过程中,适当进行翻抖,每 2 h 翻抖一次。雨水叶在萎凋前期半小时翻抖一次,当表面水基本消失后,每 2 h 翻抖一次。翻抖时,停止鼓风,以免吹散叶子。翻抖要翻到底,翻透,动作要轻,以免损伤鲜叶。

（5）萎凋时间

萎凋时间长短与鲜叶老嫩度、含水量、温度、摊叶厚度、翻抖次数等因子都有密切的关系。一般正常情况下（30℃左右）,需 4 ~ 6 h。春茶气温低,湿度大,需要 10 h 左右。雨水叶要 12 ~ 14 h 才能完成萎凋。叶子肥厚或较细嫩的鲜叶,适当延长时间。总之,萎凋时间应根据鲜叶和工艺的具体情况,灵活掌握。

2. 室内自然萎凋

目前尚未使用萎凋槽的地方,一般采用室内自然萎凋的方法。室内自然萎凋是在室内自然条件下进行萎凋。萎凋室要求四面通风,在室内装置多层萎凋架和萎凋帘。萎凋时,把鲜叶薄摊在萎凋帘上,摊叶厚度 $0.5 ~ 0.75 \ kg/m^2$,室内温度 20 ~ 22℃,相对湿度 70% 左右,萎凋需 18 h 左右即可完成。如果空气干燥,相对湿度低,8 ~ 12 h 可完成萎凋。

室内自然萎凋在正常天气和良好操作下,萎凋质量较好。但由于室内自然萎凋受天气的影响很大,如低温阴雨天,气温低,湿度大,萎凋时间更长,难于控制。不仅影响质量,也影响生产效率,同时操作时不方便,需要大批劳力,生产效率低,占用厂房面积大,设备投资多,目前已不能适应生产发展的需要。

3. 日光萎凋

日光萎凋是使鲜叶直接接受日光热力,散失水分。这种方法简便,萎凋速度快。但受天气条件限制很大,萎凋程度很难掌握。在阳光很强的夏秋季节,尤其是中午前后,萎凋叶易发生焦芽、焦边和叶子泛红等毛病,阴雨天又不能进行,故有一定的局限性。

如果气候条件好,有制茶经验和操作细心,也能获得较高的萎凋质量。在晴朗的天气,选择地面平坦、避风向阳、清洁干燥的地方,将鲜叶均匀地摊放在晒垫上,摊叶量 $0.5 \ kg/m^2$,以叶片基本不重叠为度。中间翻叶 1 次,结合翻叶适当厚摊。萎凋达一定程度时，须移入阴凉处摊放散热并继续萎凋至适度。日光萎凋在春茶季节，气候较温和，萎凋较易掌握，质量较好，一般萎凋 1 h 左右。在萎凋过程中，一定要勤翻，多检查，保证萎凋质量。在烈日下进行日光萎凋，易造成叶子红变，萎凋不匀，芽叶枯焦，此法不宜采用。

4. 萎凋程度

掌握萎凋程度，与后续工序和制茶品质关系极大。萎凋不足，萎凋叶内含水量偏高，生物化学变化尚显不足，揉捻时芽叶易断碎，芽尖脱落，条索不紧，揉捻时茶汁大量流失，发酵困难，香味青涩，滋味淡薄，条索松，碎片多。萎凋过度，萎凋叶含水量偏少，生物化学变化过度，造成枯芽、焦边、泛红等现象，揉捻不易成条，发酵困难，香低味淡，汤色红暗，叶底乌暗，干茶多碎片末。同一批萎凋叶萎凋程度不一，萎凋过度、不足叶子占有相当比例，这是采摘老嫩不一致及操作不善造成的，揉捻和发酵均发生很大困难，制出毛茶条索松紧不匀，叶底花杂，是萎凋上最忌讳的。

根据鲜叶嫩度不同，萎凋程度应掌握"嫩叶老萎，老叶嫩萎"的原则，"宁轻勿重"，严防萎凋过度。检验方法以经验判断结合萎凋叶含水量测定比较准确。经验判断是以萎凋叶的物理特征为标志。萎凋适度叶，叶面失去光泽，由鲜绿转为暗绿色，叶质柔软，手握成团，松手时叶子不易散开，嫩茎梗折而不断，无枯芽、焦边、叶子泛红等现象，青草气部分消失，略显清香。工夫红茶萎凋叶含水量以 60% 左右为适度标准。季节不同，萎凋程度掌握略有不同。春季鲜叶含水量高，掌握适度偏低，萎凋叶含水量为 59% ~ 61%；夏季鲜叶含水量低，萎凋叶含水量掌握适度偏高，为 60% ~ 62%。

（二）揉捻

揉捻是工夫红茶塑造外形和形成内质的重要工序，是形成工夫红茶紧结细长的外形、增进内质的重要环节。工夫红茶要求外形条索紧结，内质滋味浓厚甜醇，它取决于揉叶的紧卷程度和细胞的损伤率。萎凋叶经揉捻后，叶细胞损伤，茶汁外溢，加速多酚类化合物的酶促氧化，为形成红茶特有的内质奠定基础。揉捻使叶片卷成紧直条索，体形缩小，外形美观；揉后茶汁溢聚叶表，干燥后乌润有光泽，冲泡时易溶于水，增加茶汤浓度。

揉捻效果的好坏与投叶量、揉捻时间与次数、加压与松压、解块筛分以及揉捻时温度、湿度等条件有关。

1. 投叶量

工夫红茶揉捻采用不同型号的揉捻机进行。由于揉捻机型号和性能不同、叶子老嫩不同，投叶量多少不一。投叶量太多或太少都影响揉捻质量和效率。嫩叶投叶量多些，较粗老叶投叶量少些。投叶量过多，叶子揉桶内翻转困难，揉捻不均匀，扁条多，揉捻时间延长；投叶量过少，叶子在揉捻时翻转不规则，也易形成扁条，揉捻效果差。投叶时，按揉桶容量先投入萎凋叶 2/3 或 3/4，机器启动 3~5 min 后再投入剩余的萎凋叶。按揉桶直径大小，投叶量参数见表 4-4。

表 4-4　揉桶直径与投叶量

揉桶直径/cm	65	55	45	40
投叶量/kg	55~60	30~35	15~16	12~15

2. 揉捻时间和次数

揉捻时间长短，受揉捻机性能、投叶量多少、叶质老嫩、萎凋质量、气温高低等条件的影响，在保证揉捻质量的前提下灵活掌握。嫩叶采用轻压短揉，老叶采用重压长揉的原则。轻萎凋的叶子采用适当轻压，重萎凋的叶子采用适当重压，揉捻时间相对延长。

红茶揉捻时间较长，一般中小型揉捻机（如 55 型或 45 型），揉捻 60~90 min，可分 2 次揉，每次 30~45 min；较老的叶子可适当延长时间。

3. 加压与松压

压力轻重是影响揉捻质量的一个主要因素。根据叶子在揉桶中运动翻转成条的规律，一般掌握"轻、重、轻"的原则。但老叶最后不必轻压，以免回松条索。加压和松压要逐渐加重或减轻，加压轻重程度要根据具体情况灵活掌握，如"嫩叶轻压、老叶重压""轻萎凋叶轻压、重萎凋叶重压"。揉捻开始一段时间或第一次揉捻不加压，使叶片初步成条，逐步加压收紧茶条。一般揉捻结束前一段时间应减压，使形收圆、叶汁回收。

4. 解块筛分

解块筛分的主要作用是解散茶团，散热降温，分出老嫩，揉捻均匀，叶卷成条，同时调节和控制叶内化学成分的变化。一方面工夫红茶在揉捻过程中，由于叶子在桶内受到机械力的作用和多酚类化合物氧化，产生大量热力作用，使叶温升高，特别是夏秋气温高，必须及时散热降温，以调节和控制多酚类化合物氧化缩合的速度。否则，多酚类化合物缩合过多，茶叶品质降低。另一方面，嫩度好的原料，揉捻时易造成较紧的团块，解块筛分更为重要。再者，对老嫩混合茶叶来说，嫩叶揉捻时间较短些，易揉成较紧的条索，而老叶揉捻难以成条，时间要长些，压力更重些。当嫩叶达到适度，老叶揉捻不足，老叶达到适度，嫩叶揉捻过度，产生断碎。因此，在揉捻过程中，要求分 2~3 次进行，每次揉后进行解块筛分，分别进行发酵，使之揉捻均匀一致。

筛分是解决叶子老嫩不匀、影响揉捻发酵质量的一种措施。解块筛分机筛网：上段 4 孔/英寸(2.54 cm，下同)，下段 3 孔/英寸。使用小型揉捻机，嫩叶一般只解块不筛分，老叶不必解块及筛分，直接进行发酵。

5. 揉捻时温度和湿度

揉捻室要求室温保持在温度 20~24℃，湿度 85%~90%，较为理想。在夏秋季节，高温低湿的情况下，需要采用洒水、喷雾、挂窗帘、搭荫棚等措施，以降低室温，提高湿度，防止揉捻筛分过程中失水过多，保持揉捻叶有一定含水量。同时揉捻室经常保持清洁卫生，每天揉捻筛分之后，必须用清水洗刷机器和地面，防止茶汁等发生酸、馊、霉现象，影响茶叶品质。

6. 揉捻程度

揉捻充分是发酵良好的必要条件。揉捻适度条索紧卷，茶汁充分揉出而不流失，叶子局部泛红，并发出较浓烈的清香，成条率达 90% 以上，细胞破坏率达 80% 以上。要获得良好的揉捻叶，则要求萎凋叶必须均匀适度，萎凋不足或过度都会影响揉捻叶质量。揉捻不足，条索较松，发酵困难，成茶滋味淡薄，茶汤不浓，叶底花青。揉捻过度，茶叶条索断碎，茶汤色暗，滋味淡薄香气低，叶底红暗。一般检查揉捻程度应为：叶片细胞组织破坏率达 80% 以上；叶片90% 以上成条，条索紧卷；茶汁充分外溢、黏附于叶表面，用手紧握，茶汁溢而不成滴流为度。

（三）发酵

发酵俗称"发汗"，也称"渥红"，是指在适宜的环境条件下将揉捻叶以一定厚度摊放于特定的发酵设备中，茶坯中化学成分在有氧的情况下继续氧化变色的过程。揉捻叶经过发酵，从而形成红叶红汤的品质特点。红茶品质的形成是利用鲜叶酶促氧化作用的结果，是在以发酵为中心的儿茶素氧化聚合过程和伴随一系列生物化学反应而完成的。红茶的"发酵"虽在揉捻中已开始，但揉捻结束时，"发酵"尚未完成，必须经过"发酵"工序，才能在最适条件下完成内质的变化。

1. 发酵方式

发酵方式有盘式发酵、发酵车发酵、发酵机控温控湿发酵等。其中盘式发酵在我国中小茶叶企业应用较广。

（1）盘式发酵

发酵室内设发酵架，每架设 8~10 层，每层间隔 25 cm，内置一移动的发酵盘，发酵盘高约 12~15 cm。将揉捻好的茶叶摊厚 8~10 cm，上盖一层湿发酵棉布，室内温度保持在 25~30℃，相对湿度保持在 90% 以上。发酵时间以春茶 4~6 h，夏茶 3~5 h 为宜。

（2）发酵车发酵

大型茶场(厂)大多使用发酵车发酵，发酵车一般长 100 cm，宽 70 cm，高 50 cm，呈梯形状，上宽下窄，下设有通气管道和通气室，搁板上有小孔通气。茶叶摊于通气搁板上，一般摊叶厚 40 cm，每车装叶 60~70 kg，通常由 30 车组成一个系列，由总管道鼓送一定温度的空气(26~28℃)，分别送入两边衔接好的发酵车内，进行控温发酵，这给提高发酵质量、保证发酵的正常进行创造了良好的条件。

2. 发酵技术条件

发酵是以多酚类化合物氧化为主体的一系列化学变化。发酵过程要有适宜的环境条件，才能获得良好的效果。揉捻叶的发酵要具备的条件为：适当的发酵室、适宜的温度和湿度、充足的氧气、一定的摊叶厚度、适宜的发酵时间。

（1）发酵室

发酵室大小要合适，门窗要适当设置，便于通风，避免阳光直通照射。发酵室地面最好水泥地面，四周开沟以便于冲洗，室内装置加温增湿的设备。

（2）温度

温度对发酵质量的影响较大，包括气温和叶温，气温的高低直接影响叶温的高低。发酵过程中叶温呈低、高、低的变化规律。一般发酵叶温较室温高 2~6℃，有时甚至更高。根据多酚氧化酶活化最适温度、内含物变化规律和品

质要求，发酵叶温保持在 30℃ 最适，气温则以 24～25℃ 为宜。温度过高
（35℃）：发酵过快，多酚类化合物氧化过于剧烈，缩合成不溶性的产物较多，
叶底乌暗，香味低淡，因此高温季节要采取降温措施，如发酵叶叶层薄摊，降
低室温等；反之，温度过低，氧化反应缓慢，酶促作用很弱，发酵难以进行，必
须加厚叶层，以利保温。提高发酵室温度的方法：用火盆生火，炉上放水壶，
并经常移动位置，但不宜靠近发酵盆；有条件可安装小型汽锅，用高温蒸汽提
高室内温度；或装置空调和增湿设施等。

（3）湿度

湿度一是指发酵叶本身的含水量；二是指空气的相对湿度。决定发酵正常
进行的主要是叶子的含水量，它影响叶汁浓度的大小。正常的发酵叶需要适当
的浓度，有利于叶内物质转化和化学反应的进行，浓度过高或过低，化学作用
受到抑制，造成发酵不足或不匀。

保持一定的空气相对湿度可以维持叶内水分，不致因蒸发过快而造成发酵
叶表层干硬，正常发酵受阻。发酵室相对湿度以达95%以上较好，必要时应采
取喷雾或洒水等增湿措施。

（4）氧气

发酵中物质氧化需消耗大量氧气，也同时释放二氧化碳。因此，发酵场所
必须保持新鲜空气流通。

（5）摊叶厚度

发酵叶摊放厚度根据叶子老嫩、揉捻程度、气温高低等因子而定。摊叶厚
度影响通气和叶温，摊叶过厚，通气条件不良，叶温增高快；摊叶过薄，叶温不
易保持。摊叶厚度一般 8～12 cm。嫩叶薄摊，老叶厚摊。气温低时厚摊，气温
高时薄摊。但无论厚摊或薄摊，摊放叶子要保持发酵时通气良好。发酵过程中
应翻抖 1～2 次，以利散热通气。

（6）发酵时间

发酵时间与叶子老嫩、整碎、揉捻程度和季节、发酵室温度、湿度等都有
密切关系。发酵时间，春茶气温较低，需 4～6 h，甚至更长时间；夏秋季温度
较高，发酵时间缩短，在揉捻结束时揉捻叶已经泛红，发酵基本完成，只需经
发酵室轻微发酵即可进行烘干。

3.发酵程度

准确掌握发酵程度是制造优质工夫红茶的重要环节。发酵不足，香气不纯，带青气，冲泡后，汤色欠红，泛青色，味青涩，叶底花青；发酵过度，香气低闷，冲泡后，汤色红暗而浑浊，滋味平淡，叶底红暗多乌条。

发酵程度按香气：强烈青草气→青香→兰花香→桂花香→果香→低香→香低(几乎嗅不到香气)；按色泽：青绿色→青黄色→黄色→黄红色→红色→暗红色。当叶温平稳并开始下降时即为发酵适度。叶色由绿变黄绿而后呈绿黄，待叶色开始变成黄红色，即为发酵适度。不同原料的色泽有所不同，1~2级发酵叶，对光透视呈黄色；3~4级呈铜色，叶面及基脉，凝于表面的叶液均是红色。从香气来看，发酵适度应具有浓厚的熟苹果香。一般春茶呈黄红色，夏茶呈红黄色。

实际生产中，发酵程度常掌握"适度偏轻"。因为"发酵"适度叶上烘后，叶温升高过程还可促进多酚类化合物的酶促氧化和湿热作用下的非酶促氧化，使发酵过度，降低品质，所以发酵程度掌握"宁轻勿过"。

(四)干燥

干燥是鲜叶加工的最后一道工序，也是决定品质的重要环节。干燥的好坏，直接影响毛茶品质。

1.目的

一是利用高温迅速地钝化各种酶的活性，停止发酵，使发酵形成的品质固定下来；二是蒸发茶叶中的水分，使干毛茶含水量降低到6%左右，以紧缩茶条，缩小体积，固定外形，保持足干，防止霉变，便于贮运；三是散发大部分低沸点的青草气味，激发并保留高沸点的芳香物质，获得红茶特有的甜香。

2.干燥方式

目前多采用烘干机烘干。过去采用的烘笼烘焙茶叶质量高，特别是香气好，但生产成本高，劳动强度大，不适应大规模生产。干燥技术采取"高温烘干，先高后低"的原则及多次干燥的方式，在两次干燥中间进行适当的摊凉。第一次烘干称毛火，第二次烘干称足火。烘干机烘焙操作技术主要掌握烘干温度、时间和摊叶厚度等。

3.温度

温度是影响烘干质量的主要因素，应掌握"毛火高温快速，足火低温慢烘"

的原则。毛火一般进烘温度为 110～120℃，不超过 120℃，茶坯含水量为
18%～25%。中间适当摊凉，使叶内水分重新分布，避免外干内湿，但时间不
能太长，否则对品质产生不良影响。一般摊凉 40 min 左右，不超过 1 h。足火
掌握低温慢烘的原则，继续蒸发水分，发展香气。一般 85～95℃，茶坯含水量
为 5%～6%。足火后应立即摊凉，使茶坯温度降至略高于室温时装箱(袋)。

4. 时间

一般毛火高温短时，以 10～15 min 为宜；足火应低温慢烘，时间适当延
长，使香气充分发展，以 15～20 min 为宜。

5. 摊叶厚度

掌握"毛火薄摊，足火厚摊""嫩叶薄摊，老叶厚摊""碎叶薄摊、条状叶厚
摊"的原则。通常摊叶厚度毛火 1～2 cm，足火可加厚至 3～4 cm。烘干机烘干
技术参数见表 4－5。

表 4－5　自动烘干机操作技术参数

烘次	进风温度/℃	摊叶厚度/cm	烘干时间/min	摊凉时间/min	含水量/%
第一次(毛火)	110～120	1～2	10～15	40	18～25
第二次(足火)	85～95	3～4	15～20	30	5～6

6. 干燥程度

毛火适度：手握稍有刺手感，但叶面软有弹性，折梗不断，含水量为
18%～25%。足火适度：条索紧结，色泽乌润，香气浓烈，含水量 5%～6%；
用手握有刺手感，用力即有断脆声，用指捏茶即成粉末，梗子易折断。烘干过
度，易产生火茶，甚至把茶叶烘焦，造成品质下降。烘干不足，含水量较高，香
气不高，滋味不醇，在毛茶贮运过程中容易产生霉变，严重影响品质。

四、精加工技术

工夫红茶从条形红毛茶付制到成品再到包装的一系列加工过程叫"精制"
或"付制"，常称"毛茶加工"。

工夫红茶毛茶拼和与付制采用"单级阶梯付制，多级收回"的方法，精提细

取，多提本级茶，多做工夫茶，提高正品茶制率，以充分发挥毛茶经济价值。

工夫红茶的精加工，三级及以上毛茶采用"生做"，即不复火先制本身、长身茶，头子茶经复火后做圆身茶；四级及以下毛茶一般采用"熟做"，即先复火后筛制。整个精加工工艺可分为筛制、拣剔、成品三大过程。筛制包括毛筛（滚筒圆筛）、抖筛、分筛、紧门、套筛、撩筛、切断、风选8个工序；拣剔过程分机拣、电拣、色选或手拣；成品过程分拼配、补火、过磅装箱。

（一）筛制

筛制是精加工的主要过程。筛制过程分本长身路、圆身路、轻身路、碎茶路、片茶路、梗片头路六路，分路取料。现以三级毛茶为例，简介如下。

1. 本长身路

由4台滚筒圆筛机、6台滚筒切茶机、14台抖筛机(4台抖筛、6台紧门、4台套头筛)、10台平圆机(4台分筛、6台撩筛)、8台双层风选机等共42台作业机组成本长身路联装机组，分为8道工序。三级毛茶通过两轮筛分：

（1）第一轮筛分

毛茶分别通过一、二号滚筒圆筛机筛分(第一次筛分)，分为筛上、筛下两段。筛上茶头流入一、二号滚筒切茶机，切后送入三号滚筒圆筛机筛分(第二次筛分)，又分为筛上、筛下两段。

两次滚筒圆筛机的筛下茶合并送到一、二号抖筛机进行毛抖，分出抖头和抖底，抖底合并交一、二号平圆机分筛，5孔以上为平圆头子茶，筛下为5孔与7孔茶，分别交送紧门筛，并经套筛，筛上的为紧门头和套头，筛下的再交一、二号撩筛交叉撩出5、6、7孔三个本身筛孔茶，送交风选后，同号茶合并，即1~3次5、6、7孔本身茶。平圆机7孔以下茶直接送交四号平圆机，初分出8~12孔茶，再送五号撩筛机撩筛。

通过第二次滚筒圆筛机的毛茶头与抖头、平圆头、紧门头、套头、撩头等合并，通过四号滚筒切茶机，切后进入四号滚筒圆筛机(第三次筛分)，筛上毛茶头，与三、四号抖筛机的抖头合并，送六号滚筒切茶机，切后待第二轮筛分做长身茶；筛底茶进入本长身路第二台联合机组，流程与一、二次滚筒圆筛机毛分后的筛底茶流程相同，分出5、7、8、10、12孔五个筛孔茶(其中8、10、12孔不经紧门)，各孔茶分别经风选后，与上述1~3次本身茶按号归并。风选机二口交轻身路，筛制后做本级轻身茶，三口及三口以下看茶而定能否提为本级，或为降级轻身茶和片茶；本次筛分各种茶头合并做长身茶，撩筛12孔以下交碎茶路处理。

（2）第二轮筛分

第二轮筛分为长身茶，流程和所出的筛孔茶与第一轮筛分相同，但作业机筛网组合有所不同。

2. 圆身路

由1台滚筒切茶机、2台紧门机、3台平圆（撩筛）机、4台风选机等共10台作业机组成圆身路联装机组。茶坯来源为长身路的各种头子茶，须反复切轧筛制，直至只剩少量头子茶交梗片头路处理。各次筛制都经过切、抖、圆、风，分出圆身茶5、7、8、10孔（包括12孔）等筛孔茶。第一、二次风选机一口茶均为圆身茶，三次及以下看茶决定降至何级圆身茶，风选机二、三口茶交轻身路做本级或降级轻身茶，三口及以下做片茶。

3. 轻身路

由1台滚筒圆筛机、1台抖筛机、2台平圆机、4台风选机等共8台作业机组成轻身路联装机组。茶坯来源是本、长、圆等各路风选机二至四口茶，经筛制做本级或降级轻身茶，最后剩少量头子茶交梗片头路处理。本、长身路的风选机二口茶，经本机组第一次筛制出的5、7、8、10孔茶为本级轻身茶；第二次筛制的茶坯，是本身路的风选机二口茶、圆身路风选机二口茶及本机组第一次头子茶和风选机二口茶等合并的，筛制出的筛孔茶看茶决定能否保持本级或降级轻身茶；第三次筛制及其以后的茶坯，是本长身路风选机四口茶、圆身路风选机三口茶及本机组的头子茶和风选机三口茶等合并的，所筛制出的筛孔茶一般为降级轻身茶。

4. 碎茶路

碎茶路由2台平圆机、4台风选机共6台作业机组成，并与本长身路四号分筛机联装。茶坯是各路12孔以下的茶，经本机组分筛出16、24、36、80孔四个筛孔茶。16、24孔茶经风选机，一口为各档碎茶，视茶而定；二口为中低档片茶或低档碎茶；三口及三口以下为低档片茶或副片、副末。36孔茶视质量拼入末茶或片茶，一般色泽好的拼入末茶做面张茶，但过大的需要撩出。

5. 片茶路

片茶路由2台破碎机、2台平圆机、4台风选机等共8台作业机组成。茶坯是各风选机三、四口以下不能提取轻身茶的茶片。经切碎、筛分、风选各工序,筛制后剩少量头子茶交梗片头路处理。筛制分出 16、24、36、80 孔四个筛孔茶。16、24 孔茶为片茶或副片。36 孔茶可并入片茶,也可并入末茶。80 孔茶为末茶或副茶。

6. 梗片头路

梗片头路由 1 台风切机、1 台打片机、3 台圆筛机、4 台风选机等共 9 台作业机组成。茶坯是色选或手拣的梗朴和机拣的梗头,圆身路、轻身路和片茶路的最后头子茶等,由本机组筛制完成为止。筛分出 8、10、12、16 孔四个筛孔茶,按质堆放、定级。

(二)拣剔

拣剔分机拣、电拣和色选或手拣。色选或手拣的比重较大。

1. 机拣和电拣

目前使用的是阶梯式拣梗机和静电拣梗机两种。各类茶的 5 孔茶,一般先由阶梯式拣梗机拣后,再加静电拣梗机复拣,后再色选或手拣。各类茶的 6、7 孔茶用静电拣梗机初拣,再色选或手拣。为了保护茶叶的嫩芽,三级以上的茶不经静电拣梗机,而直接采用色选机拣梗。

2. 色选或手拣

各级茶的 5～8 孔筛孔茶都要色选或手拣。礼茶、特级、一级、二级的 10 孔茶全部经过色选或手拣。

(三)成品

经过筛制的各种筛孔茶(半成品),须扦取具有代表性的茶样,并按各筛孔茶重量登记,由审评室对各筛孔茶审评,拼配出厂成品小样,务使达到各级成品标准外形、内质各项因子的要求。拼配中使用的筛孔茶,一级茶以本身路 5、6、7、8、10、12 孔茶为主,并拼入锋苗好、叶质重的轻身茶,共约 12 个筛孔茶拼成。三级茶以本、长、圆、轻各路各筛孔茶,共约 30 个筛孔茶拼配成。随批细茶用 16、24 孔重实的颗粒茶拼成;片茶用本身路 16、24 孔茶拼成,末茶用匀齐、色泽、净度相当的 36、80 孔筛上茶拼成。

成品过程最后为匀堆、补火、成箱包装。匀堆工序前后可分四次拼和。首先,按筛号顺序、比例分层次地进入烘干机补火做第一次拼和,四台烘干机补火后分别输入四个小茶斗(第二次拼和),贮满后再开放输入四个大茶斗(第三次拼和)。为避免先装箱的匀度不齐,将开始装箱的部分茶叶重新倒入大茶斗中拼和(第四次拼和)。通过四次拼和后,匀度基本达到要求,经审评符合小样,即可继续装箱。装箱过程反复扦样审评,检验水分合格后方可包装出厂。

第二节　红碎茶加工

红碎茶是国际茶叶市场上的主要品种,目前占世界茶叶总出口量的80%左右。我国红碎茶品质较好的产区主要有云南、广东、广西、四川等省区。湖南是我国重要的红碎茶产区之一,产品外形颗粒、色泽及内质香气均较佳。

一、品质特点

红碎茶按其成品茶的外形和内质特点可分为叶茶、碎茶、片茶、末茶四大类。四类茶叶规格差异明显,互不混杂,各类茶又包括多种花色,品质各有差异。其中叶茶成条状,条索紧直,匀齐,有金毫(或少或无金毫),内质汤色红艳(或红亮),香味鲜浓有刺激性;碎茶呈颗粒状,颗粒紧结重实、匀齐,含毫(或无毫),色泽乌润,内质汤色红浓,香味鲜爽浓强;片茶呈木耳形片状,尚重实匀齐,汤红亮,香味尚浓爽;末茶呈砂粒状,色乌润,紧细重实匀齐,汤色红浓稍暗,香味浓强微涩。

根据 GB/T 13738.1—2017 规定,我国红碎茶各等级的品质特征及要求分别见表4-6和表4-7。

表4-6　中小叶种红碎茶各规格感官品质要求

规格	外形	内质			
		香气	滋味	汤色	叶底
碎茶1号	颗粒紧实、重实、匀净、色润	香高持久	鲜爽浓厚	红亮	嫩匀红亮
碎茶2号	颗粒紧结、重实、匀净、色润	香高	鲜浓	红亮	尚嫩匀红亮
碎茶3号	颗粒尚紧结、尚重实、尚匀净、色尚润	香浓	尚浓	红明	红尚亮
片茶	片状皱褶、匀齐、色尚润	纯正	平和	尚红明	尚红
末茶	细砂颗粒、匀齐、色尚润	尚高	尚浓	深红尚亮	红稍暗

表4-7　大叶种红碎茶各规格感官品质要求

规格	外形	内质			
		香气	滋味	汤色	叶底
碎茶1号	颗粒紧实、金毫显露、匀净、色润	嫩香强烈持久	浓强鲜爽	红艳明亮	嫩匀红亮
碎茶2号	颗粒紧结、重实、匀净、色润	香高持久	浓强尚鲜爽	红艳明亮	红匀明亮
碎茶3号	颗粒紧结、尚重实、较匀净、色润	香高	鲜爽尚浓强	红亮	红匀明亮
碎茶4号	颗粒尚紧结、尚匀净、色尚润	香浓	浓尚鲜	红亮	红匀亮
碎茶5号	颗粒尚紧、尚匀净、色尚润	香浓	浓厚尚鲜	红亮	红匀亮
片茶	片状皱褶、匀齐、色尚润	尚高	尚浓厚	红明	红匀尚明亮
末茶	细砂颗粒、匀齐、色尚润	纯正	浓强	深红尚明	红匀

近年来，随着茶叶市场需求变化，湖南打造湖红品牌。根据 T/HNTI 01—2018《湖南红茶 红碎茶》产品标准，湖南红茶——红碎茶的品质特征及要求见表 4 - 8。

表 4 - 8　湖南红茶——红碎茶感官品质要求

等级	外形	内质			
		香气	汤色	滋味	叶底
碎茶 1 号	颗粒紧实、重实、匀净、色乌润	香高持久	红亮	浓厚较鲜爽	嫩匀红亮
碎茶 2 号	颗粒紧结、重实、匀净、色润	较高长	红亮	尚浓爽	尚嫩匀红亮

二、鲜叶要求

红碎茶鲜叶要求芽、叶、嫩茎新鲜、匀净，无污染和无其他非茶类夹杂物。鲜叶中污染物限量应符合 GB/T 2762—2017 的规定，农药最大残留限量应符合 GB/T 2763—2016 的要求。鲜叶采摘标准根据加工产品的品质要求而定，以单芽、一芽一叶、及一芽二、三叶或同等嫩度的对夹叶为宜。鲜叶中如出现红变叶应单独加工；变质、受污染的鲜叶，应予以剔除。

三、初制技术

红碎茶初制工艺分为萎凋、揉切、(解块筛分)、发酵、干燥等工序。

(一)萎凋

红碎茶萎凋的目的、环境条件、方法等与工夫红茶相同，仅是萎凋程度存在差异。红碎茶萎凋方式有自然萎凋(日光萎凋和室内自然萎凋)、萎凋槽萎凋、萎凋机萎凋及各种加温萎凋等，以室内自然萎凋和萎凋槽萎凋两种萎凋方式居多。日光萎凋一般结合室内自然萎凋进行。

1. 室内自然萎凋

(1)摊叶

将鲜叶均匀薄摊于篾盘、竹垫(席)、萎凋竹帘等专用设备上，厚度为

3～5 cm,嫩叶薄摊、老叶厚摊;雨水叶及露水叶薄摊。摊叶时要求抖散摊平呈蓬松状态,保持厚薄一致。

(2)萎凋温度、湿度

萎凋室温度(22±2)℃左右;相对湿度(66±4)%左右。

(3)翻叶

翻叶每隔2 h翻抖一次,手势要轻,避免损伤芽叶。

(4)萎凋时间

萎凋时间一般控制在12～18 h,最短不应少于6 h,最长不超过24 h。

(5)萎凋程度

萎凋程度根据鲜叶品种、季节和揉切方式等因素确定。盘式揉切机萎凋叶含水量以58%～62%为宜;转子揉切机萎凋叶含水量以58%～64%为宜;CTC揉切机萎凋叶含水量以62%～68%为宜。采用LTP锤切机与CTC机组合进行揉切,萎凋程度应偏轻,萎凋叶含水量控制在70%左右。采用转子揉切机与CTC机组合进行揉切,萎凋叶含水量控制在68%～70%。感官上表现为叶面失去光泽,叶色暗绿,青草气减退;叶形皱缩,叶质柔软,嫩茎不易折断为适度。

2.萎凋槽萎凋

(1)摊叶

将鲜叶摊放在萎凋槽中。嫩叶、雨水叶和露水叶薄摊,老叶厚摊。摊叶厚度一般在15～20 cm,摊叶时要抖散摊平呈蓬松状态,保持厚薄一致。

(2)加温萎凋温度、湿度

进风口温度,中小叶种宜控制35～38℃,大叶种应低于35℃;湿度以65%～75%为宜。槽体前后部温度相对一致,鼓风机气流温度应随萎凋进程逐渐降低。

(3)鼓风

风量大小根据叶层厚薄和叶质柔软程度适当调节,以不吹散叶层、出现"空洞"为标准。每隔1～1.5 h停止鼓风10～30 min,下叶前10～15 min停止加温,改为鼓冷风。若是雨水叶(即雨水或露水打湿的鲜叶),应先用冷风吹干表面水,再进行加温萎凋。

(4)翻叶

一般1.5～2 h翻抖一次,含水量高的鲜叶开始1 h即翻一次。翻叶手势应轻，避免损伤芽叶。

（5）萎凋时间

宜控制在 8 ~ 12 h。

（6）萎凋程度

同室内自然萎凋。

3. 日光萎凋

（1）摊叶

在晴朗的天气，选择在地面平坦、避风向阳、清洁干燥的地方，将鲜叶均匀摊放在萎凋帘或竹席（垫）上，摊叶量 0.5 ~ 1.0 kg/m²。中间翻叶 1 ~ 2 次，结合翻叶适度厚摊。至萎凋达一定程度时，应及时将萎凋叶移入阴凉处（室内）摊凉散热，并继续萎凋至适度。

（2）萎凋时间

春季一般 1 ~ 2 h，夏季 0.5 ~ 1 h。

（3）萎凋气温

以 23 ~ 26℃较为理想，一般春茶在上午 11 时前或下午 1 时 30 分后进行，夏秋茶在上午 10 时前或下午 3 时后进行。中午日光强烈，不宜进行萎凋。可在日光下搭建遮阳网，于遮阳网内置萎凋帘或铺竹席（垫）等进行萎凋。

（4）萎凋程度

同室内自然萎凋。

（二）揉切

揉切是红碎茶品质形成的重要工序，通过揉切形成红碎茶紧卷的颗粒外形，同时使内质香味浓强鲜爽。

1. 揉切机械

一般采用圆盘式揉切机、CTC 揉切机、转子揉切机、LTP 锤切机等揉切机械进行揉切。

2. 揉切技术

目前各地多采取多种类型机械配套机组和配套揉切技术进行揉切。

（1）传统揉切法

传统揉切法指最早制造红碎茶的方法，即萎凋后茶坯采用"平揉""平切"，后经发酵、干燥的制法。这种制法产生叶茶、碎茶、片茶、末茶四种产品，各套花色品种齐全。碎茶颗粒紧实呈短条状,色泽乌黑油润,内质汤色红浓,香味浓度好,叶底红匀。该类产品外形美观,但内质香味刺激性较小,因成本较高,质量上风格难以突出,目前仅很少地区生产。以提取毫尖和叶茶为主,宜采用传统揉切法。一般先揉条,后揉切;要求短时、重压、多次揉切、多次出茶。萎凋叶先在揉捻机上揉捻 30~40 min,装叶量以自然装满揉桶为宜。解块筛分,筛下茶为叶茶,直接发酵;筛上茶送圆盘式揉切机揉切,切后筛分,筛头再进入揉切,直到仅有少量茶头为止。揉切时,加压和松压交替进行,一般加压 5~8 min,减压 2~3 min。揉切次数和揉切时间的长短,应根据气温高低、叶质嫩度而定。气温高,每次揉时应短,增加揉切次数;嫩叶每次揉切时间适度缩短,揉切次数适当减少。

(2)转子机揉切法

转子机揉切法是指在揉切工序中使用转子机切碎的红碎茶制法。制法上均系先揉后切,即先将萎凋叶进揉捻机"打条",再经转子机切碎。该法所制的红碎茶,亦生产叶茶、碎茶、片茶、末条四类产品。其中碎茶外形紧卷,呈颗粒状,重实匀齐,色泽乌润或棕黑油润,内质汤色浓亮,香味浓较鲜,具有较强的刺激性,叶底匀齐红亮。该茶除具有外形美观和色泽乌润的优点外,内质浓强度较传统红碎茶好,而且成本较低。

具体制法:(1)转子揉切机揉切。将萎凋叶直接进入转子揉切机切细,并使茶颗粒紧卷重实。(2)揉捻机 + 转子揉切机揉切。萎凋叶先经揉捻机揉条 20~30 min,加压掌握轻、重、轻的原则。揉叶解块筛分,筛下茶为叶茶,直接进入发酵;筛上茶进入转子揉切机三切三筛,最后筛上茶为茶尾(茶头),宜控制在 10% 以下。(3)揉捻机 + 圆盘式揉切机 + 转子揉切机揉切。萎凋叶经揉捻机揉条 10~20 min 后,用圆盘式揉切机揉切 10~12 min,切后筛分散热,筛下茶提毫尖,送去发酵;筛上茶进入转子揉切机反复多次切分,直到仅有少量茶头为止。

(3)CTC 机揉切法

CTC 机揉切法是指揉切工序采用 CTC 机切碎的红碎茶制法。CTC 机揉切法制红碎茶无叶茶花色。碎茶结实呈粒状,色棕黑油润,内质香味浓强鲜爽,汤色红艳,叶底红艳匀齐,是国际卖价较高的一种红茶。

CTC 机揉切法一般采用 CTC 机组加工的工艺。(1)转子揉切机与三联 CTC

机组合。萎凋叶进入转子揉切机揉切后,再进入 3 台联装的 CTC 机进行进一步的揉切,切后经解块打散后进入发酵,全程 3 ~ 4 min。(2)LTP 机与二联 CTC 机组合。萎凋叶进入 LTP 机锤切后,再进入 2 台联装的 CTC 机揉切,切后解块,进入发酵。要求鲜叶有较好的嫩度,萎凋程度宜轻,萎凋叶含水量应保持在 68% ~70% ,LTP 和 CTC 机的切茶刀口应保持锋利。

3. 揉切条件和要求

揉切投料前,应及时剔除混入鲜叶内的金属物、石块泥沙及其他非茶类杂物,防止硬物损坏机件。揉切要求低温、高湿的环境条件,揉切车间室内温度 22 ~26℃,相对湿度 85% 以上。夏秋高温干燥季节,应采取降温增湿措施,宜选择在早、晚间揉切,快揉、快切、快分,冷中求快。揉出和筛出的茶坯应尽量薄摊散热,并及时处理,不能堆积过厚。揉切工序如无联装设备的,转运动作应迅速,尽量缩短各机茶坯的上、下时间。各工序间应妥善计划安排,密切衔接,不断料、不积压。

4. 揉切适度

以揉捻叶紧卷成条,成条率 80% 以上,茶汁充分外溢,叶色绿中带黄,发出浓烈的青草气,手握茶坯有茶汁从指缝中溢出为揉切适度。细胞破损率,条茶 70% ~80% ,碎茶达 95% 以上。

(三)发酵

红碎茶发酵的目的、技术条件等与工夫红茶相同。但由于国际市场对红碎茶要求香味鲜浓,尤其是滋味浓厚、鲜爽、强烈、收敛性强及富刺激性,故对发酵程度的掌握较工夫红茶轻。不同品种,发酵程度不同,中小叶种需加强茶汤的浓度,程度应比大叶种稍重;大叶种要突出鲜强度,发酵程度应轻。气温高,发酵应偏轻;气温低,则应稍重。

1. 摊叶厚度

采用发酵筐等常规发酵设备,摊叶厚度 8 ~12 cm,中小叶薄摊,大叶厚摊,厚薄均匀,保持通气良好;采用输送带式连续发酵机发酵,摊叶厚度为 0.5 ~1 cm;采用送风式发酵车发酵,摊叶厚度 45 ~60 cm。

2. 发酵温度

室温控制在 24 ~26℃。发酵叶温,大叶种控制在 22 ~28℃,中小叶种控制在 25 ~30℃。

3. 湿度

发酵室内相对湿度≥90%，必要时采取喷雾或洒水等增湿措施。

4. 通风通氧

发酵室保持空气流通、新鲜，以满足发酵过程需要的氧气。

5. 发酵时间、程度

时间 30～90 min，至发酵叶青草气基本消失，呈现花果香味，叶色黄红时为宜。白天以观叶色为主，兼闻香气；夜间以嗅香气为主，兼看叶色。发酵叶叶象可分为六级：一级，叶色呈青绿色，有浓烈的青草气；二级，青黄色，青草味；三级，黄色，清香；四级，黄红色，花香或果香；五级，红色，熟香；六级，暗红色，低香。中小叶种以 3.5～4 级为宜，大叶种以 2.5～3 级为宜。

（四）干燥

干燥的目的、技术条件等同工夫红茶，仅在具体措施上有差异。由于揉切叶细胞损伤度高，多酚类的酶促氧化激烈，采用高温迅速破坏酶的活力，制止多酚类的酶促氧化；迅速蒸发水分，避免湿热作用引起的非酶促氧化。因此要求"高温、薄摊、快速"。目前，由于普遍采取烘干机烘干，所以仍采用两次干燥方式。

毛火：采取薄摊快速烘干，进风温度以 110～120℃ 为宜，均匀摊叶，厚度 1～2 cm；烘至含水量 18%～20%，颗粒紧实，有较强刺手感，手捻成片为宜，及时摊凉。毛火摊凉时间 15～30 min，摊叶厚度 5～8 cm。

足火：进风温度 90～110℃，摊叶厚度 2～3 cm；烘至含水量 4%～6% 为宜，用手指捏茶即成粉末。

干燥应严格分级分号进行，干燥完成后及时摊凉装袋。如生产量不大，亦可采用提香机进行，毛火温度 100～110℃，摊叶厚度 2～3 cm；足火温度 90～100℃，摊叶厚度 3～5 cm，烘至程度同烘干机。近年来，在红碎茶干燥方式上有很多革新，如远红外烘干、微波烘干等。

四、精制技术

（一）筛分

使用平面圆筛机配筛网 12 目、14 目、18 目、24 目进行筛制，12 目头子茶付切后复筛；24目底茶配筛网18目、24日、36目、40目进行二次分筛；40目底茶配筛网(36目、40目、60目、80目)进行第三次分筛,筛分出各孔茶。

(二)风选

分筛所确定的各孔茶通过风选机选别,分出正口茶、子口茶及副茶。

(三)抖筛、飘筛

将正口茶及子口茶经抖筛机分出少数条茶并抖出茶头及茶尾,再经飘筛分离轻质朴片、毛衣等次杂物,以弥补风选的不足。

(四)拣剔

拣剔采用机拣、电拣、色选,剔除茶类或非茶类夹杂物,只要不影响茶叶净度,一般尽量不拣或少拣。

(五)拼配匀堆

根据产品各等级的感官指标要求,选择各筛孔茶拼配匀堆,保证产品品质符合各等级的感官指标。

第三节　紧压红茶加工

紧压红茶是指以适制红茶茶树品种鲜叶加工的红茶为原料,经拼配、称量、蒸压、定型、干燥、成品包装等工序制成的紧压茶。

一、品质特点

外形紧实整齐,显毫或有毫,色泽乌润；内质香气甜香,滋味醇厚回甘,汤色红亮或红明,叶底嫩匀、红亮或尚红亮。无异味、无异嗅、无霉变,不含非茶类物质。

二、原料要求

采用适制红茶茶树品种鲜叶加工成的红碎茶或工夫红茶,其污染物限量应符合GB/T 2762—2017的规定,农药最大残留限量应符合GB/T 2763—2016的要求,水分含量一般在6%左右;依据加工的紧压红茶产品要求选用相应的原料并存放于干燥、无异味、洁净的地方,以防茶叶受潮、变质。

三、工艺技术

紧压红茶形状可多样,其基本加工流程是:原料整理→拼堆→称量→蒸压→定型→干燥→包装→仓贮。针对采用的原料不同,加工形状不同,只需调整加工和压制工艺即可。

(一)原料整理

1. 定级

紧压红茶原料拼配成堆的好坏,是决定成品品质的关键。拼堆前,将茶坯分别根据紧压红茶加工标准样对加工生产原料进行评审,并根据产品规定要求确定原料级别。

2. 归堆

在定级的基础上,把原料分成等级堆、品种堆,便于拼配选料。

(二)拼堆

根据产品品质要求,选择各等级原料拼配匀堆,拼和要求均匀,以保证同一拼堆的原料品质一致,并符合产品的品质要求。

(三)称量

根据不同产品规格准确称取原料重量(本书质量用行业习惯用法重量表示)。原料重量按下式计算:

$$W_1 = W_2 \times (1 - MC_2)/(1 - MC_1) + W_3$$

式中:W_1 为称取的原料重量;W_2 为产品重量;W_3 为加工过程中损耗重量;MC_1 为原料含水量;MC_2 为产品含水量。

(四)蒸压、定型

茶叶经过称重后倒入蒸桶并放到蒸汽孔上过蒸汽。蒸茶的目的是使茶坯变软,便于压制成形。操作时要防止蒸得过久或蒸汽不透面,时间过久,造成干燥困难;蒸汽不透面会造成脱面掉边的现象。在蒸汽冒出茶面,茶叶条索变软时即可压制造型。蒸茶的蒸汽温度宜保持在 100~120℃,蒸茶时间芽茶原料红茶紧压茶 15～20 s，一芽一叶至一芽二叶初展原料红茶紧压茶 10～15 s，一芽二、三叶及同等嫩度对夹叶原料红茶紧压茶 20～35 s。

压茶定型的操作可机械压制或手工压制。根据生产加工要求加工成圆饼形、方砖形等不同形状。做形技术决定了成品茶外形的基础。饼茶在压制前须将揉茶袋套在蒸茶桶上将桶内蒸好的茶倒入袋内，茶叶要倒得平整，做形后放在压茶机上压制。方形、砖形茶蒸软后在压模中抹平压制。在此环节，必须控制好压力的大小，压力过大，成品茶过紧，不仅破坏了茶条优美的形状，更丧失了成品的透气性，不利于后期的干燥；压力过轻，则成品茶边缘、表面容易脱落。压制压力一般 30～50 kN。压制完成后需放置一定时间定型，定型时间紧压芽茶 40～60 s，紧压一芽一叶红茶 30～60 s，紧压一芽二、三叶红茶 60～140 s。

（五）干燥

压制好的方茶和砖茶放置在木托上摊凉散热，冷却后进入烘房干燥；饼茶置木托上待冷却后脱袋取出茶饼，移入烘房干燥。紧压红茶干燥方法一般采取室内加热干燥方式。

室内加温干燥在专用烘房进行。干燥时温度掌握好先高后低的原则，控制干燥温度在 40～60℃，在干燥过程中要注意排湿，如果烘房内的湿度过高，则应 2～3 h 打开气窗排湿一次。烘 24～40 h，待茶叶含水量低于 9% 时，即可出烘房摊凉冷却后进行包装。

（六）包装

茶叶包装前必须做水分检验，保证成品茶含水量在出厂水分标准以内。包装一般采用传统包装材料，如内包装用棉纸，外包装用纸袋、纸盒等。各包装材料要求清洁、无异味，外形包装的大小应与茶身密切贴合，应牢固，以保证成品茶不因搬运而松散、脱面。包装材料等应符合国家相关标准要求。

（七）仓贮

紧压红茶包装成件后，必须贮藏于清洁、通风、阴凉、避光、干燥、无异味的仓库内。仓贮期间要注意成茶的温湿度变化，保持室内清洁、干燥。

第四节　高档工夫红茶标准化加工技术

高档工夫红茶标准化加工技术适宜于湖南以中小叶茶树单芽、一芽一叶初展及一芽一叶等高嫩度鲜叶为原料的高档工夫红茶的加工。

一、工艺流程

萎凋→揉捻→发酵→初干→摊凉→（做形、提毫、摊凉）→足干。

二、工艺技术

(一)萎凋

场地应清洁卫生、空气流通、无异味和粉尘。方法主要采用室内自然萎凋、加温萎凋和萎凋槽萎凋。

1. 室内自然萎凋

将鲜叶薄摊于萎凋室内的萎凋帘或竹垫上，厚度 2 cm 左右，中途轻翻 2～3 次，避免损伤芽叶。萎凋时间一般控制在 18 h 以内。

2. 加温萎凋

如遇低温阴雨、空气潮湿天气，可在萎凋室内采取使用空调、除湿机等增温除湿措施。采取空调增温方式，空调温度控制在 28～32℃，并注意控制室内各处温度基本一致。萎凋时间一般控制在 8～12 h。

3. 萎凋槽萎凋

(1)摊叶

将鲜叶摊于萎凋槽内，厚度为 3～5 cm，"嫩叶薄摊、老叶厚摊"；雨水叶及露水叶薄摊。摊叶时要抖散摊平呈蓬松状态，保持厚薄一致。

(2)鼓风

采取间断鼓风，一般鼓风 1 h 停止 1～2 h，风量大小根据叶层厚薄和叶质柔软程度适当调节。春茶鼓风气流温度控制在 35℃左右，最高不超过 38℃，槽体前后温度均匀一致，采用"先高后低"，前期不超过 38℃，随萎凋进展，温度逐渐降低。下叶前 10 ~ 15 min 停止鼓热风,改为鼓冷风。雨水叶和露水叶应先鼓冷风,吹干叶表水分后再加温。

(3)翻抖

鼓风停止时进行翻抖,使鲜叶上下层翻透抖松,翻抖动作要轻,以免损伤芽叶。

(4)时间

萎凋时间一般控制在 8 ~ 12 h。

4. 萎凋程度

叶面失去光泽,叶色暗绿;叶形萎缩,叶质柔软,折梗不断,紧握成团,松手可缓慢松散;青草气减退,有清香;含水量为 58% ~ 62% 时为适度。

(二)揉捻

选用 35 型、40 型、45 型等中小型揉捻机,装叶量以自然装满揉桶为宜。揉捻时间 60 ~ 90 min。揉捻加压应掌握轻、重、轻的原则。不加压揉 10 ~ 15 min,轻压揉捻 25 ~ 35 min,中压揉捻 20 ~ 30 min,最后松压揉 10 min 左右。加压和松压要逐渐加重或减轻。

以揉捻叶紧卷成条,成条率达 80% 以上,茶汁充分外溢,黏附于茶条表面,并发出浓烈的青草气味,局部揉捻叶泛红为揉捻适度。

(三)发酵

将揉捻叶摊放于干净的发酵车、发酵筐或篾盘内,进入发酵室发酵。摊叶时叶层厚度要均匀,不要紧压,以保持通气良好。

发酵室温度控制在 24 ~ 26℃ 为宜,最高不超过 28℃;发酵叶叶温控制先高后低,前期 30℃ 左右,后期 25℃ 左右。室内相对湿度保持 90% 以上,必要时采取喷雾或洒水等增湿措施,并保持室内新鲜空气流通,以满足发酵过程需要的氧气,注意避免日光直射。

发酵时间一般 4 ~ 6 h,至发酵叶色泽介于红橙与橙红之间,红中带橙黄,叶脉及汁液泛红;青草气消失,发出花果香时为适度。实际生产中,发酵程度宜稍轻。

(四)初干

采用微型连续烘干机或烘焙机进行。初干温度控制在 110 ~ 130℃,摊叶厚度 2 cm 左右,时间 10 ~ 12 min,烘至七八成干,茶坯含水量 30% 左右,条索收紧,有刺手感,手握成团,松手即散为适度,及时摊凉。

(五)摊凉

将初干后的茶叶及时均匀薄摊于竹垫、篾盘或其他专用摊凉设备(器具)中,厚度一般 2 ~ 3 cm,时间 30 ~ 60 min。

(六)做形

以高嫩度鲜叶为原料加工高档工夫红茶,初干后一般宜采用手工辅助做形或机械理条(直条形茶)。

手工做形通常采用电炒锅、五斗或平台烘干机,温度 60 ~ 70℃。投入茶坯,翻炒,当茶条打在锅中或烘干机斗内或平台上有轻微响声时,开始做形。加工卷曲形红茶,双手抓茶,向同一方向顺时针搓揉。加工直条形毛尖红茶,右手抓茶,左手平摊,向前方理直,先轻后重,边紧边抖散茶条,时间一般 5 min左右;采用理条机理条,温度控制 60℃左右,时间 8 ~ 10 min,达到条索紧、直时下机。

(七)提毫

加工高档工夫红茶,在做形后一般进行手工辅助提毫。提毫采用电炒锅、五斗或平台烘干机,电炒锅温度控制在 70 ~ 80℃,五斗或平台烘干机温度控制在 90 ~ 100℃;双手抓茶,采取一定的掌力,直条形茶向前方理直理齐,卷曲形茶按顺时针方向旋转,使茶与茶之间相互摩擦,茶从手指间落下,时间 30 s 左右,待金毫大量显露时出锅摊凉。

(八)摊凉

将茶叶及时均匀薄摊于竹垫、篾盘或其他专用摊凉设备(器具)中,厚度一般 2 ~ 3 cm,时间 30 ~ 60 min。

(九)足干

采用微型连续烘干机或烘焙机等进行。足干温度 80 ~ 90℃,摊叶厚度 3 ~ 5 cm,时间 20 ~ 25 min,以烘坯含水量 5% ~ 6% 为适度,梗折即断,用手指捏茶条即成粉末,出烘摊凉至室温,按质归堆及时包装后贮藏。

第五节 新型红茶加工技术

一、新型红茶主要类型

新型红茶是相对传统红茶而言的，其品质与传统红茶的"浓、强、鲜"要求不同，是在传统红茶制作工艺的基础上，通过工艺技术的改进、组合、创新，使之形成独特的品质风味或较高含量功能成分等的一类红茶，如花香红茶、高功能成分红茶等。这类红茶与通过鲜花、香精、水果等窨制的红茶不同。

(一)高香(花香)红茶

高香(花香)红茶主要是利用一些特定茶树品种如乌龙茶品种的鲜叶，结合晒青萎凋及做青技术等加工制作的一类红茶。该类红茶的特点是：香高且具有花(果)香，汤色金黄或橙红、透亮，滋味甜醇，是当前市场很受消费者青睐的一类新型红茶。

(二)高氨基酸红茶

高氨基酸红茶主要指利用高氨基酸含量茶树品种，在传统红茶制作工艺的基础上，根据品种特性，创新加工工艺制作的红茶新产品，如采用安吉白茶、保靖黄金茶等优质特色茶树品种加工的红茶，氨基酸含量较高。该类红茶的特点是：外形条索紧秀匀齐，汤色红亮透金黄，滋味甜醇、鲜爽。高氨基酸红茶已成为新型红茶的一大类。

(三)高茶黄素红茶

高茶黄素红茶主要指相对传统红茶的茶黄素含量提高 20% 以上的红茶。茶黄素是红茶中一种重要的品质成分，对红茶的色香味等品质起着决定性的作用。如何提高红茶中茶黄素的含量，一直是红茶加工技术创新的主要内容和方向，主要从品种、萎凋及发酵等技术入手。该类红茶的特点是：汤色红艳明亮，滋味浓强带鲜。

(四)高 γ - 氨基丁酸红茶

高 γ - 氨基丁酸红茶指一种通过嫌气厌氧处理萎凋叶提高 γ - 氨基丁酸

（GABA）含量技术的红茶，产品 GABA 含量显著地提高，达到 GABA 茶标准
（1.5 mg/g），游离氨基酸总量显著提高，同时保持了传统红茶产品"红汤红叶"
的品质特征。

二、加工技术

在传统加工工艺基础上，创新萎凋、发酵等技术，达到提升红茶的品质或
功能性成分的目的。目前主要有以下几个方面。

（一）萎凋工艺

1.空调萎凋技术

空调萎凋技术是现代红茶加工鲜叶萎凋控制方式之一，主要是通过空调调
控室内温度，从而达到红茶鲜叶萎凋的目的。空调萎凋包括空调器萎凋与空气
能热泵系统萎凋。采取空调萎凋方式，萎凋室可配置水筛和萎凋架等设施。与
自然萎凋方式相比，空调萎凋叶中水浸出物、黄酮、可溶性糖等成分均有较大
幅度提高，所制红茶，花（果）香明显，滋味醇和，汤色明亮。

2.组合萎凋技术

高香型红茶一般采用先日光萎凋，后自然萎凋或室内控温萎凋等相结合的
方式，即组合萎凋技术（复式萎凋）。也有先进行自然萎凋或加温萎凋，促进酶
活性的提高，完成必需的物质转化；后期则采用短时间的冷冻处理，不仅能降
低揉捻（切）温度，而且可以促进细胞膜透性的增加和同步发酵的进行，提高红
茶品质。

3.加压萎凋技术

加压萎凋技术是通过调控大气压力的物理方法，在萎凋阶段进行增压处
理，可提高多酚氧化酶的活性，增加产品茶黄素的含量。谭俊峰等研究表明，
鲜叶经过超高压（550 MPa，10 min）处理制得的红碎茶汤色红艳明亮，滋味浓强
带鲜，与对照组相比，茶黄素含量提高 20.43%。

4.添加灯光萎凋技术

添加灯光萎凋技术即在红茶萎凋工序中引入紫外光、远红外光和 LED 光
照射，利用这些特有波长的光，来激发茶叶相关酶的活性，促进多酚类物质的
体外聚合、转化。研究发现，一定时间内，随着紫外光照射时间的延长，茶多

酚含量先增加后减少，茶黄素含量也均高于传统工艺红茶；利用远红外线光照射萎凋鲜叶，有利于花(果)香红茶的形成；研究还发现萎凋时，在控温控湿基础上设置 LED 光源，可以弥补无日光条件红茶香气的不足，可在一定程度上提高红茶香气，而且采用不同波长的 LED 光照射的红茶香气皆优于同等工艺无照射的红茶，其中以蓝光和黄光增香效果较为显著。

5.晒青、摇青、做青联用萎凋技术

在萎凋阶段，将乌龙茶晒青、摇青、做青工艺应用于红茶加工中，其机理是使鲜叶在摇青机械力的作用下细胞受到摩擦损伤，增强细胞膜的渗透性，使多酚氧化酶等与茶多酚等反应底物充分接触，氧化聚合生成茶黄素，同时产生类似乌龙茶的花(果)香气。

6.冷冻萎凋技术

冷冻萎凋是指茶鲜叶在进行自然萎凋之前，通过冷冻处理，增加细胞膜透性，提高叶细胞损伤率和损伤速率，进而提高茶黄素的含量，同时还能够加快红茶的发酵速率。

7.远红外地热萎凋技术

远红外地热萎凋技术通过远红外地热装置进行，地热装置由远红外碳纤维发热元件、大理石(或木板)地板、锡纸、保温层及自动温度控制器等组成。远红外线向上透过地面传递，对萎凋房内均匀摊放的茶青加热，达到萎凋目的。萎凋房上部加装排气扇，排出潮湿空气。制成的工夫红茶花香显，滋味甜爽，汤色金黄明亮，综合品质优于自然萎凋。

8.富集 γ-氨基丁酸萎凋技术

鲜叶采摘后通过充 N_2、抽真空、充 CO_2 等厌氧方式富集 GABA，富集完后，继续延用红茶的加工工艺技术及参数，此类产品在鲜叶通过厌氧和增氧摊放的反复处理，提高茶叶中 γ-氨基丁酸，增加茶叶的附加值，提高茶叶滋味鲜爽度，但容易出现厌氧处理时的不愉悦气味，以及叶底较花杂等对品质不利的影响。

(二)发酵工艺

1.利用外源酶辅助发酵技术

随着酶工程技术的不断发展，利用外源酶有针对性地改善茶叶中某一类特定物质的含量，促进茶叶的有益转化，提高茶制品的品质，已成为改善茶叶品质的新途径之一。现在运用于红茶加工中的主要酶类有多酚氧化酶、单宁酶、多糖水解酶和胰蛋白酶等多种外源酶。有研究表明，多酚氧化酶应用于红茶发酵过程中，能促进红茶发酵和茶黄素、茶红素的生成，改善茶汤的色泽和香气；单宁酶可释放与蛋白质、咖啡碱结合的茶黄素和茶红素，改进红茶的汤色和滋味，水解酯型儿茶素，以降低茶叶的苦涩味。外源酶的引入可以提高红茶的品质，但在如何除去外源酶或外源酶粗提物带进的副产物、如何提取分离高纯度的外源酶，并保持其在茶叶加工中外源酶的活性，成为应用的关键。

2. 变温发酵技术

从制茶的理论来看，温度和时间是红茶发酵的主要控制技术因素，温度过高或过低均会影响茶黄素的含量。温度过低，酶活性较弱，酶促反应缓慢，内含物转化不充分；温度过高，多酚氧化酶易失活，不但会加速酶蛋白与多酚类物质形成不溶性复合物，而且会大量氧化聚合成茶红素、茶褐素，不利于茶黄素的积累。传统红茶发酵过程中，温度始终保持前后一致，而变温发酵理论则要求发酵前期温度要高，中后期温度要低。通过变温发酵，合理设置各阶段的温度参数，有利于红茶茶黄素的形成和积累。

3. 富氧发酵技术

红茶发酵需要消耗大量的氧气，充足的氧气供应有利于红茶某些苦涩味物质的氧化，而且可缩短发酵时间，有利于茶黄素和其他品质成分因过长时间氧化而消耗减少，使滋味变得醇厚和甜爽，同时颜色红亮。中国农业科学院茶叶研究所开发的红茶可视化富氧发酵技术，与传统工艺技术比较，富氧发酵技术更有利于红茶品质的形成。

4. 红茶专用发酵机发酵技术（温、湿度可控式供氧发酵技术）

为改善红茶发酵条件，保证发酵质量，近年来我国应用于红茶加工的专用发酵设备应运而生，通过发酵机设备内部环境的温度、湿度以及供氧量的可控，来保持和控制 PPO、POD 酶的活性，以保证儿茶素、茶黄素氧化适度。通过试验证明，红茶专用发酵机发酵的红茶感官品质优于自然发酵的红茶。

5. 添加红茶发酵液辅助红茶发酵技术

在红茶发酵过程中，通过添加红茶专业发酵液，可使加工过程中茶多酚等物质得到充分降解，使得制成的红茶无苦涩味，且具有色泽红润、香气高爽、汤色红亮、滋味醇厚、叶底红亮的品质特点。

(三)干燥工艺

1. 干燥与造型相结合技术

传统的红茶加工工艺中,干燥只采取烘干技术。红茶,特别是工夫红茶,在干燥阶段引入做形工艺,促进了工夫红茶的成形及其品质的发展。越来越多的实际效果表明,红茶加工工艺中增加成形技术将有利于红茶品质的提升。这一技术已逐步在工夫红茶加工中加以应用。

2. 远红外干燥技术

远红外干燥设备运用远红外线($5.6 \sim 1000$ μm)为主导媒介,将电能转变为热能。一般物质分子运动的固有振动频率在远红外线的频率范围之内,当被加热物料分子的固有频率与射入该物料的远红外线的频率一致时,产生强烈的共振现象,使物料的分子运动加剧,因而物料内、外的温度均匀迅速地上升,也就是说物料内部分子吸收了远红外线辐射能量直接转变为热量,从而实现节能、高效、干燥效果好的目的,这一技术在提高产品干茶香上大有裨益。

3. 微波干燥技术

微波干燥技术与传统干燥方法(如火焰、热风、蒸汽、电加热等)——外部加热干燥、物料表面吸收热量后经热传导热量渗透至物料内部随即升温干燥不同,它是一种内部加热的方法。在快速变化的高频电磁场的作用下,茶叶中的水分等极性物质取向随着外电场的变化而变化,导致分子的快速旋转与相互摩擦,微波场的场能转化为茶叶的热能,茶叶表里温度同时上升,大量水分子从茶叶中蒸发达到茶叶干燥的效果。也就是说,微波进入物料并被吸收后,其能量在物料电介质内部转换成热能。因此,微波干燥是利用电磁波作为加热源、被干燥物料本身为发热体的一种干燥方式。与传统干燥方式相比,具有干燥速率大、节能、生产效率高、干燥均匀、清洁生产、易实现自动化控制和提高产品质量等特点。

4. 真空冷冻干燥技术

真空冷冻干燥过程中,先将茶叶冷冻到共结晶温度以下,使水分转化为固态,然后使茶叶中的水分保持冻结状态,在低压状态下直接通过升华作用使茶叶水分散失。其优点是能够最大程度地保存茶叶中原有的品质成分,真空冷冻干燥尤其对绿茶色泽表现良好,但滋味、香气较差,整体表现欠佳。

5.真空脉动干燥技术

它是指物料在干燥过程中处于真空—常压—真空—常压不断交替进行的真空室内，直到达到目标含水量的一种干燥方法。其优点是在干燥过程中，低氧环境能够减少物料与氧气的接触，减少氧化反应，从而保持物料的营养成分与色泽，与真空干燥相比，其更为节能。在茶叶生产中结合热风干燥，能够提高工夫红茶的汤色，改善茶叶香气品质。

第五章　黑茶加工

　　黑茶是六大茶类之一，也是我国特有的一大茶类，产量占我国茶叶总产量的1/4左右。黑茶生产历史悠久，销量大，品种花色多。湖南成品黑茶有天尖、贡尖、生尖、黑砖茶、花砖茶和茯砖茶(特制茯砖和普通茯砖)等。黑茶是我国西北广大少数民族日常生活必不可少的饮料，"宁可一日无食，不可一日无茶""一日无茶则滞，三日无茶则病"，充分说明黑茶对这些兄弟民族生活的重要性。黑茶过去以边销为主，部分内销，少量侨销。近年来，随着对黑茶健康研究的深入，黑茶被越来越多的内地消费者所接受，黑茶内销量也越来越大。黑茶成品繁多，炒制技术和压制成形的方法不尽相同，因而形状多样，品质不一。

第一节　品质特征

　　从成品形态上，黑茶可分为散装黑茶、压制黑茶和篓装黑茶。散装黑茶有安化黑毛茶、普洱散茶等；压制黑茶有各种砖茶、饼茶等；篓装黑茶有安化湘尖茶、广西六堡茶、四川方包茶等。不同类别的黑茶因其产地、原料、加工工艺等不同，其品质亦有所不同。各类黑茶品质的共同特点是：多数黑茶所用原料较粗老；都有渥堆过程；都要通过蒸压和缓慢干燥过程等。反映在品质上，干茶色泽呈褐色，汤色呈橙黄或橙红，香味纯而不涩，叶底黄褐粗大。

　　湖南黑茶主要有安化黑茶和临湘黑茶，其中安化黑茶为湖南最具代表性的黑茶，主要品种有天尖、贡尖、生尖、茯砖茶、黑砖茶及花卷茶等。

一、黑毛茶

黑毛茶是指以适制茶树品种鲜叶为原料，经杀青、揉捻、渥堆、干燥等工序加工的干毛茶。根据 DB43/T 659—2011 的规定，黑毛茶可分为特级、一级、二级、三级、四级、五级和六级共七级，不同等级的黑毛茶感官品质特征及要求见表 5 - 1。

表 5 - 1　黑毛茶的感官品质要求

等级	外形	内质			
		香气	滋味	汤色	叶底
特级	条索紧直有锋苗，有毫，色泽乌黑油润	清香或带松烟香	浓厚回甘	橙红明净	嫩黄绿
一级	条索紧结有锋苗，色泽乌黑油润	清香尚浓或带松烟香	浓厚	橙红明亮	嫩匀柔软
二级	条索粗壮肥实，色泽黑褐尚润	纯正	纯厚	橙黄明亮	肥厚完整
三级	外形呈泥鳅条，色泽黑褐尚润带竹青色	纯正	纯和	橙黄较亮	肥厚完整
四级	外形部分呈泥鳅条，色泽黑褐	纯正	平和	黄尚亮	摊张
五级	条索折皱叶、黄叶，色泽黄褐略花杂	平和	粗淡	淡黄稍暗	摊张
六级	外形以折叠叶为主，色泽黄褐	平和	粗淡	淡黄稍暗	摊张

二、千两茶(花卷茶)

花卷茶以黑毛茶为原料，按照传统加工工艺，经筛分、拣剔、拼堆、汽蒸、装篓、压制、(日晒)干燥等工序加工而成的外形呈长圆柱形以及经切割后形成的小规格黑茶产品。花卷茶按产品外形尺寸和净含量不同分为万两茶、五千两茶、千两茶、五百两茶、三百两茶、百两茶、十两茶等多种。花卷茶干茶要求色泽黑褐或有"金花"，其品质特征及要求见表5-2。

表5-2 花卷茶的感官品质要求

外形	内质			
	汤色	香气	滋味	叶底
外形色泽黑褐，圆柱形，压制紧密，无蜂巢状，茶叶紧结或有"金花"	橙黄	纯正或带松烟香、菌花香	醇厚或微涩	深褐、尚软亮

三、湘尖茶(天尖、贡尖、生尖)

湘尖茶是以黑毛茶为原料，经过筛分、烘焙、拣剔、拼配、踩制压包、晾晒干燥等工艺生产的篓装黑茶成品。根据原料等级的不同，湘尖茶分为天尖、贡尖和生尖，其中天尖以特、一级黑毛茶为原料，贡尖以一、二级黑毛茶为原料，生尖以三、四级黑毛茶为原料。依据 GB/T 32719.3—2016 的规定，三种规格的茶感官品质特征及要求见表5-3。

表5-3 湘尖茶的感官品质要求

名称	外形	内质			
		香气	滋味	汤色	叶底
天尖	团块状，有一定的结构力，茶条紧结，扁直，色泽乌黑油润	纯浓或带松烟香	浓厚	橙黄	黄褐夹带棕褐，叶张较完整，尚嫩匀
贡尖	团块状，有一定的结构力，茶条紧实，扁直，色泽油黑带褐	纯尚浓或带松烟香	醇厚	橙黄	棕褐，叶张较完整
生尖	团块状，有一定的结构力，茶条粗壮尚紧，呈泥鳅条，色泽黑褐	纯正或带松烟香	醇和尚浓	橙黄	黑褐，叶宽大，较肥厚

四、茯茶

茯茶以黑毛茶为主要原料，经筛分、拼配、渥堆、汽蒸、发花、干燥、成品包装等工序加工生产的散状黑茶或以黑毛茶为主要原料，经筛分、拼配、渥堆、汽蒸、压制定型、发花、干燥、成品包装等工序制成的块状等不同形状的黑茶产品。散状茯茶分特级和一级，压制茯茶分手筑茯砖和机制茯砖两种。茯砖茶被称为古丝绸之路上的神秘之茶。茯茶中"金花"颗粒大，色泽金黄，香气纯正，菌花香突出是其品质好的标志之一。依据 GB/T 32719.5—2018 的规定，散状茯茶和压制茯茶的品质特征与要求分别见表 5 - 4 和表 5 - 5。

表 5 - 4　散状茯茶的感官品质要求

级别	外形				内质			
	条索	整碎	色泽	净度	香气	滋味	汤色	叶底
特级	紧结	尚匀齐	乌黑油润，金花茂盛，无杂菌	净	纯正菌花香	醇厚	橙黄或橙红尚亮	黄褐，叶片尚完整
一级	尚紧结	匀整	乌褐尚润，金花茂盛，无杂菌	尚净	纯正菌花香	醇和	橙黄尚亮	黄褐，叶片尚完整

表 5 - 5　茯砖茶的感官品质要求

名称	外形	内质			
		香气	滋味	汤色	叶底
手筑茯砖	松紧适度，发花茂盛，无杂菌	纯正菌花香	醇正	橙黄明亮	黄褐，叶片尚完整
机制茯砖	松紧适度，发花茂盛，无杂菌	纯正菌花香	醇正	橙黄明亮	黄褐，叶片尚完整

五、黑砖茶

黑砖茶以黑毛茶为原料，经筛分、拼配、渥堆、汽蒸、压制定型、干燥、成品包装等工序制成的块状黑茶产品。黑砖茶感官品质特征和要求见表5-6。

表5-6 黑砖茶的感官品质要求

名称	外形	内质			
		香气	滋味	汤色	叶底
特制黑砖	松紧适度，色泽黑褐，无杂菌	纯正或带高火香	醇厚	橙黄	黄褐，叶片尚完整，带梗
普通黑砖	松紧适度，色泽黑褐，无杂菌	纯正或带松烟香	醇和	橙黄	棕褐，叶片尚完整，有梗

六、花砖茶

花砖茶以黑毛茶为原料，经筛分、拼配、渥堆、汽蒸、压制定型、干燥、成品包装等工序制成的块状黑茶产品，外表要求砖面平整，花纹图案清晰，棱角分明，厚薄一致。其感官品质特征和要求见表5-7。

表5-7 花砖茶的感官品质要求

名称	外形	内质			
		香气	滋味	汤色	叶底
特制花砖	松紧适度，色泽油润，无杂菌	纯正或带松烟香	醇厚	橙黄	黄褐，叶片尚完整
普通花砖	松紧适度，色泽黑褐，无杂菌	纯正或带松烟香	浓厚	橙黄	棕褐，叶片尚完整，带梗

第二节　黑毛茶加工

黑毛茶品质要求外形条索紧结肥硕，干茶色泽黑褐或黄褐油润，香气纯正或略带松烟香，汤色橙黄明亮或橙黄亮，滋味浓厚或醇厚，叶底肥厚黄褐。黑茶品质特色的形成，除以鲜叶原料为基础外，还由其独特的初制工艺所决定。一是从杀青到干燥，每道工序都保湿保温；二是有独特的渥堆工序。

一、鲜叶原料

加工黑毛茶的鲜叶原料为生长成熟的适制黑茶的茶树品种新梢，一般采摘标准为特级黑毛茶以一芽一叶或二叶鲜叶为主；一级黑毛茶以一芽二、三叶的鲜叶为主；二级黑毛茶以一芽三叶或一芽四叶初展的鲜叶为主；三级黑毛茶以一芽四叶或同等嫩度的对夹叶为主；四级黑毛茶以一芽五叶和同等嫩度的对夹叶为主；五级黑毛茶以对夹五、六叶及部分嫩梢为主；六级黑毛茶以对夹新梢及带红梗的成熟新梢为主。加工的鲜叶原料应严格按验收标准要求收购，不得含非茶类杂物。鲜叶中的污染物限量应符合 GB/T 2762—2017 的规定，农药最大残留限量应符合 GB/T 2763—2016 的要求。

二、工艺技术

黑毛茶加工的基本工序分杀青、揉捻、渥堆、复揉、干燥等五道工序，须根据鲜叶原料的品种、等级、加工季节等情况确定合理的加工工艺，以确保产品质量。

（一）鲜叶摊放

鲜叶采收后应合理贮青，贮青设备、场地应洁净，保证鲜叶不与地面直接接触。贮青时鲜叶摊放厚度一般不超过 30 cm，摊放时间为 2～6 h。加工四级以下的黑毛茶或者立夏以后加工黑毛茶时，鲜叶可不经摊放即行杀青。

（二）杀青

杀青的目的是利用高温破坏鲜叶中的酶活性，以制止多酚类物质的酶性氧化。由于加工黑茶的新梢原料较老，水分含量低，不易杀匀杀透，所以在杀青前应先洒水（俗称"打浆""灌浆"）。露水叶、雨水叶和较嫩的鲜叶原料，可不洒水。洒水数量春茶少、夏秋茶多，嫩茶少、老茶多；一般每100 kg鲜叶洒水10 kg左右。洒水灌浆时应边翻动边洒水，尽量做到均匀一致，以便杀青能杀匀杀透。洒水以叶面、叶背有水附着，以水不往下滴为度。

传统杀青方法为手工杀青。手工杀青时一般采用大铁锅进行，锅口径80～90 cm，灶台高70 cm左右，铁锅按斜度30°左右安装固定。杀青锅温为280℃左右，投叶量为4～5 kg。当炒至叶片柔软带黏性，茶梗折而不断，叶色由青绿转为暗绿，青草气消除，并散发出一定的清香时即为杀青适度，迅速从锅中扫出，趁热进入揉捻工序。杀青时间约4 min。如叶色青绿，茶梗还易折断，则为杀青不足；如叶色发黄或焦灼，清香消失，则为杀青过度。

现阶段主要采用机械杀青，常用80型或90型滚筒杀青机。当滚筒内壁温度达280℃时开始投叶，依鲜叶的老嫩、含水量多少，调节投叶速度，以保证杀青适度。杀青时间一般7～10 min。当叶面失去光泽，叶质变软，折梗不断并有茶香散发出为适度。杀青温度过高、时间过长，易引起焦糊；杀青不足，则香气低闷，有水闷味。

（三）揉捻

黑茶揉捻分初揉和复揉两次进行。初揉是在杀青后进行，杀青叶出锅后，不经摊凉即装入揉桶趁热进行揉捻，目的是使叶片初步卷紧成条，破损叶细胞，使茶汁附于叶的表面，为进行后续渥堆工序创造条件。加工特级、一级黑毛茶时，初揉采用55型或60型揉捻机，投叶量为自然装满揉桶为宜，不紧压；加工二级及以下黑毛茶时，应适当加大投叶量。采用较大型的揉捻机有利于增加投叶量，叶温也不会下降太快，如此成条效果好，工作效率高。揉捻要掌握"轻压、短时、慢揉"的原则，按"轻—重—轻"原则加压，初揉掌握10～15 min即可。实践中，揉捻时间的长短和加压的轻重应根据鲜叶原料的老嫩和揉捻机型号等酌情变化。一般特级、一级、二级黑毛茶初揉时先轻揉4 min，再加中压5 min，然后松压轻揉4 min左右为适度；三级及以下黑毛茶，原料成熟度高，叶质较粗老，整个揉捻时间可缩短到10 min左右。初揉达到嫩叶成条，老叶大部分成皱褶状，小部分成"泥鳅条"状即可，细胞破损率约20%。

（四）渥堆

渥堆是黑茶加工中的特有工序，也是形成黑茶特有品质的关键性工序。渥堆过程中，在水分、温度和氧气的综合作用下，叶内所含物质发生深刻的理化变化，叶色变为黄褐，青涩味减轻，形成黑毛茶特有的色、香、味。

渥堆应在背窗、洁净的地面上铺篾垫进行，避免阳光直射，室温要求25℃以上，空气湿度85%左右。特级、一级茶加工时，初揉后解散团块，堆在篾垫上，厚度为15~25 cm，适当筑紧，上面加盖湿布等覆盖物，以保温保湿。渥堆过程中，视堆温变化情况，适时进行1~2次翻堆。二级及以下茶初揉后，茶坯不经解块立即堆积起来，适度压紧，茶坯堆高60~100 m，上面加盖湿布等覆盖物，以保温保湿。一般要求茶坯含水量在65%左右，如果揉捻叶过干，可在堆面上洒些清水。渥堆的适宜堆温以30~40℃，不超过45℃为宜。若堆温超过45℃则需翻堆，防止茶坯渥坏。渥堆时间春季16~24 h，夏秋季8~16 h。当茶堆表面出现水珠，叶色由暗绿转为黄褐，叶片对光透视时呈透明的竹青色，带有酒糟气味或刺鼻酸辣气味，手伸入茶堆感觉发热，茶团黏性变小，一打即散，即为渥堆适度。如闻到馊酸、沤闷、杂异等不愉快气味，手摸渥堆叶有腻滑感，用手搓揉叶子时叶肉叶脉分离，形成丝瓜瓤状，叶色变得乌暗，则表明渥堆过度。如茶坯叶色花杂或尚呈黄绿色，有粗青气味，手握茶坯黏性大，茶团不易解散，则表明渥堆不足，须继续渥堆至适度。

（五）复揉

因渥堆后的茶条有回松现象，需经复揉使茶条卷紧。渥堆适度的茶坯经解块后进行复揉，压力较初揉稍小，时间更短，特级、一级更须轻揉，复揉时间6~10 min。二级以上黑毛茶，要求达到条索基本卷紧成条，二级及以下黑毛茶以呈"泥鳅条"或折叠状为度。经复揉的茶叶细胞破损率应达到30%以上。复揉后的茶坯不宜摊放过久，如不能及时干燥，则要注意及时多次翻抖茶坯，透气散热，以免沤坏。

（六）干燥

黑毛茶干燥有日光晒干、七星灶烘焙、自动烘干机烘干、焙笼烘干等方式。安化黑毛茶干燥传统工艺采用七星灶分层累加湿坯、长时一次干燥。七星灶由灶身、火门、七星孔、匀温坡、焙床等部分组成。烘焙时在灶口处燃烧松柴，保持火力均匀，借助风力使火力均匀透入七星孔内（不能透入明火），借助匀温坡，使灶面焙帘上各处温度均匀一致。当焙帘上部温度达到70℃以上时，开始撒上第一层湿茶坯，厚度2~3 cm，注意茶坯要洒得均匀，不留空隙。待第一层茶坯烘至约六七成干稍有刺手感时，再加第二层湿坯。洒叶厚度较第一层稍薄，如此一层一层地加到5~7层，总厚度不超过焙框的高度，为18~20 cm。待最上面一层茶坯达到七八成干时，进行翻焙，即把已干的第一层茶翻至上层，尚未干的第六七层茶翻至下层，继续升火烘焙，待上、中、下各层茶叶均达到足干后下焙。下焙时毛茶水分含量在8%左右，烘焙时间约4 h。干燥适度的标志为叶色油黑调匀，梗易折断，捏叶成粉末，干嗅有锐鼻的松烟香。如干茶色泽尚带墨绿而不油黑，是由于渥堆不足，可喷洒少量清水，使之回潮后再上七星灶烘焙。干毛茶下焙后，置于篾席上摊凉至室温后，装袋入库。

目前，多数企业已经改用烘干机干燥方式加工黑毛茶。采用自动烘干机分两次烘干，初烘温度130~140℃，复烘温度110~130℃，烘至茶梗易折断，手捏叶片可成粉末为适度。用细嫩鲜叶原料加工特级黑毛茶时，也有采用木炭火焙笼烘干的。有条件的茶厂通常采用日晒的方式干燥黑毛茶，可节省大量能源。日晒黑毛茶的场地要求水泥地，且铺上篾制晒席，以保证茶坯卫生。铺叶和翻晒方式基本与七星灶干燥方式类同，以分层叠加湿坯，一次性晒干品质较好。也有晒至八九成干后，采用七星灶复干，可使茶坯色泽更加黑润调匀，并带有松烟香。

第三节　黑茶成品加工

一、千两茶加工

千两茶又称花卷茶，创制于清道光年间，已有近200年的历史，其加工工艺、品质风味独特，目前仍采用传统工艺加工。

千两茶加工沿袭传统的手工操作，由6个熟练制茶师傅组成一个班组，相互协同完成踩制全程。具体程序是：以安化三级黑毛茶为原料，经筛分去杂，汽蒸软化后，随即装入垫有箬叶和棕片的特制长圆筒形花格篾篓，用棍、槌等加压工具，运用绞、压、踩、滚、捶等技术方法，边滚压边绞紧，直至形成高155 cm、直径20 cm左右，紧实呈树干状圆柱形茶体。成形的千两茶需要在特设的凉棚里竖立斜置，在自然条件下晾置干燥，经近2个月的"日晒夜露"缓慢干燥，方能达到出厂要求。千两茶加工的独特性，表现在其包装与产品定型是同步进行的。千两茶加工工艺流程为：原料过秤后用白布包好→置蒸桶内高温汽蒸软化→装入篾篓（内衬箬叶、棕叶，反复踩实压紧）→锁"牛笼嘴"→滚压五轮→收紧篾篓→反复运用踩、滚、压、捶、绞等动作收紧篾篓→加箍绞紧至规定尺寸→外形整饰→冷却定型→松箍、杀篾、锁口、标记→日晒夜露晾置干燥→千两茶成品。

二、湘尖茶（天尖、贡尖、生尖）加工

湘尖茶是安化黑茶成品中的篓装黑茶类型。根据原料老嫩分为天尖、贡尖、生尖三个花色（等级），因历史原因又称湘尖1号、湘尖2号和湘尖3号。其中天尖茶以特级、一级黑毛茶为原料，贡尖以二级黑毛茶为原料，生尖以三级黑毛茶为原料加工而成。

湘尖茶加工相对简单，天尖、贡尖、生尖加工程序近似，只是所用原料等级有所区别。传统湘尖茶的加工工艺为：黑毛茶原料经过筛分整理后拼堆，高温汽蒸软化后，装篓适度压实定型，自然晾置干燥。为使茶坯迅速蒸软，传统大篓湘尖茶通常要分4次称投料、分次汽蒸（俗称"四吊、三压"），如天尖每吊称12.5 kg，称好的茶坯置于高压蒸汽上汽蒸20～30 s，即装入特制篾篓中，第一、二吊装好后，施压一次，三、四吊茶每装一次，施压一次，共压三次。压好后捆紧篾条，并用"梅花针"在篾包上部的四角和中间部位打入5个深约35 cm的孔洞，俗称打"梅花孔"，并在每个孔中插上多根丝茅草，以利水分导出发散。将篾篓茶包放至通风干燥处晾置，干燥达到水分要求后即成成品。其工艺流程为：原料→筛分整理→拼堆→计量→汽蒸→压制定型→晾置干燥→包装→入库。检验水分含量在14.0%以内，即可出厂。目前，安化黑茶加工企业多将传统的40～50 kg大篓装改为1～2 kg小篓装，因此称茶和施压次数也相应减少至1～2次。

为使原料得到充分利用，湘尖茶半成品采用阶梯式拼配方式。上一级别的头子茶通过汽蒸软化后，通常还要复揉、上七星灶转色，以使色泽调匀，以便

拼入下一级别的茶中，所以，传统的湘尖茶通常都会有松烟香。

三、茯砖茶加工

茯砖茶因其砖身内培养一种被称为"冠突散囊菌"的黄色菌落，具有特殊的保健功效和独特的品质特征，并作为"边销茶"家族的特殊成员而闻名于世。茯砖茶也由此被誉为"中国古丝绸之路的神秘之茶"。

传统茯砖茶采用手工垂直筑制，现代茯砖茶则采用机械平面压制。按照原料品级差异，又分为超级茯砖、特制茯砖、普通茯砖三个等级。茯砖茶加工的工艺过程可分为毛茶筛分拼配、压(筑)制成形、发花、干燥四个阶段。

(一)毛茶筛分、整理与拼配

超级茯砖的原料为特级、一级黑毛茶，外形规格多样。特制茯砖原料为二、三级黑毛茶，普通茯砖原料为四级及以下级别的黑毛茶。为保证产品质量的稳定性，对付制的黑毛茶需进行拼配使用，对不同季节、不同产地、不同品质的黑毛茶合理调配使用，以保证品质的稳定性。原料经过筛分、切碎、风选、拣剔去杂等精制过程获得各筛孔茶后，根据品质要求确定拼配方案，选取不同筛孔茶(半成品净茶)拼和匀堆。手筑茯砖茶通常采用原身茶拼配，机制茯砖茶则采用切口料(4孔紧门)拼配，现时许多机制高档茯砖茶也采用原身茶直接压制。

(二)加工工艺

1.机制茯砖茶加工

茯砖茶压制工艺分汽蒸、渥堆、称茶、蒸茶、紧压、定型、验收包砖、发花、干燥等工序。

(1)汽蒸

汽蒸是使茶坯吸收高温蒸汽，增加湿度，提高温度，为下一步渥堆创造湿热作用的先决条件，同时通过高温可以除去毛茶因久储滋生的有害杂菌以及杂味。汽蒸需在蒸茶机内完成。蒸茶机有立式静态蒸茶桶和卧式螺旋推进动态蒸茶机两种，立式静态蒸茶桶是一个立式方形木桶，分内外两层。内层钻有透气孔，在蒸茶机1/3的部位内装有蒸汽管，通入温度为98～102 ℃的蒸汽。蒸茶时必须将拼配后充分匀堆后的半成品茶坯用布袋装好放入蒸茶桶内，茶坯在机内的实际受蒸时间约为 5 min。待茶坯蒸透后，提出布包，将茶坯倒出堆积渥堆发酵。卧式螺旋推进动态蒸茶机是一个由输茶斗、双层蒸茶筒、螺旋推进器构成的卧式动态蒸茶机构。茶坯投入输茶斗，由螺旋推进器带动导入盛满蒸汽的蒸茶筒内汽蒸，蒸汽压力为 0.4~0.7 MPa，蒸汽温度为 150~170℃；茶坯从进到出的总时间为 8~10 s 即可蒸透。出茶口的茶坯直接掉落在发酵池中自然堆积，因有落差亦可散失部分茶坯异味，使茶叶香气更加纯正。

（2）渥堆

渥堆是为了借助湿热作用，使茶坯在黑毛茶初制的基础上，进一步进行各种复杂的物理化学变化，同时为有益微生物的繁殖创造适宜环境，即为后续的发花工序创造条件。茶坯在经汽蒸加热后，将茶坯堆积，堆高一般为 2~3 m，叶温 70~80℃，堆积时间 3~4 h，嫩度较高的茶坯 2 h。渥堆适度时，茶坯青气消失，叶色黄褐或黑褐，滋味醇和，粗涩味消退，或有明显的菌花香；如渥堆时间太短，茶坯的色、香、味均达不到要求；如果渥堆时间过长或堆温太高，则导致渥堆过度，致使茶坯叶色暗褐或炭化，香味淡浊，并会影响后期的"发花"。因此当堆积时间长或堆温过高时，必须进行开堆散热，逐层挖散茶坯，抖散团块散热，使茶坯温度降至室温后，把茶坯堆积高度降低到 1.5 m 以下，同时在翻堆时还应注意充分翻匀茶坯，将外层的茶坯翻到里层，以使渥堆均匀一致。

（3）称茶和蒸压

具体工序包括称茶、加茶汁、搅拌、蒸茶、装匣、扒茶、紧压、冷却定型、退砖、修砖、验收包装等。

称茶：称茶之前应先检验茶坯含水量，计算出每块砖的称茶重量。在确定每块砖称茶重量后，可开始称茶。称茶可以人工司称计量，也可机械司称计量。计量后的茶坯，随即倒入茶斗。

每块砖的称茶重量按下式计算：

$$称茶投料重量 = \frac{成品单位标准重量 \times 成品标准干物率}{投料茶坯干物率 \times (1 - 加工损耗率)}$$

上式中成品单位标准重量为 2 kg，成品标准干物率为 88%（即计量水分为12%），此两项为固定参数。而投料茶坯干物率指汽蒸渥堆后的干湿情况，因此，每批投料茶坯都必须进行严格检测以后才能知晓。加工损耗率可因季节工人操作熟练程度不同、机械设备和路途损耗不同而变化，该项指标也必须通过摸索测定,并根据生产经验来确定,通常约为1%。

加茶汁和搅拌:在茶坯中加入适量的茶汁。加茶汁是为了增加茶坯的含水量和营养物质,便于发花过程中砖片维持一定的湿度,也有利于紧压成形。茶汁由茶梗、茶果壳熬制而成,每块砖加茶汁的数量由茶坯含水量和进烘水分决定,而进烘水分也随季节变化而有所不同,一般春、夏季稍低,秋、冬季稍高。水分过少则不易"发花",水分过高则滋生霉菌,都会影响品质,所以必须严格掌握茶汁量。加茶汁必须控制均匀喷洒,加入茶汁的同时应进行搅拌,搅拌时间控制在 10 ~ 12 s,各工序的作业时间须与装匣紧压相适应。

蒸茶:拌茶机内的茶坯根据指令落入蒸茶机进行汽蒸,使茶坯受热变软且具有黏性。蒸茶时间一般需 5 ~ 6 s。

装匣扒茶紧压:打开蒸茶机使汽蒸后的茶坯落在散热输送带上打散、散热,再入木戽内装匣,入匣的茶坯温度在80℃以下。落入套箱后(匣内先放好了衬板)迅速用手把茶扒匀。扒茶时,先轧紧四角,再将茶坯扒平,保证中间低松、边角满紧,以使成品茶边角紧实,棱角分明。随后盖上铝板,推到预压机下进行预压,预压后再推到第二片装匣位置,装茶后同样用手扒茶,再盖上木质衬板,然后推到压力机下施压成砖。扣上夹板,挂好螺丝,推入晾置车间冷却定型。

冷却定型和退砖:施压后的砖匣在晾置架上冷却定型,历时 80 min 左右,使砖温由80℃左右降到50℃左右,然后进入退砖机,将砖片从砖匣中退出。

验收包砖:砖片退出后,应迅速卸掉衬板,并将砖片平直轻巧地放在输送带上。经检验合格的砖片送包装车间,用印有商标的包装纸逐片包封。要求包装纸紧贴砖面,封口严实,边线与砖身对正。包好的砖片堆码整齐,待送烘房发花干燥。如发现砖片有过厚过薄、轻重不合格、四角不分明、龟裂或起层脱面等现象,均需退料复制。

(4)发花干燥

"发花"是加工茯砖茶的一道特殊工艺。发花就是通过控制一定的温湿度条件,使砖体内形成冠突散囊菌优势菌(俗称"金花")的过程。具体操作程序如下:

进烘:将封包好的湿砖运进烘房,采取由上而下、由内到外的次序,有规则地把砖片排列在烘架上,砖片之间的间距为 2 cm 左右,不宜过密,切忌相互贴合。

调温排湿：砖片进入烘房后，根据技术要求分为两个阶段，即进烘后的前12 d 为发花期，之后 5 ~ 7 d 为干燥期。发花阶段的温度应保持在 28℃ 左右，相对湿度保持在 70% ~ 85%，以利于冠突散囊菌的生长。烘房的温湿度必须随时严格检查，通常每隔 8 h 检查一次，适时增减火温和开关调节排湿窗。砖片进烘后的头几天，烘房空气的相对湿度往往超过 85%，甚至达 90% 以上，应勤排湿，开放门窗，促使空气对流，以防止霉变现象的发生。

检查发花、及时干燥：第一次检查发花情况在进烘后 8 d 前后，观察"金花"的色泽、颗粒的大小等，以了解发花条件是否适宜，发花是否正常，以便采取适当的补救措施；第二次在进烘后的 12 d 检查发花是否已普遍茂盛，以便决定是否转入干燥阶段。干燥时间约需 7 d，逐天提高烘温 2 ~ 3℃，最高温度为45℃，直至达到出烘水分标准。

（5）出烘和包装

砖茶干度达到出厂检验标准时（水分含量不超过 13%），即可停止升温，并打开烘房的门窗降温，至砖茶冷却后出烘。规定项目检查合格后的砖片要立即进行包装。要求包装方正美观，捆扎的塑料带或铁皮要捆成"井"字形，以确保牢固结实。

2. 手筑茯砖茶加工

手筑茯砖茶具有发花茂盛，颗粒粗大，金花色泽金黄鲜艳，松紧适度，便于取用等特点和优势，深受消费者喜爱。

传统的手筑茯砖茶，采用二级原料的原身茶，经边炒边加茶汁软化后，人工筑制封包，发花干燥而成。因炒制过程锅温较难掌控，水分较难均匀，品质很难稳定，而被淘汰。目前已改为汽蒸软化。

手筑茯砖茶的筑制工艺非常考究，由一人将汽蒸软化后的茶叶分次倒入特制的可开闭的茯茶模具中，另一人在边倒料的同时边筑紧茶体，两人密切配合，协调合作。筑茶时，要两侧多筑，中心部位少筑，往复筑实，以使茶体中松边紧，茶坯筑制完毕后，要用长方体木块捶击夯实茶体上部，再行封口，并用麻绳扎紧砖体，以防弹散。手筑茯砖茶的"发花"现均改为烘房人工控制"发花"，操作方法与机制茯砖茶大体类同。

四、黑(花)砖茶加工

黑(花)砖茶按照品质特征，分为特制黑(花)砖、普通黑(花)砖两个等级。其中特制黑砖为采用黑毛茶二、三级茶原料压制而成的不同规格的产品，普通黑砖为采用黑毛茶三、四级茶原料压制而成的不同规格的产品。花砖茶采用的黑毛茶原料等级较黑砖茶稍高，特制花砖为采用黑毛茶二级茶原料为主压制而成的不同规格的产品，普通花砖为采用黑毛茶三级茶原料为主压制而成的不同规格产品。黑(花)砖茶加工的主要工序包括原料筛分、整理和拼配、汽蒸压制、干燥包装等。付制的黑毛茶需经筛分、切茶、风选、拣剔、拼堆等程序，整饰外形、调整品质、去除泥沙杂质等。汽蒸压制工序包括称茶、汽蒸、压制、冷却、退砖、修砖、检验茶砖厚薄和重量等操作，压制方法与茯砖基本相同。但因黑(花)砖不需要发花，无"加茶汁"工序。黑(花)砖的干燥也在烘房中进行，烘房温度要控制先低后高，均衡升温，同时注意排湿口烘房初始温度30℃，1~3 d内按每8 h加温1℃，4~6 d内按每8 h加温2℃，此后按每8 h加温3℃(又称"三八式"升温)，控制烘房内最高温度不超过65℃。在烘时间约8 d，待特制黑(花)砖烘干至含水量12%、普通黑(花)砖含水量13%时，出烘包装。黑(花)砖加工基本工艺流程为：原料→渥堆→干燥→筛分整理→拼堆→计量→汽蒸→压制定型→干燥→包装→入库。

第六章　黄茶加工

　　黄茶是我国特有的茶类，最初由绿茶演变而来。黄茶是一种轻度发酵的茶，制造历史悠久，早在南北朝时期便已是贡茶，由《太平寰宇记》《湖南方物志》等历代典籍中可以发现，黄茶自唐朝以来便一直都有生产。黄茶有别于其他茶类的关键在于其加工过程中"闷黄"这一特殊工序，使之形成"黄叶黄汤"（干茶色泽黄、汤色黄明、叶底黄润）的品质特点。我国黄茶根据鲜叶嫩度、芽叶大小和加工工艺不同分为芽型黄茶（黄芽茶）、芽叶型黄茶（黄小茶）、多叶型黄茶（黄大茶）和紧压黄茶四种。君山银针、蒙顶黄芽等属于黄芽茶。黄小茶较著名的品种有湖南宁乡的沩山毛尖、湖南岳阳的北港毛尖、浙江温州的平阳黄汤茶、湖北远安的远安鹿苑茶和安徽的皖西黄小茶等。黄大茶主要品种有霍山黄大茶、广东大叶青和海马宫茶。黄茶以内销为主。湖南加工生产的君山银针，闻名于世；沩山毛尖和北港毛尖，外形和内质均独具一格。近年来，湖南加快黄茶产业发展，打造"岳阳黄茶"区域品牌，产业发展较快。

第一节　黄茶品质特征

　　不同的黄茶产品，由于采用的鲜叶原料、加工工艺过程及参数控制的不同，又具有不同的品质特点。君山银针外形芽头壮实挺直，色泽浅黄光亮，满披银毫，称之"金镶玉"；内质香气清纯，滋味甜爽；汤色鹅黄明亮，叶底嫩黄匀亮。在玻璃杯中冲泡君山银针时，可见芽头在杯中直挺竖立，壮似群笋出土，又如尖刀直立，时而悬浮于水面，时而徐徐下沉杯底，忽升忽降，能三起三落。蒙顶黄芽外形微扁挺直，嫩黄油润，全芽披毫；内质甜香浓郁，汤色黄亮，味甘而醇，叶底全芽黄亮。沩山毛尖茶属于芽叶型黄茶，传统沩山毛尖的品质特点是叶边微卷略呈片状，叶色金黄透亮，松烟香悦鼻，滋味甜醇爽口，汤色橙黄明亮，叶底嫩匀明亮。

根据 GB/T 21726—2018 的规定，黄茶的感官品质特征及要求见表 6-1。

表 6-1　黄茶感官品质要求

级别	外形				内质			
	条索	整碎	净度	色泽	香气	滋味	汤色	叶底
芽型	针形或雀舌形	匀齐	净	嫩黄	清鲜	鲜醇回甘	杏黄明亮	肥嫩黄亮
芽叶型	条形或扁形或兰花形	较匀齐	净	黄青	清高	醇厚回甘	黄明亮	柔嫩黄亮
多叶型	卷略松	尚匀	有茎梗	黄褐	纯正、有锅巴香	醇和	深黄明亮	尚软黄尚亮有茎梗
紧压型	规整	紧实	—	褐黄	—	醇和	深黄	尚匀

第二节　黄茶加工技术特点

黄茶加工过程中形成典型品质特征的关键是闷黄工序。在闷黄过程中，将杀青叶趁热堆积，使在制品在湿热作用下发生热化学变化，最终使叶子均匀变黄。其本质是在高温、高含水量下，在制品的叶绿素降解，多酚类物质进行非酶促氧化，产生黄色物质，使干茶、汤色和叶底表现出黄或黄褐的品质特征以及甘醇的滋味品质。

黄茶虽然由绿茶制法演化而来，但其加工技术有其特殊性，与绿茶有很大区别。黄茶加工分杀青、揉捻、闷黄、干燥等基本工序，而揉捻非黄茶加工的必需工序，如君山银针和蒙顶黄芽等无须揉捻，北港毛尖则只有在后期锅内热揉，无独立的揉捻工序。黄茶要求绿色消失，黄色显现，呈现"黄叶黄汤"的品质特征。因此，整个加工过程中，都以促进黄变为目标进行。

一、杀青

黄茶杀青的原理和目的与绿茶基本相同，但黄茶品质要求黄叶黄汤，因此杀青的温度和技术要求有其特殊之处。黄茶杀青要求在保证杀匀杀透、完全钝化酶活性的基础上，尽可能促进在制品黄变，因此，在同等嫩度原料条件下，温度应比绿茶低，投叶量应稍多些，操作上多闷少抛，使杀青叶在高温条件下的作用时间更长，促进叶绿素、多酚类等的转化，使叶绿素变黄。

黄茶杀青，过去多采用锅杀，现在一般采取滚筒杀青机或蒸汽杀青机等杀青，杀青时间因杀青机型号而异，一般滚筒杀青机为 1.5～2 min。

二、揉捻

揉捻是加工芽叶型黄茶的一道工序，可塑造外形，提高茶的滋味度。加工绿茶，嫩叶要求冷揉；而加工黄茶，宜趁热揉捻，茶叶在湿热条件下易揉捻成条，且揉捻过程及揉捻后叶温较高，有利于闷黄。

芽型黄茶一般加工成银针，不需揉捻，如加工成卷曲形茶，也需揉捻，方法同芽叶型黄茶加工，只是揉捻压力和时间较芽叶型黄茶揉捻轻、时间短。

三、闷黄

闷黄是黄茶加工中促进在制品黄变的工序，也是黄茶品质形成的关键工序。影响黄变加工品质的因素主要有在制品的含水量、温度。含水量越高，叶温越高，则湿热条件下的黄变进程也越快。闷黄时间长短与黄变要求、在制品含水量、温度等密切相关，不同的黄茶对品质要求不同，对水分、温度的控制也不一样。

黄茶闷黄工序依据闷黄先后次序不同，分为湿坯闷黄和干坯闷黄两种方式。湿坯闷黄是在杀青或揉捻后进行的闷黄，干坯闷黄一般是在初干后进行的堆闷变黄。湿坯闷黄由于茶坯含水量高，变化较快，闷堆时间短；如时间过长，则会使汤色、叶底黄暗。干坯闷黄因茶坯含水量较低，变化较慢，闷堆时间相应较长，如时间过短，黄变不足，汤色叶底青黄，滋味欠醇和。黄芽茶的闷黄过程多采取初包、复包和堆积三段方式，初包温度高，复包和堆积温度降低。

四、干燥

黄茶干燥一般分两次进行。手工烘干采用烘笼，机械烘干采取烘干机，针形茶也可采用理条机炒干。毛火温度控制较低，以便水分缓慢蒸发，使在制品在此温度和较高含水量的状态下作用时间更长，促进叶绿素、多酚类等组分的转化，进一步促进黄变。足火应采取较高温度烘炒，以便茶叶在热作用下，酯型儿茶素受热分解，糖转化为焦糖香，低沸点的青叶醇大部分挥发，残余部分发生异构化，转化为清香物质，同时高沸点的芳香物质显露，构成黄茶浓郁的香气和浓醇的滋味。

第三节　芽型黄茶加工

芽型黄茶(亦称黄芽茶)主要是以茶树单芽鲜叶原料加工的黄茶。湖南芽型黄茶有两类，一是以君山银针为代表的针形黄茶，二是卷曲形的单芽黄茶，以前者居多。芽型黄茶的手工制作，一般按君山银针的传统加工方法加工。

君山银针产自湖南岳阳君山。君山系洞庭湖中的一小岛，面积 0.97 km²，由 72 个小岗丘组成，雅称"七十二青螺"，茶园罗布其间。君山岛四面环水，冬春多雾，夏秋多云，全年日照时间短，年均气温 16.8℃，平均相对湿度为84%，年均降雨量为 1273.8 mm。岛上砂质土壤，土层深厚肥沃，竹林茂盛，云雾弥漫，岛上生态环境优越。君山自唐朝末年开始种茶，茶叶天然品质优良，南北朝梁武帝时，君山茶是贡品。

一、鲜叶要求

鲜叶一般在清明前 7～10 d 开始采摘，清明后 10 d 结束，采芽头，要求芽头肥壮重实，芽长 25～30 mm，宽 3～4 mm，芽柄长 2～3 mm。不采雨水芽、露水芽、细瘦芽、空心芽、紫色芽、风伤芽、虫伤芽、开口芽、弯曲芽等。茶芽采回后，还须剔除不合格的芽叶。

二、加工技术

君山银针加工工艺流程分为摊青、杀青、摊凉、初烘与摊凉、初包、复烘与摊凉、复包和干燥,历时 72 h 左右。

(一)摊青

将采回的芽头薄摊于竹匾中,置于阴凉处摊放 4~6 h,中途不翻动,待水分减少 5% 左右即可杀青。

(二)杀青

在斜锅中杀青,锅径 60 cm。先将锅壁磨光擦净,保持锅壁光滑,锅温 120℃ 左右,每锅投叶量 0.5 kg 左右,叶子下锅后用手轻快翻炒,切忌重力摩擦,以免芽头弯曲、脱毫、色泽深暗。经 4~5 min,锅温降至 80℃,炒至茶芽萎软、青气消失、减重 30% 左右,即可出锅。

(三)摊凉

将杀青出锅后的芽头置于篾盘中,轻轻簸扬数次以散发热气、清除碎片,然后摊放 2~3 min 即可。

(四)初烘与摊凉

摊凉后的茶芽,按每锅杀青量均匀地薄摊在烘笼中,采用炭火进行初烘。温度控制在 50~60 ℃。每隔 5~6 min 翻一次,历时 25 min 左右,烘至 5~6 成干即可下烘,下烘后摊凉 2~3 min。

(五)初包

用双层牛皮纸将摊放后的茶坯包裹,每包 1.0~1.5 kg,然后置于无异味的木制或铁制箱内,放置 40~48 h,使茶坯闷黄,约 24 h 翻包一次。待芽色呈现橙黄时为适度。初包时间的长短与气温密切相关,当气温在 20℃ 左右,约需 40 h;气温低,则应适当延长初包闷黄时间。

(六)复烘与摊凉

仍用篾烘盘,复烘时每竹盘摊叶量比初烘多 1 倍,温度掌握在 45℃ 左右,烘至七八成干,下烘,摊凉。

(七)复包

复包方法与初包相同,作用是弥补初包时黄变程度的不足,历时需 24 h 左右。待茶芽色泽金黄均匀、香气浓郁即为适度。

(八)干燥

足火温度为 50 ~ 55℃,每烘盘约 0.5 kg,焙至足干为止,含水量不超过 5%。

君山银针以茶芽壮实、挺直、黄亮者为上;瘦弱、弯曲、暗黄者次之。盛放干茶的茶盘必须垫纸,以免损坏茸毛和折断芽头。分级后的茶叶用牛皮纸分别包成小包,置于垫有熟石膏的枫木箱中,密封贮藏。

第四节 芽叶型黄茶加工

芽叶型黄茶(亦称黄小茶)是指以茶树一芽一叶或一芽二叶初展鲜叶为原料加工的黄茶。湖南芽叶型黄茶代表有沩山毛尖和北港毛尖。

一、沩山毛尖

沩山毛尖是我国历史名茶之一,产于湖南宁乡沩山一带,远在唐代就已著名于世。大沩山属雪峰山余脉,海拔 300 m 以上。沩山峰峦突起,山峻峰奇,林木繁茂,郁郁葱葱,境内溪河交错,常年云雾缭绕,罕见天日,故有"千山万山朝沩山,人到沩山不见山"之说。沩山年平均气温 15℃ 左右,年降雨量 1800 ~ 1900 mm,相对湿度 80% 以上,全年日照 2400 h。茶园土壤为黑色砂质壤土,土层深厚,腐殖质丰富。良好的自然环境和土壤条件使茶树能长年获得云雾滋润,茶树根深叶茂,生长旺盛,芽叶肥厚,持嫩性强,为沩山毛尖的生产提供了良好的物质基础。沩山毛尖茶的品质特点是叶边微卷略呈片状,叶色金黄透亮,松烟香悦鼻,滋味甜醇爽口,汤色橙黄明亮,叶底嫩匀明亮。

(一)鲜叶要求

采制时间一般在清明前 5 ~ 7 d,采一芽一叶或一芽二叶初展。采摘时必须做到不采紫色叶、虫伤叶和鱼叶,并做到当天采当天制,以保证芽叶的新鲜度。

（二）加工技术

沩山毛尖初制工艺融黄茶闷黄和黑茶烟熏为一体，可谓独树一帜，别具一格。传统沩山毛尖茶的初制工艺流程为杀青、闷黄、揉捻、烘焙、拣剔、熏烟等工序。

1. 杀青

杀青有蒸青和锅炒杀青两种。蒸青一般采用普通蒸笼，铺上纱布，摊叶1 cm厚，约500 g，视原料老嫩，蒸青90 s左右，蒸至叶色谷黄为度。蒸青时必须严格掌握好程度，杀青不足则叶片红变，过度则叶片易烂。锅炒杀青采用平锅，锅温150℃，每次投叶2 kg左右。炒时要抖得高、扬得开，使水分迅速散发，后期锅温适当降低，炒至叶色暗绿，叶片黏手时即可出锅。

2. 闷黄

杀青出锅的芽叶要趁热堆放。蒸青后的叶片，因含水量太高，须稍烘焙一下，焙温70~80℃，烘5 min，以去除叶片的表面水分为度；将4~5锅杀青叶堆放在篾盘中，厚10~12 cm，盖上湿纱布，保温保湿，时间约1 h。锅炒杀青则要闷黄5~6 h，中间翻堆一次，使黄变均匀一致为止，然后摊开散热。

3. 揉捻

沩山毛尖视情况采用轻揉捻或不揉捻，原料较嫩时可不揉捻，如果需要揉捻也应掌握短时、慢速、轻压的原则，切勿猛揉重压，揉出茶汁，造成茶叶色泽变黑。要求叶缘微卷，保持芽叶匀整即可。

4. 烘焙

沩山毛尖的烘焙在特制的烘灶上进行，用松木和枫木作燃料，火温不能太高，以70~80℃为宜。每次可烘茶三层，厚约7 cm。待第一层烘至七成干时，再加第二层，当其烘至七成干时，再加第三层，直至烘干为止。在烘焙过程中不需翻烘，以免茶条卷曲不直。如果气温偏低，闷黄不足，可在烘焙至七成干时提前下烘，再堆闷2 h，促使黄变。

5. 拣剔

下烘后的茶叶要剔除单片、梗子等杂物，使品质匀齐一致。

6. 熏烟

沩山毛尖的熏烟是其特有的工艺，这种风味的茶叶在长沙地区有悠久的历史和较大的消费群体。其具体做法为：先在干茶上均匀地喷洒清水或茶汁，茶与水的比例为10∶1.5，使茶叶回潮湿润，然后再上焙熏烟。用新鲜的枫球或黄藤，暗火慢熏，以提高烟味的浓度，使茶叶能充分吸附烟中的芳香物质。熏烟时间16~20 h，至茶叶足干即为成品沩山毛尖。足干后，经摊凉密封贮藏。

二、北港毛尖

北港毛尖产于湖南岳阳北港一带，唐代称"邕湖茶"，至今已有一千多年的历史。唐代裴汶《茶述》中列出十种贡茶，邕湖茶就是其中之一。1987年在湖南全省名优茶评比中被评为全省名茶。北港毛尖条索紧结重实带卷曲，色泽金黄、显毫；内质汤色杏黄明亮，香气清高，滋味醇厚。

（一）鲜叶要求

一般在清明前后5~6 d开采，采摘一芽二、三叶的鲜叶，要求抢晴天采，不采虫伤叶，不采紫色叶，不采鱼叶，不带蒂把，当日采摘当日制。

（二）加工技术

北港毛尖传统加工工艺分锅炒、锅揉、拍汗、复炒复揉和干燥等工序。

1. 杀青

杀青俗称锅炒。北港毛尖的杀青颇别致，与一般绿茶和黄茶杀青极不一样。北港毛尖采用高温投叶，中温长炒老杀的方法。杀青要求锅温200 ℃以上，投叶2 kg，抖炒2 min后即降温至100 ℃左右，再炒12~13 min，茶坯达三四成干时，锅温已逐步降至40℃左右，即转入锅揉。在较长时间的锅炒中，由于茶叶含水量较高，叶绿素破坏相当严重的，为黄茶要求的特有品质奠定了基础。

2. 锅揉

杀青后并不出锅，在锅温40 ℃左右，茶叶含水量为55%左右时转入锅揉，即在锅中边揉边炒。间以解块操作。待茶叶成条索状时，即出锅拍汗。

3. 拍汗

所谓拍汗，即将茶坯盛簸簸内，堆积拍紧，上覆棉套，以保温保湿。闷渥30~40 min，使茶叶回润变黄。

4. 复炒复揉

经过拍汗后，将茶坯再投入锅中复炒。锅温60~70 ℃，边炒边揉，至茶条紧卷，白毫显露，约八成干时出锅摊凉。

5. 烘干

摊凉后用炭火烘干。茶叶烘干后必须摊凉，再装箱内严封，使之后熟。经过后熟，芽叶色泽金黄泽润，便成了质优形美的北港毛尖。

第五节　多叶型黄茶加工

多叶型黄茶一般以一芽二叶及以上及同等嫩度的对夹叶加工而成，皖西黄大茶、广东大青茶等属于这类黄茶，亦称黄大茶。

一、鲜叶要求

鲜叶采摘标准为一芽二、三叶及以上嫩度的鲜叶原料，不超过一芽五叶。采回的鲜叶应及时摊放在洁净的场所，以防红变。

二、加工技术

多叶型黄茶(黄大茶)传统加工工艺分炒茶(杀青和揉捻)、初烘、堆积、烘焙(拉毛火和拉老火)四道工序。

(一)炒茶

炒茶由生锅、二青锅、熟锅三锅相连操作。采用普通铁锅，砌成三锅相连的炒茶灶，锅呈25°~30°倾斜。炒茶把用竹丝扎成，长1 m左右，炒茶把前端直径约10 cm。炒茶方法可概括为三句话："第一锅满锅旋，第二锅带把劲，第三锅钻把子。"

1. 生锅

生锅起杀青作用，锅温180~200℃，投叶量0.25~0.5 kg，叶量多少随锅温和操作技术水平而定。炒时两手持炒茶把与锅壁成一定的角度，在锅中旋转炒拌，叶片跟着旋转翻动，均匀受热失水。要求转得快、用力匀，不断翻转抖扬，及时散发水汽。炒3 min左右，待叶质柔软，即可扫入第二锅内。

2. 二青锅

二青锅起继续杀青和初步揉条的作用，锅温比生锅稍低。炒茶用力应比生锅大，即所谓"带把劲"。转圈也要大，以起到揉捻作用，使叶片顺着炒茶把转，不能赶着叶片转，否则叶片满锅飞，起不到揉捻作用。而后再加上炒揉，用力逐渐加大，做紧条形。当叶片皱缩成条，茶汁附着叶面，有黏手感，即可扫入熟锅。

3. 熟锅

熟锅进一步做细茶条的作用，锅温比二青锅低，为 130~150℃。此时叶片比较柔软，用炒茶把旋炒几下，叶片即被裹到竹丝把间，谓之"钻把子"，经旋转搓揉，有利于做条，稍加抖动，叶片则又散落到锅里。这样反复操作，使叶片吞吐于竹丝把内外，把杀青失水和搓揉成条巧妙地结合起来。这与炒青绿茶先杀青后揉捻的加工技术显然不同，因为它既可以利用湿热条件下叶片较柔软、可塑性好的条件，促进粗老叶成条，又可以克服冷揉时断梗、碎片、露筋等弊病。炒至条索紧细、发出茶香、达三四成干时出锅。

(二)初烘

初烘用竹制烘笼烘焙，温度 120℃ 左右，投叶量以摊放厚度 2 cm 左右为度，采取高温、勤翻、快烘方式，翻烘要均匀。烘至七八成干，有刺手感、茶梗能折断，即为适度，下烘堆积。

(三)堆积

堆积是多叶型黄茶黄变的主要过程。将初烘叶趁热装篓，稍加压紧，高约1 m，置于高温干燥的烘房内。如生产量大，可用圈席围起来进行闷黄，茶坯上面覆盖棉布，保持温湿度，以便闷黄。堆积时间长短与鲜叶老嫩、茶坯含水量有关，一芽四、五叶原料一般 5~7 d。待叶色变黄，香气透露，即为适度。

(四)烘焙

烘焙是利用高温进一步促进色、香、味的变化，以形成黄大茶特有的品质特征，包括拉毛火和拉老火两个程序。

1. 拉毛火

用竹制烘笼烘焙，烘顶温度 120℃ 左右，投叶厚度 3 cm 左右，翻烘要轻勤，茶坯烘至九成干左右，即可下烘。

2. 拉老火

采用栎炭明火高温烘焙，温度 130~150℃，每只烘篮投叶量以摊放厚度

10 cm左右为度。由两人抬烘篮，仅烘几秒钟就翻动一次。火功要高，时间要足、色、香、味才能达到充分发展，时间40～60 min。待烘到茶梗一折即断，梗心呈菊花状，口嚼酥脆，焦香显露，茶梗金黄，叶色黄褐起霜即为适度。下烘后趁热踩篓包装。

第六节　紧压黄茶加工

紧压黄茶加工以紧压黄茶砖为例，工艺流程为：黄毛茶→拼配匀堆→称重→汽蒸→紧压→冷却、定型→退砖→修砖→烘干→包装、贮存。如采用的原料（半成品）老嫩等不一致，在紧压前应先精制，即对黄毛茶进行筛分、切轧、风选、拣剔等作业，成为待拼配的精制黄茶。具体制作工艺如下：

一、原料精选拼配

根据紧压茶产品质量要求选用加工好的黄毛茶，通过精制（筛分、切轧、风选、拣剔等）去除片末，剔除劣杂，然后进行打堆拼配，保证所有的紧压产品等级的一致性。

二、称茶

根据不同产品规格准确称取原料重量。重量按下式计算：
$$W_1 = W_2 \times (1 - MC_2)/(1 - MC_1) + W_3$$
式中：W_1为称取的原料重量；W_2为产品重量；W_3为加工过程中损耗重量；MC_1为原料含水量；MC_2为产品含水量。

三、蒸茶

茶叶经过称重后倒入蒸桶放到蒸汽孔上过蒸汽。蒸茶的目的是使茶坯变软，便于压制成形。操作时要防止蒸得过久或蒸汽不透面，时间过久，造成干燥困难；蒸汽不透面会造成脱面掉边的现象。在蒸汽冒出茶面，茶叶条索变软时即可压制造型。蒸茶的蒸汽温度宜保持在100～120℃，蒸茶时间芽茶原料黄茶紧压茶 15～20 s，一芽一叶至一芽二叶初展原料黄茶紧压茶 10～15 s，一芽二、三叶及同等嫩度对夹叶原料黄茶紧压茶 20～35 s。

四、压制

压制定型操作可采取机械压制或手工压制，根据生产加工要求加工成圆饼形、方砖形等不同形状。饼茶在压制前须手抓紧茶袋揉紧，揉成球形状，然后放入模具中心，再进行施压；方形、砖形茶蒸软后在压模中抹平压制。施压过程中，一定要控制好压力，压力过大会将茶叶压得过紧，不利于消费者冲泡；压力过轻，茶叶压不紧，导致不能成形及成品茶边缘、表面容易脱落。压制完成后需放置一定时间定型，定型时间紧压芽茶 40～60 s，紧压一芽一叶 30～60 s，紧压一芽二、三叶 60～140 s。

五、冷却定型

将压制成的茶饼或茶砖，放到摊凉架上进行冷却定型，冷却时间要保证2 h以上，使紧压茶充分收汗，然后进入烘房烘干。

六、烘干

温度的控制：烘干温度由低到高，每天按 1～2℃升高，但最高温度不超过75℃。湿度的控制：烘房前期湿度较大，可采用抽湿机进行抽湿或者开窗通风，降低湿度，保持湿度在 45% 左右。烘干时间一般 7～11 d。烘至茶叶含水量小于 9% 即可停止烘干。出烘时要轻拿轻放，整齐地摆放在摊凉架上面冷却，及时包装贮存。

加工金花黄茶，进烘房后 12～15 d 为发花期，其后为干燥期。发花期温度控制在 28℃，相对湿度为 75%～85%；干燥期的温度逐步上升至 45℃，相对湿度逐渐降低。

加工功能性黄茶，在拼配工序中加入需要加入的原料，然后拌和均匀，按以上工艺压制。

第七章　白茶加工

　　白茶是我国六大茶类之一，产于福建省，也是近年来湖南省重点支持的五大茶类之一。白茶属轻微发酵茶类，其基本加工工艺为晾晒、干燥。白茶因其干茶外表满披白色茸毛，色白隐绿，汤色浅绿，味甘醇，第一泡茶汤清淡如水，故称白茶。白毛茶主要依据茶树品种和原料采摘标准不同进行区分，其中依原料嫩度不同分白毫银针、白牡丹、贡眉和寿眉四种产品。

第一节　品质特征

　　不同级别、类型的白茶，其品质不同。

　　白毫银针以茶树单芽加工而成，外形肥壮，茶芽满披白毫，色泽银亮；内质香气清鲜，毫味鲜浓，滋味鲜爽回甘，汤色晶亮，呈浅杏黄色。

　　白牡丹一般以一芽一叶和一芽二叶初展新梢制成，绿叶夹银白毫心，叶背垂卷，形似花朵，故名白牡丹。白牡丹因鲜叶采自不同的茶树品种，成茶有大白、小白、水仙白之分，品质各异。大白叶张肥嫩，毫心壮实，茸毛洁白，叶尖上翘，叶面波状隆起，色泽黛绿，毫香高长，汤色橙黄清澈，香味清鲜甜醇。小白叶张细嫩，舒展平状，毫心细秀，色泽灰绿；毫香鲜纯，汤色杏黄清明，滋味醇和爽口。水仙白叶张肥厚，毫芽长壮，茸毛犷密；色泽灰绿微带黄绿，毫香浓显，汤色黄亮明净，香味清芳甜醇。

　　贡眉形似白牡丹，但形体偏瘦小，品质次于白牡丹。优质贡眉毫心显而多，叶色翠绿，汤色橙黄或深黄，叶底匀整、柔软、鲜亮，叶张主脉迎光透视呈红色,味醇爽,香鲜纯。

寿眉品质次于贡眉,成茶不带毫芽,色泽灰绿带黄,香气低带青气,滋味清淡,汤色呈杏绿色,叶底黄绿粗杂。

不同产区的白茶,品质略有差异;同一产区,不同季节采制的白茶品质也有差异。根据 GB/T 22291—2017 规定,其中白毫银针、白牡丹两种白茶品质特征与要求分别见表 7 - 1 和表 7 - 2。

表 7 - 1　白毫银针的感官品质要求

级别	外形				内质			
	条索	整碎	净度	色泽	香气	滋味	汤色	叶底
特级	芽针肥壮茸毛厚	匀齐	洁净	银灰白富有光泽	清纯毫香显露	清鲜醇爽毫味足	浅杏黄清澈明亮	肥壮软嫩明亮
一级	芽针秀长茸毛略薄	较匀齐	洁净	银灰白	清纯毫香显	鲜醇爽毫味显	杏黄清澈明亮	嫩匀明亮

表 7 - 2　白牡丹的感官品质要求

级别	外形				内质			
	条索	整碎	净度	色泽	香气	滋味	汤色	叶底
特级	毫心多肥壮叶背多茸毛	匀整	洁净	灰绿润	鲜嫩纯爽毫香显	清鲜醇爽毫味足	黄、清澈	芽心多、叶张肥嫩明亮
一级	毫心尚显叶张尚嫩	尚匀整	较洁净	灰绿尚润	尚鲜嫩纯爽有毫香	较清甜醇爽	尚黄清澈	芽心较多叶张嫩尚明
二级	毫心尚显叶张尚嫩	尚匀	含少量黄绿片	尚灰绿	浓纯略有毫香	尚清甜醇厚	橙黄	有芽心叶张尚嫩稍有红张
三级	叶缘略卷有平展叶、破张叶	欠匀	稍夹黄片	灰绿稍暗	尚浓纯	尚厚	尚橙黄	叶张尚软有破张红张稍多

第二节　白毫银针加工

白毫银针约始创于清嘉庆初年（1796年）福鼎县，至今已有200多年的历史。其初加工工艺流程：鲜叶→萎凋→烘焙→毛茶。

一、鲜叶原料

清明节前采摘适制茶树品种肥壮芽头。采摘要求"十不采"，即雨天不采，露水未干不采，细瘦芽不采，紫色芽头不采，人为损伤芽不采，虫伤芽不采，开心芽不采，空心芽不采，病态芽不采，霜冻伤芽不采。

二、加工技术

（一）传统制法

1.萎凋

（1）目的

萎凋是白茶加工的关键工序，其目的是通过长时间的萎凋，以蒸发鲜叶水分，提高细胞膜透性和酶活性，促进叶内含物发生缓慢的水解和氧化作用，挥发青臭气，发展茶香，形成白茶自然的外形和内质特征。

（2）方法

鲜叶及时均匀薄摊于萎凋帘或水筛上，不可重叠。萎凋过程不可翻动以避免伤叶红变。晴朗天气，在烈日下曝晒一天，达八九成干后用文火烘焙。如湿度大，一般晒一天只能达到六七成干，第二天再继续曝晒达八九成干后，同样用文火烘焙；若当天不能晒至六七成干，或者第二天遇到阴雨天，则当晚或第二天即用文火烘焙；如遇阴雨天、大风或大雾天，则采用室内自然萎凋至减重30%左右时，即用文火烘焙，以防芽头色泽转暗变黑。

（3）程度

芽叶毫色银白，叶色转为灰绿或深绿，叶缘自然干缩或垂卷，芽尖、嫩梗呈"翘尾"状。采用全萎凋法则萎凋至手捏茶叶成末，含水量达8%～9%即为适度；半萎凋法则萎凋至九成干即可烘焙；遇阴雨天气，叶色转翠绿或黛绿，达六七成干即应及时烘焙。

2. 烘焙

（1）目的

干燥是提高白茶香气和滋味的重要工序。通过高温烘焙，破坏酶活性，终止酶促氧化，固定烘焙前形成的色、香、味品质；去除水分，紧缩茶条；促使内含物发生热化学转化，发展白茶香气，提升白茶品质。

（2）方法

白茶烘焙有烘干机烘焙和焙笼烘焙两种方法。芽茶白茶极为珍贵，传统多采用焙笼烘焙。烘焙前，先在焙笼内铺一层白纸，以防温度过高而灼伤芽头，而后将萎凋达一定干度的芽头摊放于焙笼的白纸上，每笼装叶量约为 0.25 kg。八九成干的萎凋芽头，一般焙温 45℃ 左右，烘焙 30 min 左右即达足干；六七成干的芽头烘温可稍高，为 45～50℃，烘焙至足干；遇不良气候，可将芽头经室内自然萎凋至减重约 30%，火温 30～40℃，文火烘至足干。

（3）程度

烘焙适度指标：手捏茶叶成粉末，茎梗一折即断，含水量在 6% 以下。

（二）现代加工方法

1. 萎凋

现代白茶加工萎凋方式主要有室内自然萎凋、复式萎凋和加温萎凋三种，萎凋过程不可翻动。

（1）室内自然萎凋

要求室内通风良好，无日光直射，并要防止雨雾侵入，场所清洁卫生，配置萎凋帘、水筛、萎凋架等。自然萎凋白茶质量最佳，但萎凋时间较长，占用厂房面积大、设备多，并受自然气候条件影响制约，不适应于大规模生产，应用范围有一定限制。

萎凋温度：采用自然萎凋工艺的春茶，萎凋温度 15～25℃，夏秋茶温度 25～35℃。加温萎凋室内温度 25～35℃。

萎凋时间：正常气候的自然萎凋总历时 40～60 h，不宜超过 72 h；热风加温萎凋 16～24 h。

萎凋程度：萎凋适度时的萎凋叶含水量为 18%～26%。萎凋芽叶毫色银白,叶色转变为灰绿或深绿;叶缘自然干缩或垂卷,芽尖、嫩梗呈"翘尾"状。

（2）复式萎凋

春秋季的晴天可采用复式萎凋,即将室内自然萎凋与日光萎凋相结合,日光萎凋应在阳光微弱时轻晒。晒青时间视室外温湿度而定,均晒至叶片微热时移入室内,待萎凋叶温下降后再行晒青,重复 3～5 次,日照总时长为 1～2 h。一般室外温度 25℃左右,相对湿度约 65%,晒青 25～35 min;室外温度 30℃左右,相对湿度低于 60%,晒青 15～20 min。一般嫩梢肥壮,含水量高,多采用此法,以加速水分蒸发和提高茶汤醇度。

（3）加温萎凋

阴雨天气宜采用萎凋槽或增温排湿设备进行萎凋,多为热风萎凋,可缩短白茶制造生产周期,提高生产效率,解决白茶阴雨天萎凋困难问题。具体做法是将鲜叶均匀摊放在萎凋槽的盛叶框内,摊叶厚 3～5 cm,以芽层不被风吹成空洞为度。风温约 35℃,全程历时 20～36 h,中间翻抖数次,翻抖动作宜轻。鼓热风和停吹交替进行,一般鼓热风 1 h 停吹 10～20 min,下叶前 20 min 宜停止加温,改为鼓冷风以降低叶温。

2. 拣剔

白茶应拣去蜡叶、黄叶、红张叶、粗老叶及非茶类夹杂物。

3. 烘焙

烘焙有烘干机烘焙和焙笼烘焙两种方法。芽茶白茶由于生产量少,仍多采取焙笼烘焙。烘焙 2～3 次,温度 80～90℃,历时 10～20 min。

第三节 白牡丹加工

白牡丹主要以一芽一叶和一芽二叶初展鲜叶制成,其初加工工序与白毫银针基本一致:鲜叶→萎凋→烘焙→毛茶。

一、鲜叶原料

高级白牡丹鲜叶为一芽一叶、一芽二叶初展,普通白牡丹鲜叶以一芽二叶为主,部分一芽三叶和幼嫩对夹叶。要求按标准适时分批采摘,雨天不采、露水未干不采、紫色芽头不采、虫伤芽不采、开心芽不采、病态芽不采和霜冻伤芽不采等。原料要求白毫显、芽叶肥壮。

二、萎凋

1. 室内自然萎凋

鲜叶进厂即摊放于萎凋帘或水筛上，动作要轻巧，以免叶张碰磨受损。摊叶厚度依鲜叶嫩度、肥壮度及含水量而定，嫩度高、肥壮、含水量高的鲜叶薄摊，反之厚摊。萎凋结束，收筛动作宜轻，以免芽叶断碎。一般萎凋帘摊叶厚 2 ~ 3 cm，水筛每筛摊叶 0.4 ~ 0.5 kg。春季萎凋温度 18 ~ 25℃、相对湿度 67% ~ 80%，夏秋季温度 25 ~ 35℃、相对湿度 60% ~ 75%，萎凋时间 48 ~ 60 h。

为避免萎凋叶长时间静置引起贴筛，影响叶形和萎凋均匀度，当萎凋至七八成干时，须进行拼筛处理，一般小白茶八成干时两筛并一筛，大白茶拼筛分两次进行，七成干时两筛并一筛，八成干时再两筛并一筛，并摊成凹状。中低级白茶采用堆放，萎凋叶含水量 30% 左右时堆厚约 10 cm，含水量 25% 左右时堆厚约 25 cm，含水量不宜低于 20%，否则不能转色。拼筛后继续萎凋 12 ~ 14 h，萎凋叶达九成干时即可下筛拣剔。

拣剔按白牡丹级别进行，动作宜轻，以防芽叶断碎。高级白牡丹要求拣去蜡片、黄片、红张、粗老叶和杂物；一级白牡丹拣去蜡片、红张、梗片和杂物；二级白牡丹拣去红张和杂物；三级白牡丹拣去梗片和杂物；低级白牡丹拣去非茶类夹杂物。拣剔后，采用全萎凋的白牡丹继续萎凋至足干。

2. 复式萎凋

春秋季的晴天，室内自然萎凋应结合微弱日光萎凋进行，晒青时间视室外温湿度而定，均晒至叶片微热时移入室内，待萎凋叶温下降后再行晒青，重复 2 ~ 4 次，日照总时长为 1 ~ 2 h。一般室外温度 25℃ 左右，相对湿度约 65%，晒青 25 ~ 35 min；室外温度 30℃ 左右，相对湿度低于 60%，晒青 15 ~ 20 min。大白和水仙白嫩梢肥壮，含水量高，多采用此法，以加速水分蒸发和提高茶汤醇度。摊青、拼筛方法同室内萎凋。

3. 加温萎凋

阴雨天气，将鲜叶均匀摊放在萎凋槽的盛叶框内，摊叶厚 15 ~ 25 cm，以叶层不被风吹成空洞为度。风温约 30℃，全程历时 20 ~ 36 h，中间翻抖数次，翻抖动作宜轻。鼓热风和停吹交替进行，一般鼓热风 1 h 停吹 15 min 左右，下叶前 20 min 宜停止加温，改为鼓冷风以降低叶温。

由于萎凋时间偏短，内含物化学变化尚未完成，需要堆积处理。做法是：萎凋叶达八成干时，及时堆积 3～5 h，堆厚 20～30 cm。若鲜叶含水量过低，则要增加堆积高度，或装入布袋中，或装入竹筐中。堆中温度控制在 22～25℃，避免温度过高引起萎凋叶红变。待到萎凋叶嫩梗和叶主脉变为深红棕色，叶色转为暗绿或灰绿，青臭气散失，茶叶清香显露时，应及时烘焙，否则易引起叶张红变。萎凋过度，鲜叶则呈暗褐色，俗称"铁板色"；萎凋不足，即行烘干，成茶叶色燥绿，易转黄绿，香味青涩，品质低次，粗老的叶张更为明显。

三、烘焙

1. 烘干机烘焙

有一次烘焙和二次烘焙两种方法，摊叶厚度均约为 4 cm。九成干的萎凋叶采用一次烘焙法，掌握风温 70～80℃，历时约 20 min，烘至足干。七八成干的萎凋叶分两次烘焙，初焙温度 90～100℃，历时 10 min 左右；初焙后摊凉 0.5～1 h，使水分重新分布均匀。复焙温度 80～90℃，历时 20 min，烘至足干。

2. 焙笼烘焙

方法与烘干机烘焙基本相同，不同之处是烘焙过程结合数次翻抖，翻抖动作要求轻，谨防叶片断碎，茸毛脱落。九成干萎凋叶采用一次烘焙法，烘焙前期每笼摊叶量约 0.5 kg，后期每笼约 1 kg，温度 70～80℃，历时 15～20 min，烘至足干。七八成干的萎凋叶分两次烘焙，初焙用明火，温度约 100℃，每笼摊叶量 0.75 kg 左右，历时约 10 min。初焙后摊凉 0.5～1 h 后复焙，复焙用暗火，温度约 90℃，每笼摊叶量 1 kg 左右，历时约 20 min，烘至足干。

第四节　新工艺白茶加工

随着科技的进步和市场的推动，白茶加工工艺和产品不断推陈出新。如在原有工艺基础之上，增加轻揉捻工序，创制出新工艺白茶；在传统加工工艺中，应用压模工艺开发出白茶饼；借鉴乌龙茶的摇青工艺研发出花香白茶；调配入虫草花，创新而得虫草白茶等。

新工艺白茶外形呈半卷条形，色泽暗绿略带褐色，清香味浓，汤色橙红，叶底色泽青灰带黄，筋脉带红，滋味浓醇清甘。其基本加工工艺为鲜叶→萎凋（→堆积）→轻揉→烘焙→毛茶→拣剔→复焙→包装，与传统白茶工艺相比，其工艺特点为轻萎凋、轻发酵、轻揉捻及高火烘焙。

一、鲜叶

鲜叶嫩度要求不高，采摘标准为一芽一叶至三叶。

二、萎凋

萎凋有室内自然萎凋和加温萎凋两种，方法与传统白茶相同，以室内自然萎凋的成茶品质较佳。鲜叶薄摊于萎凋帘上，适宜温湿度条件下（温度20～25℃，相对空气湿度约70%），一般自然萎凋需24～48 h，室内加温萎凋12～18 h，萎凋槽加温萎凋8～10 h。实际生产中萎凋时间视鲜叶嫩度、气候、季节而定。春茶嫩度好，叶张肥厚，鲜叶含水量高，萎凋时间相对较长；夏秋茶嫩度差，叶张瘦薄，含水量低，萎凋历时相应缩短。闷热潮湿的南风天，萎凋时间长；低温干爽的北风天，萎凋时间则短。

加温萎凋在叶态特征上与自然萎凋一致，但因萎凋时间短，内含物转化不充分，同时还会出现梗叶水分不平衡的现象。表现为叶片因失水快而干脆，茎梗因走水不及而硬胀。为此，常于加温萎凋后，辅以堆积处理以弥补这一缺陷。堆积的方法是将萎凋叶蓬松堆积，不能挤压、踩踏，堆积场所要求空气流通，堆积厚度及历时视萎凋程度及天气情况有所变化，一般低温干燥天气，堆叶厚度20～30 cm，历时3～4 h；高温高湿的南风天，堆叶厚15～20 cm，时间2～3 h。萎凋程度重，含水量低的叶子，堆积历时相对长些；萎凋程度轻的，堆积历时可适当缩短。

萎凋适度时，萎凋叶色泽由翠绿转灰绿，茸毛发白，叶缘微卷，手握叶子有刺触感，青臭气消失，清香显露，一般失水率为26%～30%，叶质柔软而有弹性，揉时不易断碎，成形好。

正常气候条件下采用自然萎凋，萎凋程度易掌握，且成本低，品质好；低温阴雨天采用室内加温萎凋；气温低、多雨高湿的情况下，生产周转不畅，也可采用萎凋槽加温萎。为实现萎凋均匀，萎凋过程需人工翻动，往往造成萎凋叶机械损伤，引起红变，制成的新白茶有发酵感，品质差，所以只在生产高峰期或连续雨天才采用。

三、揉捻

揉捻是新白茶区别于传统白茶的加工工艺，其作用是改善因鲜叶偏老而造成的外形粗松、滋味淡薄问题，以形成新白茶的条索状外形及增强滋味的浓度。新工艺揉捻与其他茶类的揉捻有所不同，轻压、短揉是新白茶揉捻的特点。方法是将萎凋叶蓬松装入揉捻机，加压程度及揉捻时间长短与茶青的嫩度及季节有关。一般是春茶嫩度好，轻压短揉 3~5 min，中等嫩度的茶青轻压揉 5~10 min，稍老的茶青加压揉 10~15 min；低档的夏秋茶则加压揉 15~20 min，即掌握"嫩叶轻压短揉，老叶稍重压长揉"，以外形稍呈条索状为适度。

四、烘焙

采用烘干机烘焙。烘焙温度一般控制 100~120℃，烘焙过程以温度适中偏高、一次焙干为宜，以手捏茶叶成粉末，梗折即断为度。

毛茶经筛分、风选、拣剔后进行复焙，一般温度为 120~130℃，以消除因原料成熟度偏高带来的粗薄感，从而突出火功香，所以高火烘焙也是新工艺白茶的工艺特色之一。复焙结束应及时拼堆与包装。

第五节　紧压白茶加工

紧压白茶是指以适制白茶的茶树品种鲜叶加工的白茶(白毫银针、白牡丹、贡眉、寿眉)为原料，经整理、拼配、称量、蒸压定型、干燥等工序制成的紧压茶。紧压白茶根据原料要求的不同，分紧压白毫银针、紧压白牡丹、紧压贡眉和紧压寿眉四大类产品。

一、品质特点

根据 GB/T 31751—2015 的规定，紧压白茶的品质特征及要求如下：

紧压白毫银针：外形端正匀称、松紧适度，表面平整、无脱层、不洒面，色泽灰白，显毫；香气清纯、毫香显；滋味浓醇、毫味显；汤色杏黄明亮；叶底肥厚软嫩。

紧压白牡丹：外形端正匀称、松紧适度，表面较平整、无脱层、不洒面，色泽灰绿或灰黄，带毫；香气清纯、有毫香；滋味醇厚、有毫味；汤色橙黄明亮；叶底软嫩。

紧压贡眉：外形端正匀称、松紧适度，表面较平整，色泽灰黄夹红；香气浓纯；滋味浓厚；汤色深黄或微红；叶底软尚嫩，带红张。

紧压寿眉：外形端正匀称、松紧适度，表面较平整，色泽灰褐；香气浓，稍粗；滋味厚，稍粗；汤色深黄或泛红；叶底略粗，有破张，带泛红叶。

二、原料要求

采用的白毛茶，其污染物限量应符合 GB/T 2762—2017 的规定，农药最大残留限量应符合 GB/T 2763—2016 的要求，水分含量一般在 6% 左右；依据加工的紧压白茶产品要求选用相应的原料并存放于干燥、无异味、洁净的地方，以防茶叶受潮、变质。

三、工艺技术

工艺流程：原料整理→拼堆→称量→蒸压→定型→干燥→包装→仓贮。

(一)原料整理

1. 定级

紧压白茶原料拼配成堆的好坏，是决定成品品质的关键。拼堆前，将茶坯分别根据紧压白茶加工标准样对加工生产原料进行评审，根据 GB/T 22291—2017 的规定确定原料级别。

2. 归堆

在定级的基础上，把原料分成等级堆、品种堆，便于拼配选料。

（二）拼堆

根据产品品质要求，选择各等级原料拼配匀堆，拼和要求均匀，以保证同一拼堆的原料品质一致，并符合产品的品质要求。

（三）称量

根据不同产品规格准确称取原料重量。重量按下式计算：

$$W_1 = W_2 \times (1 - MC_2) / (1 - MC_1) + W_3$$

式中：W_1 为称取的原料重量；W_2 为产品重量；W_3 为加工过程中损耗重量；MC_1 为原料含水量；MC_2 为产品含水量。

（四）蒸压、定型

茶叶经过称重后倒入蒸桶放到蒸汽孔上过蒸汽。蒸茶的目的是使茶坯变软，便于压制成形。操作时要防止蒸得过久或蒸汽不透面，时间过久，造成干燥困难；蒸汽不透面会造成脱面掉边的现象。在蒸汽冒出茶面，茶叶条索变软时即可压制造型。蒸茶的蒸汽温度宜保持在 100 ~ 120℃，蒸茶时间紧压芽茶15 ~ 20 s，一芽一叶至一芽二叶初展原料紧压白茶 10 ~ 15 s，一芽二、三叶及同等嫩度对夹叶原料紧压白茶 20 ~ 35 s。

压茶定型的操作可机械压制或手工压制，根据生产加工要求加工成圆饼形、方砖形等不同形状。做形技术的好坏，决定了成品茶外形的基础。饼茶在压制前须将揉茶袋套在蒸茶筒上并将筒内蒸好的茶倒入袋内，茶叶要倒得平整，做形后放在压茶机上压制。方形、砖形茶蒸软后在压模中抹平压制。在此环节，必须控制好压力的大小，压力过大，成品茶过紧，不仅破坏了茶条优美的形状，更丧失了成品的透气性，不利于后期的干燥；压力过轻，则成品茶边缘、表面容易脱落。压制压力一般 30 ~ 50 kN。压制完成后需放置一定时间定型，定型时间紧压芽茶 40 ~ 60 s，紧压一芽一叶白茶 30 ~ 60 s，紧压一芽二、三叶白茶 80 ~ 140 s。

（五）干燥

压制好的方茶和砖茶放置在木托上摊凉散热，冷却后进入烘房干燥；饼茶置木托上待冷却后脱袋取出茶饼，移入烘房干燥。紧压白茶干燥方法一般采取室内加热干燥方式。

室内加热干燥在专用烘房进行。干燥时温度掌握好先高后低的原则，控制干燥温度在 40 ~ 60℃，在干燥过程中要注意排湿，如果烘房内的湿度过高，则应 2 ~ 3 h 打开气窗排湿一次。烘 24 ~ 40 h，待茶叶含水量低于 8% 时，即可出烘房摊凉冷却后进行包装。

（六）包装

茶叶包装前必须做水分检验，保证成品茶含水量在出厂水分标准以内。包装一般采用传统包装材料，如内包装用棉纸，外包装用纸袋、纸盒等。各包装材料要求清洁、无异味，外形包装的大小应与茶身密切贴合，应牢固，以保证成茶不因搬运而松散、脱面。包装材料等应符合国家相关标准要求。

（七）仓贮

紧压白茶包装成件后，必须贮藏于清洁、通风、阴凉、避光、干燥、无异味的仓库内。仓贮期间要注意成茶的温湿度变化，保持室内清洁、干燥。

第八章 茉莉花茶加工

花茶是将茶叶和香花拼和窨制而成的带有鲜花香气的茶叶。花茶既保持了纯正的茶香，又具有鲜花的芬芳或馥郁香气，使花茶具有独特的品质特征。花茶加工历史悠久，种类繁多，一般以所用香花命名。主要有茉莉花茶、珠兰花茶、白兰花茶、桂花茶、柚子花茶和玫瑰花茶等。这些花茶又因所用茶类等不同有各种不同的产品，如茉莉银毫、玫瑰红茶、桂花龙井等。各种花茶的香味各具特点。其中茉莉花茶香气馥郁芬芳，滋味醇厚，深受广大消费者喜爱，是最具代表性的一类花茶。湖南是我国茉莉花茶主产地之一，猴王茉莉花茶曾享誉全国。

第一节 品质特征

花茶品质虽因所用香花和茶类不同而各有特点，但基本要求一致。高级花茶均要求香气鲜浓、持久、纯正，滋味浓醇鲜爽，汤色淡黄、清澈明亮，叶底嫩匀、明亮。GB/T 22292—2017 规定各类别茉莉花茶感官品质特征与要求分别见表8-1、表8-2和表8-3。

表 8 – 1　特种烘青茉莉花茶感官品质

类别	外形				内质			
	条索	整碎	净度	色泽	香气	滋味	汤色	叶底
造型茶	针形、兰花形或其他特殊造型	匀整	洁净	黄褐润	鲜灵浓郁持久	鲜浓醇厚	嫩黄清澈明亮	嫩黄绿明亮
大白毫	肥壮紧直重实满披白毫	匀整	洁净	黄褐银润	鲜灵浓郁持久幽长	鲜爽醇厚甘滑	浅黄或杏黄鲜艳明亮	肥嫩多芽嫩黄绿匀亮
毛尖	毫芽细秀紧结平伏白毫显露	匀整	洁净	黄褐油润	鲜灵浓郁持久清幽	鲜爽甘醇	浅黄或杏黄清澈明亮	细嫩显芽嫩黄绿匀亮
毛峰	紧结肥壮锋毫显露	匀整	洁净	黄褐润	鲜灵浓郁高长	鲜爽浓醇	浅黄或杏黄清澈明亮	肥嫩显芽嫩绿匀亮
银毫	紧结肥壮平伏毫芽显露	匀整	洁净	黄褐油润	鲜灵浓郁	鲜爽醇厚	浅黄或黄清澈明亮	肥嫩黄绿匀亮
春毫	紧结细嫩平伏毫芽较显	匀整	洁净	黄褐润	鲜灵浓纯	鲜爽浓纯	黄明亮	嫩匀黄绿匀亮
香毫	紧结显毫	匀整	净	黄润	鲜灵纯正	鲜浓醇	黄明亮	嫩匀黄绿明亮

表 8 – 2　烘青茉莉花茶特级至三级感官品质

类别	外形				内质			
	条索	整碎	净度	色泽	香气	滋味	汤色	叶底
特级	细紧或肥壮有锋苗有毫	匀整	净	绿黄润	鲜浓持久	浓醇爽	黄亮	嫩软匀齐黄绿明亮
一级	紧结有锋苗	匀整	尚净	绿黄尚润	鲜浓	浓醇	黄明	嫩匀黄绿明亮
二级	尚紧结	尚匀整	稍有嫩茎	绿黄	尚鲜浓	尚浓醇	黄尚亮	嫩尚匀黄绿亮
三级	尚紧	尚匀整	有嫩茎	尚绿黄	尚浓	醇和	黄尚明	尚嫩匀黄绿

表 8 - 3　炒青(含半烘炒)茉莉花茶特种及特级至三级感官品质

类别	外形				内质			
	条索	整碎	净度	色泽	香气	滋味	汤色	叶底
特种	扁平、卷曲或其他特殊造型	匀整	净	黄绿或黄褐润	鲜灵浓郁持久	鲜浓醇爽	浅黄或黄明亮	细嫩或肥嫩匀黄绿明亮
特级	紧结显锋苗	匀整	洁净	绿黄润	鲜浓纯	浓醇	黄亮	嫩匀黄绿明亮
一级	紧结	匀整	净	绿黄尚润	浓尚鲜	浓尚醇	黄明	尚嫩匀黄绿尚亮
二级	紧实	匀整	稍有嫩茎	绿黄	浓	尚浓醇	黄尚亮	尚匀黄绿
三级	尚紧实	尚匀整	有筋梗	尚绿黄	尚浓	尚浓	黄尚明	欠匀黄绿

第二节　窖制原料要求

一、茶坯

茶坯是指可供窖制花茶的原料,有绿茶和红茶等,其中以烘青绿茶为主,其次是炒青和其他名优茶等。红茶一般适合窖制玫瑰花茶等。

用于窖制的茶坯必须经过加工,并要求分级整理后,各花色等级的品质风格,外形的条索、净度和叶底的嫩度、净度,都应符合加工标准样的要求。一级、二级茶也应要求外形条索紧结,有锋苗,净度好。

二、香花

(一)茉莉花

茉莉花花瓣色白,香味清高芬芳。窖制茉莉花茶用茉莉花,要求花身干燥,香气清高,含苞待放,纯洁一致,无掺杂。

茉莉花分正花、次花和废花三种。正花花身干爽，花朵成熟，饱满朵大，色泽洁白光润，花蒂短，无梗叶杂物，为晴天、温度较高、当天下午采摘，当晚可开放的花蕾；次花花朵成熟度较差，大小不匀，色泽带青黄，欠鲜润，含少量青蕾或开放花或雨湿花；废花质量则较次花更差。一般废花不能用于窨制茉莉花茶，次花不宜用于窨制高级花茶。正花品质最好。

(二)白兰花

白兰花，也称玉兰。花白色，香气高浓，故窨花用量较少，用于窨制或打底的白兰花，正花要求朵大成熟饱满，花瓣肥厚，色泽乳白鲜润，香气鲜浓，花蒂短，无萼片枝叶等夹杂物，为当天早晨采摘的花；次花为花朵未充分成熟，朵小色青黄，香气欠浓烈，以及雨湿花、全开花、质量较差的花。

第三节 传统窨制工艺

茉莉花茶窨制工艺有传统窨制工艺和增湿连窨新工艺两种，两种工艺有着各自的工艺流程和窨制原理。传统加工工艺窨制茉莉花茶，其加工技术理论认为花茶窨制过程中茶坯的吸香作用是物理吸附作用，茶坯含水量高时其对香气的吸附能力下降。所以，传统窨制工艺的关键是尽可能减少茶坯的含水量，对起窨茶坯和窨后茶坯的含水量进行严格的控制。

一、工艺流程

茉莉花茶的传统窨制工艺较为复杂，包括茶坯处理、鲜花处理、茶花拌和、静置窨花、通花散热、收堆续窨、起花、复火干燥等，此一过程为一个窨次。中高档茉莉花茶为提高香气品质，茶坯在完成一个窨次后，还需再进行一次或多次窨制，即多窨次窨制。一般高档茉莉花茶须进行 4~7 次窨制，中档茶 2~3 次窨制；低档茶窨制 1 次，或一半用鲜花窨制，一半用已窨制过的茉莉花渣进行压花，然后拼配混合。最后提花，匀堆，装箱。

二、工艺技术

(一)茶坯处理

茶坯处理工序有复火干燥和摊凉,目的是实现对起窨茶坯的水分和温度控制。

1. 复火

烘干机进口风温一般为 120~130℃,摊叶厚 2 cm,时间 10 min 左右;复火后茶坯含水量控制在 3.5%~5.0%。高档茶坯窨次多,茶坯含水量要求较低,一般应控制在 3.5%~4.0%;中档茶坯窨次较少,茶坯含水量可在 4.0%~4.5%;窨一次的低档茶坯,含水量控制在 4.5%~5% 为宜。

复火温度对成品茶质量有直接影响。复火温度过高,可能产生较强的烘炒香,甚至焦糊味。如果茶坯烘炒香过强,窨制过程中花香难于掩盖,则可能透素,即成品茶能够感觉到强烈的茶香,而非纯粹的茉莉花香,应严格控制烘干温度。

2. 摊凉

摊凉程度对成品茶质量也有直接影响。复火后的茶坯温度可高达 80~90℃,必须进行摊凉散热,降低坯温。传统工艺要求茶坯的温度高于室温 1~3℃ 时起窨。因此,摊凉后的茶坯温度降到比室温高 1~3℃ 且较稳定时便可付窨。如果不能及时付窨,可以先装袋,即茶坯温度降到比室温高 2~4℃ 时及时装袋,袋口敞开,控制茶坯温度达到付窨要求。

摊凉一般在专门的摊凉设备上快速冷却,也可以自然冷却。

(二)鲜花处理

窨制茉莉花茶的鲜花主要是茉莉花,采用少量的白兰花打底。

茉莉花一般是午后采收的花蕾,但茉莉花香气的释放是在花蕾开放后才开始,因此,需要经过适当的处理使其达到成熟、开放,以释放香气化合物。茉莉花处理包括摊花、堆花、筛花等,应尽可能促进其匀齐适时开放,保护鲜花品质,并去除青蕾及杂质。

1. 摊花和堆花

摊花的作用是使鲜花降低温度,散发青气与表面水。进厂的鲜花在装运途中由于呼吸作用温度会上升并产生青臭气,进厂后应及时摊放在清洁、阴凉、通风的场所。摊放厚度一般为 5 ~ 8 cm。

堆花的目的是利用鲜花呼吸作用产生的热量使堆温升高，以增强鲜花内部酶的活性，促进鲜花过渡到生理成熟以利匀齐开放。当鲜花温度降至比室温高 2 ~ 3℃ 时应收堆，花堆高度一般为 40 ~ 60 cm，温度应控制在 38 ~ 42℃。第一次堆花，主要目的是促进鲜花早开，花温控制可适当高些，一般在 42 ~ 45℃，然后摊花散热，使花温下降至接近室温时，再行堆花。约经 30 min 的堆积，花温又逐渐上升至 38 ~ 42℃ 时，再次摊花散热。摊花、堆花反复进行 3 ~ 5 次，鲜花大都可以开放。

摊花与堆花主要是控制花的温度，如果温度不能及时降低或升高，可以采取相应措施。如摊花时，可以打开摊花车间门窗，也可使用排风扇加速室内空气流通；而在春花前期或秋花后期，环境温度较低，为了保持花温，可把门窗关闭，花堆适当增厚，并在花堆上覆盖布袋，使花堆内温度升高，促进鲜花开放。

在摊花、堆花操作过程中，要尽量避免花蕾机械损伤，以使鲜花正常开放。

2. 筛花

筛花的目的是对大小不匀、开放不齐的鲜花进行分级与除杂。当花蕾开放率达 70% 左右，开放度为 50% ~ 60%，即花蕾开放呈"虎爪状"时，便可筛花。筛花多用大型平圆机，配置筛孔直径分别为 12 mm、10 mm、8 mm、6 mm 的 4 面筛网，分出净花、青蕾及脱落的花萼与花柄。净花按大小分为 1 ~ 3 号，分别称为大号花、中号花和小号花。

当净花开放率达到约 90% 时即可付窨，此时鲜花的开放度一般为 85% 以上。茶花拌和前还要将净花薄摊一次，使花温不高于茶坯温度，才可收花付窨。

(三)白兰花打底

在茉莉花茶窨花拌和前或窨制过程中加入一定量的白兰花，称为"打底"，以提高茉莉花茶的香气浓度，改善香型。白兰花"打底"是茉莉花茶窨制过程中的特有工序。

打底的方法：①在窨制茉莉花前，先以少量的白兰花窨花，使茶坯吸附白兰香气，具有香气"底子"。②在茉莉花窨制过程中，与茉莉花一起加入少量的白兰花，与茉莉花一起窨制，茶坯在吸收茉莉花香的同时吸收白兰花的香气，也可以增强花茶的香气浓度。③加工"兰母"茶，即用待加工花茶的少量茶坯与较多的白兰花拼和窨制，制成白兰花香浓烈的茶坯("兰母")，在以后茉莉花茶窨制时按比例加入"兰母"，以提高茉莉花茶的香气浓度。但用这种方法加工的茉莉花茶对成品香型影响较大，加工出来的茉莉花茶品质比前两种打底方法要差。因此，这种方法常用于低档茉莉花茶窨制时的打底。

打底时白兰花的用量要适当，若白兰花用多了，则成品茶会透露出白兰花香，茉莉花茶的茉莉香气欠纯正，评茶术语上叫"透兰"，喜爱茉莉花茶的消费者通常无法接受这种香型；白兰花用少了，对茉莉花茶成品香气浓度无法提高，达不到打底的要求。

（四）茶花拌和

将待窨茶坯与经过处理的茉莉净花按规定的配花量拌和均匀，然后堆积成符合技术要求的窨堆，或置于窨箱中静置，称为茶花拌和。

1.配花量

配花量是指单位茶坯各窨次所用鲜花的量。根据 GB/T 22292—2017，茉莉花茶窨制过程中参考配花量见表 8－4。

表 8－4　茉莉花茶各级别参考配花量

单位：kg/100 kg（茶坯）

级别	窨次	茉莉花用量
特种茶类	六窨一提或以上	270 或以上
大白毫	六窨一提	270
毛尖	六窨一提	240
毛峰	六窨一提	220
银毫	六窨一提	200
春毫	五窨一提	150
香毫	四窨一提	130
特级	四窨一提	120
一级	三窨一提	100
二级	二窨一提	70
三级	一压一窨一提	50

由于不同产地和不同季节的鲜花质量、窨制技术及产品品质要求各不相

同，各级茉莉花茶总用花量及各窨次的配花量不同。一般高级茶坯配花量多，所用鲜花质量好；中低级茶坯配花量较少，鲜花质量稍次。高中级茶多窨次，头窨配花量较多，以后各窨次配花量逐次减少。茉莉鲜花的质量受季节和气候的影响很大，因此，配茶量也应随季节和鲜花质量高低进行适当调节。春花和秋花末期，气温低，鲜花质量较差，用花量应较伏花多 5% ~ 10% 。

2. 窨制方式及茶花拌和方法

（1）窨制方式

目前茉莉花茶窨制主要是采用堆窨，如果量少也可以采用箱窨。

堆窨：将 1/5 ~ 1/3 的待窨茶坯摊于洁净的板面上做底层，再一层茶一层花逐层铺好，相间 2 ~ 4 层，下花后用齿耙将茶堆自上而下逐渐扒开并翻抖，使茶花拌和均匀，做成长方形或圆形堆垛，最后用茶叶盖面，以防鲜花香气损失。窨堆厚度根据窨次和气温不同灵活掌握，一般以 25 ~ 35 cm 为宜。头窨或室温低时，窨堆宜高，反之则宜低。堆窨适用于中低档花茶窨制。

箱窨：少量高档花茶采用箱窨。箱窨是茶花拌和后，装入茶箱内静置窨花，高度以 20 ~ 25 cm 为宜，一般不超过 30 cm。

（2）茶花拌和方法

茶花拌和的方法目前主要还是手工操作，也有少数企业采用流动式茶花拌和机等机械操作。

（五）静置窨花

静置窨花是指茶花拌和后的静置过程。在静置窨花过程中，茶坯吸附茉莉花释放出的挥发性香气化合物。

除堆窨、箱窨外，还有采用窨花机实现静置窨花，主要有行车式窨花机、百叶板式窨花机、多功能立体式窨花机等作业机械，将茶花拌和均匀的混合物输送到窨花机中，静置窨花。

（六）通花散热

通花散热是指窨花过程中，当窨堆温度达到设定水平时，将窨堆扒开，通气散热，使窨堆温度降低。

静置窨花过程中，由于茉莉花的呼吸作用，不断释放二氧化碳和热量，因此窨堆温度逐渐上升，其上升的速度与幅度受配花量的多少、气温高低、窨前茶坯的温度、窨堆厚度、窨堆通气状况与在窨历时等多种因素的影响。堆温升高，在一定范围内有利于茉莉香气释放和茶坯对香气化合物的吸附。但若堆温过高，将损害鲜花生机，甚至使茉莉花萎蔫黄熟，产生异味，导致花茶品质劣变。同时，如果窨堆过厚或通气不良，导致堆中氧气不足，使鲜花正常的呼吸受阻，部分转为无氧呼吸而产生不良气味，影响花茶品质。因此当堆温达到一定水平时，需要进行通花散热。一般而言，茶花拌和后静置窨花 4～5 h，堆温会上升到 45～48℃，鲜花开始出现萎蔫，此时需要通花散热。通花温度，头窨宜稍高，但不得超过 50℃；二、三窨次一般控制在 42～46℃；收堆温度头窨 35～37℃，二、三窨次 31～35℃。一般茉莉花茶窨制的温度和通花时间控制可参考表 8－5。

表 8－5　茉莉花茶窨制的温度和通花时间

窨次	从静止窨花到通花时间/h	通花坯温/℃
头窨	5.0～5.5	48～50
二窨	4.5～5.0	44～46
三窨	4.0～4.5	42～44
四窨	4.0～4.5	40～42

通花散热方法是用齿耙把窨堆先纵向耙开呈条沟状，再横向耙开薄摊，厚约 10 cm，每隔 15 min 翻抖 1 次。通花散热要求通透、快散，使坯温迅速下降。当坯温降至 37℃（比室温高 2～3℃）时，即可收堆续窨。如是机械窨花，则采用机械通花，即达到通花温度时，使在窨品翻动、降温，反复 1～2 次后，再回到窨花层或窨花箱内进行续窨。

(七)收堆续窨

收堆续窨是指通花散热后，堆温下降到设定温度时，收堆后继续静置窨花。通花散热后，坯温降低，茉莉花生机有所恢复，还能继续释放香气化合物。为充分利用鲜花香气，通花散热后须收堆续窨。

通花散热后，当堆温降至高于室温 1～3℃时收堆，收堆续窨的窨堆高度一般比起窨窨堆高 5 cm 左右。收堆时坯温不能过低（不低于 30℃），也不能过高

（不高于38℃），否则花茶香气淡薄欠浓或香气浑浊、鲜灵度差。一般通花前后温差在10～14℃，花茶香气正常。

（八）起花

当窨花达到适度时，应将茶坯与花渣分离。通花后一般续窨5～6 h，茉莉花香已大部分挥发并被茶坯吸收。此时，鲜花花瓣呈萎蔫状态，色泽由洁白转为微黄，鲜香消失，鲜花已几乎丧失吐香能力，窨制即告完成，应及时起花，筛出花渣。否则，失去生机的鲜花与茶坯在一起，会使茶叶产生熟闷味。

起花要求及时、快速，茶坯与花渣分离干净。起花采用起花机实现茶与花的分离。起花常用摩尔式起花机或抖筛机，用2～4孔或孔径6～10 mm的圆孔筛。起花要求掌握"高窨次者先起，低窨次者后起；高档茶先起，低档茶后起；提花先起，顺序起花"的原则。

（九）复火干燥

窨花过程中，茶坯在吸附香气化合物的同时，也从花中吸收了大量的水分，茶坯含水量一般由4%～5%增加到12%～18%，应及时复火干燥，为转窨或者提花做准备。未能及时烘焙的湿坯，要薄摊散热，以防止湿坯温度高而产生水闷气，影响茶叶品质。

复火烘干机温度一般掌握在110～120℃。复火温度不能太高，以免产生明显的火功香，降低花香浓度。多窨次茶的复火，茶坯含水量应掌握比本次窨花的起窨含水量增加0.5%～1.0%，达到下个窨次或者提花要求的水分含量。

烘焙温度是根据茶坯等级、窨次、窨后湿坯含水量及烘后干度要求而定，一般干燥的温度是逐窨降低，每次降低5℃左右，具体可参考表8-6。提花前的茶坯含水量控制在6.5%～7.0%。

（十）转窨

多窨次花茶在完成一个窨次后，再按照前述程序重复循环多次窨制，窨次的转接称为"转窨"。

（十一）压花

压花是指利用提花或高窨次如第四窨等窨次起出的花渣，与低档茶坯拼和窨制，去除低档茶坯的粗老气味。压花的方法为将茶坯与茶渣按1:(0.6～0.7)的比例混合均匀后，堆成50～60 cm高的窨堆，环境温度低时，窨堆可堆到

70 cm，静置窨制4.5～5 h，窨制过程中如堆温上升到48℃以上，需要通花散热；堆温低于48℃则可不通花。压花过程中的通花要快，待热气散去、温度下降后马上收堆，收堆后的堆高控制在30～35 cm，大约1 h后开始起花。压花历时以5～6 h为宜，时间过长，易产生熟闷味，对品质不利。

表8-6　各级茉莉花茶窨制烘焙温度

单位：℃

级别	头窨	二窨	三窨	四窨
特级	115～120	110～115	100～105	90～95
一级	115～120	110～115	90～95	
二级	110～115	105～110		
三级	110～115			
四级	110～115			
五级	100～105			

(十二)提花

提花的目的是在花茶窨制的最后阶段，用少量的优质茉莉花再窨一次，以增强茉莉花茶的表面香气，提高花茶的鲜灵度。提花对鲜花质量要求更高，选用晴天午后采摘、粒大饱满、花色洁白、质量好的茉莉鲜花。用于提花的茉莉花，其开放率要求达到95%以上，其开放度要求略大些，要达到90%以上，充分成熟后进行提花。

提花拼和的操作与窨花拼和基本相同，只是配花量少，一般为7～8 kg/100 kg(茶坯)，中途不需通花散热。经过9～10 h的窨花，坯温上升到40～42℃、花色呈现黄色时，即可起花，匀堆装箱。为保持茉莉花茶香气的鲜灵度，起花后不需复火干燥。因此，必须控制好提花后茶叶的含水量。提花后花茶的含水量以高档花茶不超过8%、中低档花茶不超过8.5%为适度。

提花用花量需要根据提花前茶坯含水量而定，其计算公式(以提花前每100 kg产品计算)：

$$提花用花量(kg) = \frac{[提花后产品规定含水量(\%) - 提花前茶坯含水量(\%)] \times 100}{鲜花在提花过程中的减重率(\%)}$$

根据经验,茉莉花在提花过程中减重率约40%。

(十三) 匀堆装箱

经提花后的产品达到花茶产品质量要求,应及时进行匀堆装箱。

第四节　增湿连窨技术

传统花茶窨制技术特别强调对各窨次茶坯的起窨含水量的控制,起窨茶坯含水量控制在3.5%~5.0%。20世纪80年代后期,我国科研人员研究发现,在高水分活度下,茶坯对香气化合物的吸附能力强,其中以15%~20%的含水量吸附香气的能力最佳。经过理论研究和生产实践,提出了茉莉花茶增湿连窨加工新工艺,即在茉莉花茶窨制时,通过增湿处理使起窨茶坯含水量控制在10%左右,且第一次窨制后不需复火干燥,直接进入第二个窨次窨制。采用增湿连窨技术窨制的茉莉花茶,花茶香气品质好,具有能耗低、用花省、生产周期短、花工少、劳动强度低等优点。

一、工艺流程

增湿连窨工艺适用于三级及以上的中高档茶坯的窨制。连窨过程中,茶坯因在高含水量(高水分活度)下的时间较长,所受湿热作用比传统窨制工艺更强,茶汤色泽会变得更深。高档名优花茶需要保持较好的汤色,故一般不采用增湿连窨技术,即使是采用连窨技术,也应采取分段连窨的工艺,如"四窨一提"的名优茉莉花茶,可分2段连窨,中间烘焙1次;"六窨一提"可分3段连窨,中间烘焙2次,同样可取得较好的窨制效果。

茉莉花茶增湿连窨工艺流程见图8-1。

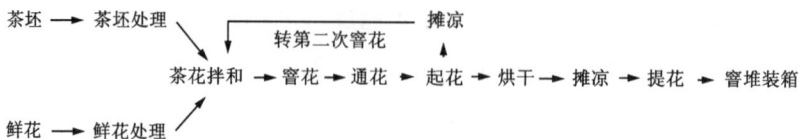

图8-1　茉莉花茶增湿连窨工艺流程

二、技术要点

(一)茶坯处理

增湿连窨工艺的茶坯处理主要是水分控制。起窨茶坯含水量一般控制在10%左右。如果茶坯的含水量在7%~10%,可以不经复火直接付窨;如果茶坯含水量低于7%,可以通过喷水或压花等措施给茶坯增湿,将起窨茶坯含水量调整到10%左右。

(二)配花量

如起窨茶坯含水量在15%~30%以内,窨制10 h后,茉莉花的含水量变化很小,有利于维护茉莉鲜花生机,促进茉莉花中香气化合物的形成与释放,提高鲜花效率。因此,采用增湿连窨工艺可以比传统工艺减少配花量20%以上。典型级内茶坯增湿连窨工艺各窨次的配花量参见表8-7。

表8-7 增湿连窨工艺参考配花量

单位:kg/100 kg(茶坯)

级别	工艺	压花	头窨	连二窨	提花	合计
特级	压花连二窨一提	(60)	27	38	6	71
一级	压花连二窨一提	(60)	22	35	6	63
二级	压花连二窨一提	(60)	20	25	6	51
三级	压花连窨一提	(60)	28	—	6	34

注:括号内为花渣的用量。

茶坯先进行压花,主要是调节茶坯水分。头窨配花量不宜过多,窨后湿坯含水量也须控制在12%~14%,一般不超过15%。如果起窨茶坯水分太高,头窨后茶坯含水量会过高,转连二窨过程中,易使在窨茶坯条索松散、色泽黄暗、产生水闷味等,对花茶品质不利。因此,连二窨结束后,湿坯含水量也应控制在18%~19%,最高不超过20%。否则,除有以上不良影响外,还易造成烘焙困难,香气损耗增加。

(三)窨堆厚度及通花温度控制

连窨的窨堆厚度以25 cm为宜,一般不超过30 cm。当堆温达42℃时,应及时通花散热，以确保鲜花生机，避免对花茶品质产生不良影响。

(四)湿坯摊凉

连窨时，从头窨起花结束到连二窨开始，间隔时间长达 10 h 以上，此时茶坯的含水量高，如果坯温再高，湿热作用导致茶坯内含物质加速转化，在一定程度上会影响花茶外形和内质。因此，必须对湿坯进行摊凉。摊凉环境要求清洁、卫生、阴凉而不潮湿，摊放厚度在 15 cm 以下，并在中途适当翻动，避免堆温升高。

(五)复火干燥

连窨结束时，湿坯含水量高达 19% 左右，必须迅速干燥。烘焙掌握"高温、薄摊、短时"原则，以减少香气损失。一般烘干机进风口温度控制在 110 ~ 120℃，摊叶厚度也应较传统工艺薄。烘至含水量 7% 左右，以利于提花。

(六)提花

采用连窨技术窨制的花茶仍需提花，以提高花茶的鲜灵度。连窨复火后，茶坯的含水量在 7% 左右，较传统工艺略高，所以提花的配花量、时间要严格掌握。

第九章 茶叶加工机械及设备

性能良好的茶叶加工机械与设备，不仅可以解脱茶叶加工人员繁重的劳动，而且能满足茶叶加工工艺要求，确保提高茶叶品质，促进产业快速发展。茶叶加工机械主要分初制机械和精制机械两大类。初制机械主要有鲜叶处理、摊放、萎凋、杀青、揉捻(切)、干燥等机械设备，精制机械主要包括筛分机械、切茶机、风选机、拣梗机、色选机等。

第一节 茶叶初加工机械

一、鲜叶处理设备

目前，我国鲜叶处理机械设备有鲜叶分级机、脱水机和清洗机三种。

(一)鲜叶分级机

鲜叶分级机主要根据鲜叶原料的尺寸和重量的不同进行分级，一般嫩叶的等级高，粗大叶的等级低。

鲜叶分级机由喂茶斗、锥形筒筛、接茶斗及传动机等组成。鲜叶分级时，筛筒转动，鲜叶从喂茶斗进入筛筒，在分级机的导向作用下在筛筒内移动，筒筛的网格从喂茶口处由密到疏，筒内不同等级的鲜叶从不同的筛网漏出，从而选出不同等级的鲜叶。最后稍粗的原料从出口排出，由此分离出不同嫩度的鲜叶。

常用的鲜叶分级机有浙江上洋机械有限公司生产的 6CD – 70 型鲜叶分级机，台时产量为 150 ~ 200 kg/(h·台)，功率为 0.37 kW。

(二)鲜叶脱水机

鲜叶脱水机能将鲜叶表面的水分脱去，从而提高成品茶的品质。目前试制推广的鲜叶脱水机由转筒总成、机体、电动机、电器开关等组成。一台 65 型脱水机的转筒直径为 650 mm，转速为 940 r/min。雨水叶通过网袋进入筒内，经高速转动，水分从叶片表面脱去。该机采用高速离心原理，工作时，投入的鲜叶需解团松散，以减少机械振动，提高脱水效果，避免茶叶破碎。

(三)鲜叶清洗机

鲜叶清洗机由供、排水系统和输送带、喷水装置等组成。在输送带上有两个互相平行、大小不同的叶片装置，工作时，前一个叶片装置将鲜叶浸入水中，并由旋转时形成的水流将其导向输送带上；而后一个叶片装置则对输送带上的带水的鲜叶起导向作用，使其不致浮起而停滞在水面。喷水装置对输送带上的鲜叶进行补充清洗。

鲜叶清洗机可与脱水装置配合使用，及时脱去鲜叶表面多余的水分，避免鲜叶品质降低。

二、摊(贮)青与萎凋设备

鲜叶摊(贮)青(萎凋)设备可以很好地保证和提高鲜叶的质量，提升茶叶加工品质，已得到广泛推广应用。目前鲜叶摊(贮)青与萎凋设备主要有地面摊(贮)青(萎凋)、帘架式摊(贮)青(萎凋)、槽式摊(贮)青(萎凋)、车式摊(贮)青(萎凋)和摊(贮)青(萎凋)机摊(贮)青(萎凋)等几种。

(一)帘架式摊(贮)青、萎凋设备

帘架式摊(贮)青是一种室内鲜叶摊放设备，主要结构分为框架和摊叶帘或网盘两部分，多数为网盘形式。框架用于放置摊叶网盘，一般用不锈钢金属等材料制成，一般有 5 ~ 8 层网盘可放，每层高度 20 ~ 30 cm。网盘边框一般用竹、木料制成，底部为不锈钢丝网，每个网盘面积为 1.5 m² 左右，深度约为 15 cm，鲜叶摊放于盘内，网盘可像拉抽屉一样从框架上自由推进和拉出，以便于上叶和出叶。要求室内通风良好，避免日光直射，可用启闭门窗或使用空调

调节室内空气流动、温度高低及空气湿度的大小，小型茶叶加工厂多使用这种方式。

(二)车式摊(贮)青、萎凋设备

车式摊(贮)青设备由箱形槽、贮青小车、通风机和通风管等组成。

箱形槽一般用木板制成，其外形尺寸为 1.67 m×0.9 m×0.8 m。槽底为金属冲孔通风板，板下设风压箱。每台通风机可连 6 台箱形槽，每槽贮放鲜叶 200 kg。贮青小车是四轮小车，用于安装箱形槽。两车之间可通过闸门，将前后车上的风压箱串联。通风机与通风道均装于小车上。选用风量为 1.1 m³/s、静压为 98.06 Pa 的轴流式风机，用 0.5 kW 电动机驱动。空气通过通风道进入串联的风压箱，透过金属冲孔板均匀进入叶层。这种贮青设备使用灵活方便，贮青间无须其他专用装置，杀青时可将车子脱开，直接推到杀青机旁杀青。

(三)摊(贮)青、萎凋槽

目前很多企业采取这种摊(贮)青方式。按其结构形式可分为砖木结构和金属结构两种。

砖木结构一般槽长 10 m、宽 1.5 m、高 0.8~1 m。两侧槽体用砖砌或木板制成，槽底从前端向尾部出叶端上斜 4°左右，以使前后风速均匀。槽面铺放竹帘或铁丝网柜箱，有的竹帘尾端设有手摇木轴，可以摇帘卸叶或上叶。槽前部有一台 7 号轴流风机，摊叶厚度可达 20 cm 左右，每槽摊叶量在 200~250 kg。气温低于 20℃时可通入加温热风。

金属结构摊(贮)槽技术参数与砖木结构基本相同，只是槽体采用钢结构与钢板制成，槽面铺不锈钢网或铜丝网，两侧用滚子链传动。不锈钢网固定在托杆上，托杆两端套在滚子链的销轴上。动力通过蜗轮蜗杆减速箱驱动不锈钢网做正反向运动，以便上叶和下叶。槽前端连接喇叭管、冷风调节管、热交换器及轴流风机。

(四)多层自动连续式摊(贮)青、萎凋机

为实现大幅度减少摊(贮)青车间面积而设计的一种机械设备，总体类似大型烘干机。这种设备具有连续作业、占地面积小而功效高的优点，但存在成本高等问题，尚未具备普遍推广应用条件。摊叶时，应注意根据鲜叶老嫩及含水量状况，适度调节进叶量(摊叶厚度)、温度、风量和行进速度。

三、杀青机

杀青机械可分为滚筒杀青机、锅式杀青机、蒸汽杀青机、汽热杀青机、热风杀青机和微波杀青机等类型，其中滚筒杀青机为目前主要采用的杀青设备。

(一)滚筒杀青机

滚筒杀青机杀青，操作方便，生产效率高，劳动强度低，杀青质量稳定。滚筒杀青机依据滚筒内径分30型、40型、50型、60型、70型、80型、90型等，一般名优茶加工采用30型、40型和50型杀青机杀青，大宗茶采取70型、80型、90型等大型杀青机杀青。过去杀青机多采用木柴、煤炭等作为热源，近年来随着清洁能源在茶叶加工中的广泛应用，新型杀青机能源有燃气和电源两大类型。电热和燃气杀青机杀青过程温度稳定，较易控制。

目前，也有采用6CST-100瓶式炒干机等机械设备杀青。这些设备既可作为杀青设备，也可用于炒干使用，具有一机多能的特点。6CST-100瓶式炒干机的特点是正反转向，正转炒茶，反转出叶，在滚筒同一端进叶和出叶，一次性进叶，一次性出叶，为间歇作业，叶量多，升温时间长，5~10 min才能完成杀青。采用这类机械杀青，每完成一批鲜叶杀青后，需待筒温重新上升到适宜温度方可投叶，才能确保杀青叶的品质。

(二)锅式杀青机

锅式杀青为传统的杀青工艺，过去多采用柴、煤为能源，锅体大小不一，结构不一，炒茶质量不稳定，甚至有严重的烟、焦等现象。随着远红外电炒锅的研制成功，手工加工得到较为稳定的保障。目前的炒茶锅为直径64 cm的铸铁锅，发热装置由电热丝和电炉盘组成，由电路系统控制和提供电能，使电热丝发热，为电炒锅提供热源。采用电炒锅作业，虽是手工操作，但因炒锅结构简单，造价低廉，安全可靠，卫生清洁，可适用于各种名优茶的加工，得到普遍使用。

(三)蒸汽杀青机与汽热杀青机

蒸汽杀青机是利用蒸汽的蒸热作用，迅速破坏鲜叶中的酶活性，保持绿茶的"三绿"品质特征。蒸汽杀青机由传动部分、主被动滚筒、匀叶器、带推动装置的上料斗及出料搅龙等组成。工作时，鲜叶由输送带送入筒体，在推进器和搅拌手的作用下,鲜叶呈半悬浮状态,并与蒸汽充分混合,迅速提高叶温,短时间完成杀青,流出滚筒,落入初干机(叶打机)迅速冷却并除去表面水分。

这种利用纯蒸汽杀青的蒸汽杀青机杀青,杀青稳定度较低,若操作不当易造成杀青叶变黄,同时杀青叶含水量较高,加工的茶叶香气不高。目前,茶机企业将蒸汽杀青与热风杀青结合,研发出蒸汽热风混合型杀青机,亦称汽热杀青机。

汽热杀青机主要由上叶输送带、蒸青装置、脱水装置、冷却装置、吹风装置、蒸汽热风发生炉和热风炉等构成。采用这种杀青机杀青,由于蒸汽的穿透力强,热风温度高,可保证蒸青叶杀匀杀透,叶质柔软,保持翠绿,发挥出良好的香气。此后,蒸青叶被送往脱水装置的网带上,热风炉送来的130℃干热风穿透,含水量被迅速降低到60%～62%,并由冷风进行冷却,最后送入摊叶处,进入后续工序的加工。

(四)热风杀青机

热风杀青机的主要结构由热风杀青主机、热风发生炉、上叶输送带、杀青叶冷却机、杀青叶和冷却叶输送装置、传动机构等部分组成。热风杀青机杀青,热风温度高,杀青快速,且杀青匀、透,杀青叶保持翠绿色泽,含水量低于一般传统杀青,有利于后续工序,成茶香气、滋味良好。但这种杀青方式温度高,升温快,一般杀青过程20 s内便能完成,实际操作掌握难度大,稍有不当,杀青叶就容易产生焦边、爆点,成茶带烟焦味。

(五)微波杀青机

微波杀青机是近年来研发的杀青机,微波杀青,具有鲜叶升温迅速、加热均匀、杀青质量好、节约能源、清洁卫生等优点。目前茶叶加工中使用的微波杀青(干燥)机,生产厂家不同,设备形式也有所差别,但其工作原理、结构、性能和作业效果基本相似。生产上常用的微波杀青(干燥)机输出功率为4～20 kW,台时产量可达15～100 kg/(h·台)。该类杀青机较适合于名优茶加工或补二青等。

四、揉捻(切)机

揉捻机械包括揉捻机和揉切机。

(一)揉捻机

揉捻机主要由揉桶、揉盘、加压装置、传动机构和机架等部分组成。茶叶在揉桶内随曲柄对揉盘做相对旋转运动，加压装置可在桶内调节所需压力，茶叶周期性地受力并做有规律的揉搓翻转，逐步揉破叶细胞，茶汁外溢，并卷紧成茶叶条索。

揉捻机机型较多，已形成系列产品。常见型号为 25 型、35 型、40 型、45 型、55 型、65 型等。选择机型须根据制茶工艺要求，一般来讲，加工名优茶多用小型揉捻机，如 35 型、40 型、45 型；加工大宗茶多采用 55 型、65 型、75 型等大型揉捻机。

(二)揉切机

揉切机主要用于红碎茶等碎茶的加工，有圆盘式揉切机、转子揉切机、CTC 揉切机、LTP 揉切机等。红碎茶加工分传统制法和现代制法两种，传统制法一般采取圆盘式揉切机揉切，现代制法采取转子揉切机、CTC 揉切机以及 LTP 揉切机揉切。

1. 圆盘式揉切机

圆盘式揉切机是将普通盘式揉捻机的棱骨改为锐口棱骨(上有锯齿)，并在棱盘中心设一金属圆锥体，加工过程中多次反复短时揉切，每次筛分取料。该方法因揉切时间长、制茶品质较差而逐渐被淘汰。

2. 转子揉切机

转子揉切机简称转子机，又名洛托凡，主要由转子、筒体、机架和动力传动装置四大部分组成，是我国红碎茶加工最常用的机械。它是将萎凋叶经过揉捻打条后，从进茶口投入卧式转子揉切机，在机内由螺旋推进器推至切碎区，通过挤压、绞揉、切碎，从机尾排出，完成揉切。由于加工叶在转子揉切机中的时间较短，绞切挤压力大，揉切后加工叶的颗粒紧结，尾茶较少，一般仅为 6%～10%，成茶卖价较高。

3. CTC 揉切机

CTC 揉切机又称齿辊式揉切机，采用 CTC 揉切机加工红碎茶是当前世界上红碎茶加工最先进的制法。CTC 制法的红碎茶无叶茶花色，碎茶结实呈颗粒状，色棕黑油润，香味浓强鲜爽，汤色红艳，叶底红艳匀齐，目前许多国家和地区都得到了很好的推广应用。

CTC 揉切机主要工作部件是一至五对用不锈钢制成的齿辊,每一对由两个带齿的、结构和参数完全相同的圆柱形齿辊组成。CTC 揉切机两只齿辊中转速较低的一只为喂料辊,转速高的一只为断裂辊。茶叶通过输送带首先落到喂料辊上,随着辊筒的旋转,被送进两辊之间的缝隙中,在两辊相对旋转作用下,受到很大的挤压力,使茶叶破碎;而处于喂料辊筒表面凹间处的叶片,在两辊的剪切作用下,不断被撕裂、切碎。被切下的茶叶在离心力和重力的作用下落入集叶器。

CTC 揉切机不太适用于未经萎凋和不经揉捻的叶子,一般可单独使用,但往往与转子揉切机共同完成揉切任务。

4. LTP 揉切机

LTP 揉切机是利用高速旋转的锤片和锤刀将茶叶击碎,筒体直径有300 mm、350 mm、400 mm、550 mm 等几种,锤片的转速都在 2900 r/min 以上。机器由筒体、转子、离心风机、电机等组成。工作时,转子高速转动,锤片和锤刀在离心力的作用下将茶叶劈碎,叶片扭曲变形;在风机强大风压下,茶叶从进口端吸入,颗粒碎茶从出口端喷出。

LTP 锤切式揉切机也属于强烈快速揉切的类型,产品与 CTC 揉切机加工的茶叶具有类似风格,但茶叶以劈裂为主,茶叶呈片状颗粒,叶组织损伤程度低,香味浓度不及 CTC 红碎茶。

五、解块筛分机

茶叶解块筛分机主要用于对揉捻叶的解块、分筛作用。按茶类可分为绿茶解块分筛机和红茶解块分筛机,两者的区别在于筛孔的大小,绿茶解块分筛机的机筛孔一般为 2 孔,红茶解块分筛机的机筛孔一般为 3 ~ 4 孔,其基本结构相同。

解块筛分机有木制、铁制及铁木结构等,目前使用的解块筛分机多为铁制。其结构主要由进茶斗、解块箱、筛床、传动装置及机架组成。茶叶进入进茶斗,利用解块箱解块轮的旋转作用击散团块,利用筛床的倾斜度和曲轴所产生的振动作用,以及不同大小的筛网筛分茶叶的粗细。也有采用平面圆筛机进行筛分作业,效果也比较好。

六、做青机械

做青是乌龙茶加工所特有的工序，与乌龙茶形成香高味醇、绿叶红镶边的品质风格分不开。目前做青已被应用于其他茶类如红茶、黑茶、白茶等的加工，以提高茶叶的香气。

做青包括摇青和晾青，其中以摇青为主要工序。目前摇青方式有手工摇青和机械(摇青机)摇青两种。手工摇青质量好，但工效低，劳动强度大，难以适应大批量生产；摇青机摇青，劳动强度低，生产率高，成为茶区广泛使用的摇青方法。

摇青机按其摇青和晾青方式可分为摇晾分置式做青机和摇晾一体式做青机。

(一)摇晾分置式做青机

摇晾分置式做青机是将摇青和晾青分开，在做青机内摇青，在机外采取层架晾青。这种方式投资省，工艺精细灵活，青叶通风条件好，工艺适应性较强，在正常气候条件下做青质量优于一体式做青。但所占空间较大，劳动强度相对较大，且易受不良天气的影响。

摇晾分置式做青机主要有单转速摇青机、无级变速摇青机、振动式摇青机和水筛摇青机等几种类型。

1.单转速摇青机

这种设备的特点是结构简单，造价低廉，操作方便，适合于传统摇青，转速一般为 28~32 r/min。其结构由滚筒、传动装置、机架、电动机以及操作装置组成；筒体采用竹篾编制，一般筒径 80~90 cm、长 2~3 m，容量 40~60 kg 鲜叶；传动装置一般是 1 台电机带动 2 个摇笼。单转速摇青机的工作原理是茶叶在低速转动的摇笼内被带至筒体上部后下落，使叶片与笼壁、茶叶与茶叶之间产生摩擦，茶叶叶缘组织受损，内含物质发生化学反应，香气逐渐形成，同时伴随着水分的少量散发。

2.无级变速摇青机

无级变速摇青机的外形结构与单转速摇青机相似，不同之处在于采用直流电动机或电磁调速电动机，可根据不同阶段的做青要求调节转速，一般转速

6～20 r/min，适合于轻发酵摇青。在摇青机可设置时间控制器，在 0～60 min 内设定和控制时间，以适应多机同时摇青。

3. 振动式摇青机

振动式摇青机是利用高频振动源，使鲜叶轻、快、匀地摩擦碰撞，叶缘组织适度损伤和多酚酶促氧化，是一种新型的摇青方法。其特点是摇青均匀度提高，摇青时间较滚筒摇青时间缩短 5/6，大大提高了生产效率。振动式摇青机摇青，毛茶品质较滚筒摇青有显著提升，接近手工摇青。

4. 水筛摇青机

水筛摇青机是模仿手工摇青而设计的，该设备替代手工摇青效果好，结构简单、牢固耐用、运行平稳。该机主要由机架、传动装置、曲轴、斜向拉杆、水筛架、辅助连接器等组成。工作时，斜向拉杆在电动机的水平回旋驱动下，绕着关节轴中心点做锥形旋转运动，从而带动设于斜向摇杆上的水筛做旋转和上下运动，进而使鲜叶发生跳动、摩擦和由外向内又由内向外地做向心圆周翻转运动，达到做青目的。

（二）摇晾一体式做青机

摇晾一体式做青机主要有滚筒式做青机和连续做青机，滚筒式做青机又分长筒型和短筒型两种。其中使用较普遍的是滚筒式做青机，其具有萎凋、摇青、晾青等多种功能，故也称综合做青机。

1. 6CZ－100 型滚筒式做青机

滚筒式做青机的结构由滚筒、电磁调速电动机、通风管、风机、加热装置、机架等组成，可实现温、湿、风、力等的调节。6CZ－100 型长筒型滚筒式做青机筒径为 100 cm、长度 3 m，长径比是传统摇青机的 2 倍，每筒容量可达 50～100 kg。鲜叶在筒内的透气性能好，萎凋均匀。采用该机做青，可实现全程（包括摇青、晾青、通风）的自动控制。

2. 6CZ－92/120 型综合做青机

该机结构简单，由滚筒、通风管、通风机、加热炉、传动装置、机架等部分组成。92 型筒径 92 cm，120 型筒径 120 cm，长度均为 2 m。采用这类机械做青，操作方便，生产效率高，可根据做青要求送入冷风或热风，不仅可缩短做青时间，而且可以提高做青质量，对雨水叶和露水叶还可进行萎凋作业；92 型单机容量 25～50 kg，日产 100～150 kg/d；120 型单机容量 100～125 kg，日产 750 kg/d。

七、发酵设备

目前国内各中小茶叶企业多采用发酵室发酵，设备较为简陋，如发酵盘、发酵框和发酵架等；此外，还有一些比较流行的发酵设施有槽式、车式、床式等发酵设备。

(一)发酵室

发酵室一般采用土木建筑结构，一般设置在揉捻和烘干车间附近。发酵室地面为水泥混凝土，发酵设备应便于清洗和排水。发酵室应防止日光直射，与外界隔热。室内安装喷雾装置、风机和空气调节装置，保证发酵室具有一定温、湿度的流动空气。

操作时，将揉捻、解块分筛后的茶坯，分别摊放在干净的发酵框、发酵盘或发酵平台上，发酵框或发酵盘置于发酵架上，室内温度控制在 25～32℃，相对湿度保持在 90% 以上。

(二)发酵设备

1. 槽式发酵设备(发酵槽)

槽式发酵设备类似贮青槽，槽上放置发酵框，框底为金属编织网，将茶叶放入框内。槽的一端装有通风机和喷雾器，湿润的空气经槽底均匀透过叶层。每只发酵框深度 20 cm 左右，装叶量 27～30 kg，每槽可放置 8 个发酵框。采取这种设备发酵，由于提供了充足的氧气及适宜的温、湿度，茶坯发酵好。

2. 车式发酵设备(发酵车)

车式发酵设备主体装置是以箱体上口大、下部小的可推行小车，上边 100 cm×70 cm，下边 70 cm×40 cm，高 50 cm。箱体内的下部为一块不锈钢多孔透气板，板上装茶，板下为风室，风室通过风管与供风系统的出风管连接。

作业时，将揉捻叶投入发酵车内，接通供风管，使温度 22～28℃、相对湿度约 95% 的空气进入发酵车风室，并透过多孔板鼓入箱体，穿透叶层，使茶坯发酵。发酵车每车可装叶 100 kg，每套供风系统可连续连接 20～30 台或更多。

这种设备的优点在于可按生产者的需要供给最适条件的空气，运行费用低，并节省场地，目前应用十分广泛。

3. 筒式发酵机

该发酵设备的工作机构为一直径 2 m、长 6 m 的圆筒体，出口端呈锥形，在锥形中心孔处装有风机。锥体上设有 8 个长方形孔，有利于将茶团吹散。下方接一台输送机，输送机上接一振动筛。圆筒体以托轮支承，经传动圈拖动，以 1 r/min 的转速转动。进料输送带将茶叶送入筒体，风机将湿空气吹入筒内，使茶叶发酵。茶叶在筒内导板的作用下缓缓前进，当发酵适度后，经出口处卸出。这种发酵设备生产的红茶鲜爽度好，且投资省，占地面积小。

4. 不锈钢网带式多层发酵机

不锈钢网带式多层发酵设备主要结构由链斗输送机、铺叶输送机、发酵主机、蒸汽发生器（锅炉）、超声波加湿器和电加热风以及电气控制系统等组成。箱体有密闭式和敞开式两种。箱内装有三层或五层循环式不锈钢网带，由上叶输送带自动摊料。作业时，发酵温度控制在 25℃ 左右，相对湿度在 95% 以上。

5. 塔体吊篮式发酵设备

塔体吊篮式发酵设备是浙江绿峰机械有限公司开发的萎凋机产品。将 4 只不锈钢网吊篮并篮连体，装在一只塔体箱体内，通过风送系统将鲜叶从上部送入每只吊篮内，并由自动加湿装置对箱体内加湿、由风机将电热装置加热或不加热的气流强制送入箱体内，从而实现自动加湿、排水、解压等，使吊篮内的揉捻叶在温度 25℃ 左右、湿度在 95% 以上状态下实施发酵。完成发酵，打开吊篮下部闸门，发酵叶即可落入下部的振动输送槽上，被送往机外。

八、整形干燥机械

干燥是茶叶加工过程中必不可少的步骤。目前茶叶加工常用的干燥方式有两种：一种是炒干，另一种是烘干。如供窨制花茶用的茶坯及红碎茶的干燥作业必须采用烘干机作业，故烘干机的应用很广泛。

茶叶烘干机按设计不同可分为手拉百叶式、自动链板式和流化床式等多种，此外还有一些适合名优茶干燥整形的烘干机，如盘式（斗式）烘干机。其中自动链板式应用最广最多。烘干机的主机现均采用常压式，热风气由下而上运动，顶部敞开。

（一）烘干与整形机械

1. 自动链板式烘干机

自动链板式烘干机是由输送装置将待烘干的茶叶送入干燥机内，在规定时间内由上而下地自动进行而完成烘干的自动连续作业式烘干机。主要结构由主机箱体(干燥室)、上叶输送带、传动机构、热风炉和鼓风机等组成。

自动链板式烘干机主机箱体即干燥室是一个由角钢和薄钢板制成的长方形箱体,一端上方与上叶输送带连接,下部为出茶口;另一端的下部是热风进口,通过风管与鼓风机和热风炉连接。主机箱体内有3组百叶式烘板。每组烘板分上、下两层,由50块或更多烘板组成。烘板上均匀密布通风孔眼,热风由下而上通过孔眼再穿过叶层对茶叶实施干燥。由于烘箱两侧壁上各有一条隔板,当百叶板链在隔板上做水平滑动,运动到箱体的一端时,两边隔板相对位置分别断开略大于百叶式烘板宽度的一段距离,百叶式烘板失去隔板的支持,在自重和板上茶叶重量的作用下自动转为竖直,使茶叶落到下一层百叶式烘板上。这样一层层下落,直到最后落到箱体底部,经挡茶板由刮叶器和出茶翼轮推出机外,完成烘干工序。

自动链板式烘干机的上叶输送带也是一组百叶式输送链板,上烘的加工叶就由它连续送至干燥箱顶部并均匀摊放到最上层的烘板上。

自动链板式烘干机均使用无级变速形式,可实现从"零"到一定转速范围内的无级变速。自动链板式烘干机,以往也是使用火管式热风炉,目前已被普遍配用的喷流式热风炉和直流式热风炉所代替。

自动链板式烘干机以烘板摊叶面积大小作为型号标定的依据,在我国已形成系列产品,现在生产上使用的茶叶烘干机有6CH - 10型、6CH - 16型、6CH -20型、6CH -25型、6CH -50型等规格型号,例如6CH - 16型烘干机即烘板摊叶面积为16 m^2的茶叶烘干机。

使用自动链板式烘干机作业时,应根据上烘叶的干燥程度及时调整摊叶厚度和烘程时间,上叶既不能堆积过厚,也不宜出现空板现象。热风炉工作时,煤柴要勤加少添,烘干的热风温度一般应控制在100~120℃,最高温度一般也不应超过130℃。应经常检查热风炉有无漏烟处及是否烧损。烘干作业结束,应首先清除热风炉内的燃煤、灰渣和剩火,停止热风炉的助燃风机,向箱体送热的鼓风机和主机要继续运行15 min以上,待干燥箱和热风炉内的温度降下后,再行关机。

2. 盘式烘干机(斗式烘干机)

盘式烘干机又称斗式烘干机,是一种手工烘干设备,可用于初干,也可用于复干和手工整形,还可用于足干。主要结构由热风炉、鼓风机及烘盘组成。工作原理简单,鼓风机将热风从热风炉吹到烘盘,利用热风进行茶叶的干燥。按照能源形式可分为燃柴、煤和电能源型,根据清洁化生产需要,建议采用电能源型号,操作简便清洁,茶叶干燥效率高,但热能利用率不高。按照烘盘大小可分为三斗和五斗,五斗工作效率要明显高于三斗。

工作时首先预热热风炉,使其达到预设温度,启动鼓风机上料烘干。初烘温度高(一般110～130℃),投叶量可以稍微大一些,一般以全覆盖斗底部厚度3～5 cm为宜,待底层变黑后即可翻转。初烘主要一般烘至六七成干,时间5～8 min,出锅后及时摊凉至室温,一般摊凉30 min。摊凉后再上五斗或者提香机烘至足干,温度90～100℃。

3. 手拉百叶式烘干机

手拉百叶式烘干机是一种过时的小型茶叶烘干机。主要结构由主机箱体(干燥室)、热风炉和鼓风机三大部分组成。

主机箱体是一个用角钢和薄钢板制成的长方形箱体,箱体内装有5～6层百叶板,每层百叶板在箱体外部设有一个手柄进行控制,可使百叶板呈水平和竖直状态,水平状态摊叶,竖直状态落茶。百叶板用不锈钢薄板冲孔加工而成,孔径一般为3.5 mm,每层配13～15块。箱体下部有2个或3个漏斗型出茶口,用手柄控制滑板式出茶门出茶。箱体上部是敞开的,便于上叶和水蒸气散发。手拉百叶式烘干机以往均采用火管式热风炉,目前一般配用金属式热风炉,用以产生热风,并由装在热风炉之前或热风炉与箱体之间的鼓风机,通过风管把热风送入主机箱体,对箱体内各层百叶板上的茶叶实施烘干。

手拉百叶式烘干机作业时,用手工向最上层百叶板摊叶,摊满并进行一定时间烘干后,随之用手工拉动操作手柄,通过拉杆使百叶板由水平转为竖直状态,加工叶便翻至下一层百叶板上。当将手柄拉回时,百叶板又呈水平状态,可再次摊放加工叶。当第一批加工叶从出茶口出茶后,以后每隔适当时间,即从下至上逐层翻板,就可实现不断出茶和不断上叶,使烘干作业继续下去。

手拉百叶式烘干机均为摊叶面积为10 m² 以下的小型烘干机,特点是结构简单、价格便宜,但是操作费力,烘干时间和质量较难掌握。

4. 沸腾式(流化床式)烘干机

沸腾式(流化床式)烘干机主要由喂料器、沸腾床、除尘器、卸料器、加热装置及鼓风机等部件组成。热风通过地下风道和沸腾床孔眼从下往上不间断地鼓入烘箱,风量大小和风向由设在沸腾床下方的调节器分别控制。

烘干时,茶粒在沸腾床上都以沸腾状态悬空地行进,沸腾床面设置风力阻扰器以起到导向和沸腾效果。茶粒和高温气流充分交换后,含有高水分的废气由安装在箱体顶部的抽风管抽离箱体。箱体上容积较大,起到减压和沉积茶粒的作用。配置的除尘器和沉茶室用以回收茶灰和级外茶,防止茶尘等。

该机械设备传动部分不多,而且传动连接部位都设于箱体外,结构简单,故障少,维护方便。其干燥方式,对茶叶尤其是对颗粒较细的红碎茶等,优点显而易见。

5. 微波烘干机

微波烘干机包括控制台、加热烘干装置和原料输送装置,加热烘干装置为单元微波加热箱,单元微波加热箱的两端有口,分别作为进料口和出料口;控制台控制原料输送装置通过进料口穿过单元微波加热箱,茶叶中的水分在微波电磁场中摩擦发热,使叶片快速升温失水。

采用微波干燥,干燥快速,特别适合于含水量 10% ~ 30% 的茶叶的烘干。

(二)炒干与整形机械

炒干属于传导干燥方式,主要依靠茶叶与加热固体表面的直接接触面获得热量,达到干燥的目的,同时还具有整理茶叶外形的能力。

目前,常见的茶叶炒干整形机械设备主要有锅式炒干机、瓶式炒干机、滚筒式炒干机、双锅珠茶炒干机、双锅曲毫炒干机、扁形茶炒干机和茶叶理条机等。

1. 锅式炒干机

锅式炒干机主要是利用热传导原理使茶叶从被炉灶加热的锅壁上吸取热量,在炒手不断翻转抛的过程中,受到炒手的作用力、锅面的反作用力和茶叶相互之间的挤压力,达到逐步干燥和紧卷成条的目的。其结构主要由铁锅、炒手、转动装置和机架、炉灶等组成。锅式炒干机有单锅、双锅、四锅等几种。锅式炒干机炒制茶叶时因炒叶腔大于锅口直径,透气性能良好;加工过程中只要掌握得当,炒出的茶叶完全符合工艺要求。这种机械因结构简单、价格低、容易操作,所以得到了广泛采用。

2.瓶式炒干机

瓶式炒干机主要用于中高档茶加工中炒干作业的间歇式加工机械，包括筒体、炉灶和传动组件，筒体由两个长短不一的圆锥体拼接而成，在长筒体的内壁上布有多条导叶筋，在短筒体的内壁上设有四片导叶片，炉灶的高温区装置在长筒体和短筒体拼接处的正下方。从能源形式可以分为煤、柴和电、气两种，不同能源机械按照滚筒的尺寸分为 60 mm、70 mm、80 mm、100 mm、110 mm、120 mm 型等，其中大生产以 100 mm、110 mm 型为主。一般采用整体式结构，移动方便灵活，投叶方便，出叶迅速，间歇作业，炒茶品质可控、稳定，色泽、香气俱佳，尤其对提高茶叶的油润度有明显的效果。

操作时首先电源预热滚筒 3 ~ 5 min，等温度预热到设定温度时，开启进料模式开始投叶，投叶量根据滚筒型号而定，投的料一定要经过初烘去除表面水，以免茶叶黏在筒壁上烧焦。投料后滚炒 2 ~ 3 min，如果滚筒内水蒸气较大，可以开启排气扇排除部分水分，一般开启时间 1 ~ 2 min。然后关掉排气扇继续炒，炒至七八成干后出茶摊凉，再进烘干机烘足干，这样条索紧细、完整，色泽油润，碎茶较少。但也可以炒至足干，但碎茶较多，而且色泽带灰。因此，要根据产品要求来确定滚炒程度。

3.滚筒式炒干机

滚筒式炒干机目前有两种类型，一种类型为间歇式滚筒炒干机，是在瓶式炒干机的基础上发展起来的，该机筒体两端的直径一样，呈圆筒状；另一种为连续式滚筒式炒干机。

（1）间歇式滚筒炒干机

间歇式滚筒炒干机主要由筒体、排湿装置、传动机架及炉灶等组成。工作时，由炉灶中的燃料加热滚筒，茶叶在滚筒内随筒体的旋转而翻滚，并不断地吸收筒壁热量，温度升高，蒸发水分而干燥；同时，茶叶在各种力的作用下，受到挤压，达到一定程度的紧条；筒内水蒸气的排除，促进干燥，保持干茶色泽。

（2）连续式滚筒炒干机

连续式滚筒炒干机由机架及传动装置、热源装置、滚筒和进茶斗、出叶装置等组成。工作时，输送带将茶坯送入进茶斗，在单向推叶器的作用下，茶叶顺着推叶器的螺旋片进入滚筒密封段，随后在导叶板等的作用下进入滚筒内腔。茶叶在滚筒回转过程中被不断地抛散，和热风充分接触，从而达到脱水干燥的目的。

这种炒干机进、出茶可以连续进行，设置输送带后，便能实现连续化、标准化的加工作业。

4.双锅珠茶炒干机

珠茶是我国的大宗出口绿茶。珠茶外形颗粒紧结，油润光亮似珍珠，这是在加工过程中，在制机炒板与炒锅之间的反复弯曲力作用下，不断翻炒，先形成卷曲状，再形成盘花状，最后形成颗粒状。

双锅珠茶炒干机由炉灶、减速箱、联轴器、弯轴、轴承座及弧形炒板等组成。使用时，先生火加温，待锅温达到工艺要求后，启动电机使弯轴空转，最后投叶。分别炒小锅、炒对锅、炒大锅，炒至茶坯含水量7%～8%时起锅，完成炒制。

5.双锅曲毫炒干机

双锅曲毫炒干机是一种卷曲形茶叶的干燥整形设备，其结构与双锅珠茶炒干机类似。在机体的两边各安装一个曲面锅，曲面锅内分别装有一块弧形炒板，与传动机构连接，在曲面锅的正下方安装有加热装置，设有无级变速机构、不停机调幅机构和强热风排湿机构。茶叶通过曲面锅与锅内弧形炒板在传动机构和加热装置的作用下，实现炒制作业。采用该机炒制卷曲形茶叶，可取代传统的手工加工，降低劳动强度，且工效高，成茶品质稳定，能达到自动炒制的目的。

6.扁形茶炒干机

扁形茶炒干机是根据扁形茶手工炒制技术而设计的一款集青锅与辉锅于一体的新型扁形茶炒制机械。由炒茶锅、机架、热源、炒手、加压装置、传动机构及微型电子控制系统等组成，曲毫形炒茶锅以薄钢板冲压而成。炒茶机炒制时，热源对炒锅加热，开动电机，传动机构带动传动轴，使炒手在凸轮轨迹上做顺时针运转；在适宜温度下，投入鲜叶于锅内，适时将压板手柄逐渐下压，使压板的压力适中，逐步完成杀青、成形、压扁、干燥等过程。扁形茶炒干机操作简便，生产效率是手工炒制的5～10倍，劳动强度低，制茶品质稳定。

为进一步提高生产效率，一些生产厂家在单体扁形茶炒干机的基础上，设计将4口扁形茶炒干机槽锅进行串联，青叶从定时定量自动投料到自动进入杀青、做形、辉锅、出锅等，整个炒制过程实现了自动化、智能化。该机适合于规模化茶厂及标准化的加工。

7. 茶叶理条机

茶叶理条机是一种多功能机，兼具杀青和理条作用，适合于针形茶、扁形茶的加工。由多槽锅（一般5～11槽，锅体呈U形或变体U形）、偏心轮连杆机构、减速传动机构、排湿装置、热源装置和机架等部件组成。

多槽锅是理条作业的主要部件，在往复机构带动下来回运动，槽锅内茶叶在热辐射作用下均匀受热并散失水分，同时由于惯性作用，茶叶沿着锅体轨迹被摩擦挤压、翻动成条。该机适合于针形茶的理条作业，如配合使用棉质加压棒，还可用于扁形茶的压扁作业，制成的干茶条索紧直（扁平）、芽叶完整、锋苗显露、色泽绿润。

该机为间歇式操作，为适应茶叶加工连续化的需要，目前开发出连续式理条机，如阶梯式连续理条机等。

第二节　茶叶精制机械

茶叶初制后，其品质特性已基本形成，但因不同初制企业采摘嫩度不一、初制技术各有差异，因而毛茶的品质风格各异，须通过精制加工，才能满足市场需求。茶叶精制常用的机械包括圆筛机、抖筛机、飘筛机、切茶机、风选机、拣梗机、色选机、车色机、复炒机、烘干机、匀堆装箱机等。

一、筛分机械

筛分是茶叶精制中不可或缺的工序之一。筛分机械种类很多，按其作用不同，分为圆筛机、抖筛机、飘筛机等，这些机械大多是参照手工制茶工具和动作原理设计而成的。

（一）圆筛机

圆筛机用于分离茶叶的长短或大小，类型主要有平面圆筛机和滚筒圆筛机。

1. 平面圆筛机

平面圆筛机由筛床、筛床座、机架、传动机构和升运装置等部分组成。工作时，筛床做水平运动，当茶叶投入最上一层筛网时，随着筛网的运动迅速均匀地散开，平铺布满于倾斜的筛面上，在相应的回转运动中，将长短、大小不同的茶叶依次在几层筛上分成数档，分别从出茶口流出。通过筛分、撩筛、割脚等工序，分离成一定规格的筛孔茶。

平面圆筛机筛网的数量视工艺要求而定，一般出厂时配有 3、4、5、6、7、8、10、12、16、20、24、32、40、60、80(单位：目)等 10 余面筛网。筛分时，可根据不同作业要求随时进行更换。

2. 滚筒圆筛机

滚筒圆筛机主要是按茶叶的大小、粗细做初步的分离，由圆筛筒、机架、倾斜调节器、升运与进茶装置及传动机构等组成。工作时，利用滚筒的转动，使茶叶随滚筒旋转，当茶叶达到一定高度后，由于其本身的重量自行散落。因滚筒中筛网的孔眼由小到大顺序排列，小的茶叶最先穿过筛孔而下落，不能穿过筛孔的粗大茶叶则沿着倾斜的滚筒移至末端流出。从滚筒末端流出的茶头，需经切割后再进行分筛。

滚筒圆筛机的功率为 0.75 kW，滚筒工作转速为 20 ~ 22 r/min，台时产量850 ~ 1250 kg/(h·台)。

(二)抖筛机

抖筛的目的是使条形茶分出粗细，圆形茶分出长圆，并套去圆身茶头，抖去茎梗，使茶叶的粗细和净度初步符合各级茶的规格要求。

抖筛机的种类较多，目前常用的主要有两种形式：一种是前后往复抖动，称往复式抖筛机；另一种是上下垂直振动，称振动式抖筛机。

1. 往复式抖筛机

往复式抖筛机由筛床、传动机构、缓冲装置和输送装置等组成。筛床分上、下两层，每层筛床可安置两片筛网。往复式抖筛机筛网的结构与平面圆筛机相同，一般厂家配有 3、4、5、6、7、8、10、12、16、20、24、32(单位：目)等10 余面不同孔眼的筛网。筛分时，可根据不同作业需要进行更换。

工作时，往复式抖筛机的筛床由曲轴连杆机构带动而做往复运动，筛网有一定的倾斜度，茶叶沿着筛面纵向前进，并在抖动中与筛面产生相对运动，使细小的茶叶穿过筛孔落下，粗大的茶叶则继续沿筛面滑行至出茶口流出，使粗细不同的茶叶分离出来。

往复式抖筛机配有功率为 1.0 ~ 1.1 kW, 台时产量 100 ~ 200 kg/(h·台)。

2. 振动式抖筛机

振动式抖筛机由激振器、筛床、缓冲装置、机架等组成, 分机械振动式抖筛机、电磁振动式抖筛机和旋转振动式筛分机三种。

(1) 机械振动式抖筛机

机械振动式抖筛机具有结构简单、机架振动小、穿透性好、劳动强度低、碎末茶少、使用方便等特点。其振动频率为 15.5 Hz, 通过偏心轮的旋转, 使筛床上下振动, 茶叶穿过筛孔而落下, 达到筛分目的。

(2) 电磁振动式抖筛机

电磁振动式抖筛机由电磁力驱动, 具有振动频率高、振幅小、消耗功率低、工作稳定可靠等特点, 使用较广。该机由电磁激振器、筛床、减振装置、进出茶设备、机架和罩壳等组成。

(3) 旋转振动式筛分机

旋转振动式筛分机主要由机座、弹簧支承和机体组成。机座呈圆筒形, 由铸铁制成。筛分时, 茶叶经机体上端的进料口进入第一层筛网, 在激振器偏心块所产生的离心惯性力和弹簧的作用下, 机体产生有规律的振动。茶叶随着机体振动均匀地分布在筛面上, 并沿着一定的轨迹向筛框边缘跳动。透过筛孔的茶叶, 在下一层网上做相同运动。经过筛分后, 筛上茶和筛下茶分别从各层的出茶口流出。

旋转振动筛分机具有振动频率高、分离充分、耗能低、筛分效率高、质量好、适应性广等特点。该机适用于眉茶、珠茶、红碎茶等的筛分作业, 但噪声大。

(三) 飘筛机

飘筛机主要用于分离相对密度近似, 下落时呈水平状态的轻黄片、梗皮等夹杂物, 常用于风选机无法分离的茶叶。飘筛机一般用于红茶精制, 绿茶精制中很少使用。

飘筛机由机架、传动机构、筛框以及输送装置等组成。其中筛网为锥角很大的圆锥形筛网, 一边上下跳动, 一边水平缓慢旋转运动。筛分时, 茶叶由筛边投入, 并逐步向中间移动, 随着筛面上下跳动被抛起, 较重而质优的茶叶先行落至筛面上, 不断与筛面接触, 通过筛网落下; 较轻而质劣者随后落下, 与筛面接触机会少而留在筛面上，移至中间经孔中流出，达到筛分目的。

该机可人工直接投茶，也可通过升运投茶，通过匀茶器，均匀地将茶铺散在筛面的外缘。

二、切茶机

切茶机按其结构、作业功能特点分为辊式切茶机和螺旋式切茶机两大类，此外，还有平面式切茶机等其他类型切茶机械。

(一)辊式切茶机

辊式切茶机是在滚运过程中切细或剖分茶叶。辊式切茶机主要有齿切机、滚切机两种。

1.齿切机

齿切机主要由机座、传动装置、切茶机构和贮茶斗等组成，其中主要部件为齿辊和齿形切刀。齿切机有切细剖分粗大茶叶的作用，应用较广，可用于切细经反复抖筛、滚切后的粗大茶叶和精制过程中的抖头、撩头等。茶叶切细后再进行筛分。

齿切机有单辊筒和双辊筒两种，其中以单辊筒较多，齿辊直径多为70~80 mm，转速一般为100~200 r/min，配用功率0.8~1.0 kW电机，生产效率为200~400 kg/h。

2.滚切机

滚切机由机架、辊筒、进出茶装置、切茶机构和传动机构等组成，辊筒和切刀是其主要工作部件。滚切机采用功率为0.8 kW的电机，齿辊转速为150~200 r/min，台时产量为600~1000 kg/(h·台)。

(二)螺旋式切茶机

螺旋式切茶机由机架、传动装置、切茶机构和进出茶机构等组成，其主要部件是一个螺旋滚筒和圆弧形冲孔筛板。该机具有结构简单、保梗性好、有利于拣梗等特点，使用较广，适用于切碎各类粗大的头子茶。

(三)平面式切茶机

平面式切茶机分为平面圆筛式切茶机和平面往复式切茶机两种。

1. 平面圆筛式切茶机

平面圆筛式切茶机的主要工作部件为一冲孔筛板和一组交叉切刀。筛板置于筛床内,做平面圆周运动。茶叶依靠运动的筛板与固定切刀的相对运动而被切断,并通过筛孔落下。可更换不同筛孔的筛板或调节刀具来适应切断不同粗细茶叶的需要。

该机切茶质量较好,碎茶较少,切口有苗锋,但生产效率较低。

2. 平面往复式切茶机

平面往复式切茶机具有碎茶少、传动平稳、噪声小等特点,是一种筛切结构结合机械,便于与精制机械联装。其主要工作部件是一个往复运动的编织网和一个固定的平行切刀,茶叶依靠筛网与切刀的往复运动而被切断,并利用筛网的抖动使茶叶穿过筛孔而落下。该机切碎率高,且不易堵塞筛孔。未切断的茶叶在筛面上移动,从出茶口流出。可根据待切茶叶原料和加工要求,对筛网进行调节和更换。

三、风选机械

风选作业是茶叶精制工艺中定级取料的重要阶段,而风选机就是利用茶叶的重量、体积、形状的差异,借助风力的作用达到分离定级、去除杂质的设备。

风选机按结构、工作特点分为吹风式和吸风式两种。吹风式风选机风力可以调节,既可用于剖扇,又可用于清风;吸风式风选机因风力较强、风量大、风速高、气流稳定性较差,目前很少使用。

吹风式风选机主要由吹风装置、喂料装置、分茶箱和输送装置等组成。工作时,茶叶在风力的作用下,细嫩紧结、重实的茶叶落程短,落点较近;身骨轻飘的茶叶及黄片等,随风飘移,落点较远,如此将不同品质的茶叶分离出来。风选机分茶箱的每个出口在箱内均设有分茶隔板,隔板的高度可灵活调节,以控制风选取料的规格。

四、拣剔机械

拣剔是茶叶精制中剔除次杂的作业。茶叶拣梗机就是利用茶叶和茶梗物理特性的不同,进行茶、梗分离的机械设备。

茶叶拣梗机主要有机械式、静电式和光电式等不同类型。

（一）阶梯式拣梗机

阶梯式拣梗机是一款典型的拣梗机械，主要由拣床、进茶装置、传动机构和机架组成。其工作的原理利用茶叶与茶梗的几何形状和物理特性的不同进行茶、梗分离。工作时，拣床不断地前后运动，茶叶在拣床上纵向排列，并沿倾斜的多槽板向前移动，通过上、下多槽板的边缘落入槽沟内，从出茶斗流出；较长而平直的茶梗则由拣梗轴送至出梗斗流出。

使用该机时，拣床应平稳，振动频率应调整合适；上茶要均匀，流量要适当；同时要合理调节多槽板的空隙等。

（二）静电式拣梗机

静电式拣梗机是利用静电来拣剔茶梗的设备。茶叶通过电场后产生极化现象，由于茶叶和茶梗含水量不同，在电场中受静电力的大小不同，因而位移不同，从而达到茶、梗分离。

静电式拣梗机分高压静电拣梗机和塑料静电拣梗机。

1.高压静电拣梗机

高压静电拣梗机的结构主要由机架、输送装置、高压静电发生器、分离机构和传动机构等组成。输送装置包括贮茶斗、输送带、流量控制器和喂料辊等。喂料辊为滚筒式，随着滚筒的旋转将茶叶均匀送入电场，也可采用振动槽输送或风送。分离机构主要由静电辊和分离板组成，为提高拣净率，一般采用两组静电辊呈立式安放，将落下的茶叶两次经过静电场，重复拣剔，提高拣剔效果。

高压静电拣梗机对红碎茶拣剔效果最好，几乎可以全部取代手工操作，其次是绿茶和工夫红茶等。

2.塑料静电拣梗机

塑料静电拣梗机是利用塑料辊和羊毛辊相互摩擦所产生的电场来达到拣剔的目的，其工作原理与高压静电拣梗机相同。

该机由机架、传动机构、摩擦辊、拣板、贮输等部件组成。塑料辊、羊毛辊和拣板为该机主要工作部件。投入的茶叶，依靠塑料吸出茶梗。经反复拣剔，达到拣剔茶梗的目的。该机配用功率2 kW电机，台时产量200～250 kg/（h·台），用于红碎茶拣剔效果最好。

(三)茶叶色选机

茶叶色选机是一种应用电脑技术和色差测定技术相结合而完成茶叶拣梗作业的高技术、高精密度设备，主要由送料器、茶叶摄像用彩色 CCD 镜头、用于去除茶梗等异物的摄像头、荧光灯、电磁送风和吹风系统、茶梗和茶叶出料口、机架、控制系统等组成。茶叶色选机的拣梗与分级效果良好，茶梗拣净率可达90%以上，拣梗效率300 kg/h 以上。

五、干燥设备

茶叶精制加工，干燥是重要的工序之一，其方法主要有烘和炒两种。烘主要利用烘干机，炒主要利用复炒机。由于干燥顺序不同和目的不同，有复火和补火之分。烘干设备主要有链板式烘干机、柜式干燥机(提香机)以及传统烘焙设备等，其中链板式烘干机结构同初制链板式自动烘干机；炒干机包括车色机、炒车机等。

(一)提香烘焙机(提香机)

提香烘焙机整机呈立柜式，又称柜式烘焙机或立式烘焙机，为气流烘干方式，主要用于茶叶烘焙、提香，尤其是对提高名优茶的香气具有显著的效果。但对名优绿茶的色泽有一定的影响。

提香机采用的是箱式结构，由可控的进风系统、排风系统、电源指示、电流表、功能开关、温控仪、时间继电器及电源开关按钮组成。热风穿透茶叶，促进芳香物质的产生，保持茶叶色泽翠绿，提高效率。尤其适用于低温提香工序，如将已干燥到90%的茶叶放入，干燥到95%左右后出炉，温度50℃左右长时保温，使茶叶内部芳香物质扩散到叶表层，达到茶叶提香之目的。由于热风内循环，提香时香气不外泄，因而香气特别好；也可用高温快速提香，注意进入提香机的茶叶应该90%干燥。操作时严格按照使用说明书操作。

(二)车色机

车色机为八角滚筒式，一台机器并列安放两只滚筒，或呈上下安放。由于滚筒的转动，茶叶在筒内随滚筒的转动而相互摩擦、挤压，使茶条光直，条索逐渐紧结，色泽嫩绿起霜，达到紧条和车色的双重目的。

根据滚筒形状不同，车色机可分为筒式和瓶式两种。

1. 滚筒式车色机

滚筒式车色机由滚筒、传动装置、电气控制箱和机架等组成，滚筒两端有透气网，使筒内气热流通，保证茶叶色泽。滚筒式车色机车色效果好。

2. 瓶式车色机

瓶式车色机主要由筒体、前后罩、进料斗、传动装置、电气控制部分等组成。瓶式车色机的筒体以薄钢板制成，为瓶式正八边形；筒体前端呈喇叭状，以利出茶；后端设有透气窗，安装有铜丝网，便于空气流通。筒内安装有与轴线呈一定角度的进出茶导板，茶叶随滚筒的转动而翻转，使之车色均匀。出茶时，筒体反转，在导板的作用下自动出茶。

瓶式车色机的紧条作用强。每次投叶量一般控制在 50 kg 左右为宜。车色时间的长短应视品种、等级等的不同灵活掌握。

3. 联装车色机

联装车色机由振动槽、垂直升运装置、贮茶斗、行车、行车轨道、车色机除尘设备等组成。联装车色机一般以 12 对滚筒为一组，12 对滚筒的进出口相向排列。滚筒的中上方纵贯于行车轨道，行车来回运行于滚筒和出茶漏斗之间，定时定量接送茶叶。此设备适合于大型茶厂使用。

（三）远红外干燥机

远红外干燥机具有热效率高、干燥时间短、效果明显、香气较透发等特点。茶叶从进机到出机，仅需 70 ~ 80 s。为使湿热空气及时排出，设有排风装置。

六、匀堆装箱机械

匀堆装箱是茶叶精制加工的最后一道工序，所采用的设备称为匀堆装箱机。匀堆装箱机分匀堆和装箱两部分。

（一）匀堆机械

匀堆机有行车式匀堆装箱机、箱体式匀堆机、滚筒式匀堆机、连续式自动匀堆机、撒盘式匀堆机和联合式匀堆机等几种类型。

1. 行车式匀堆装箱机

行车式匀堆装箱机是根据手工匀堆"水平摊放、纵剖取料、多等开路、拼和均匀"的原理设计的，由多格进茶斗、升运器、行车和拼和斗等组成。

茶叶投入多格进茶斗，按拼配比例调节各出茶门开口大小，使茶叶流向升运器；升运器将茶叶升运至顶部，然后翻落到上平输送带上，上平输送带将茶叶水平送往行车。行车安置在拼和斗上方，沿拼和斗来回运动，接受上平输送带落下的茶叶，并在运动过程中将茶叶均匀投放拼和斗内。一组拼和斗由数个拼和分斗组成，每个拼和分斗下方设有漏斗和出茶滑门，通过操作手柄可开启或关闭出茶口。下平输送带与上平输送带结构相同，接受拼和斗落下的茶叶并送往振动槽，再投向升运器，升运到拼和斗进行复拼，然后送往装箱机。

为保证匀堆质量，采用该机匀堆，一般需要进行二次复匀，以使同批茶叶均匀一致。

2. 滚筒式匀堆机

滚筒式匀堆机主要由匀茶滚筒、折流板和输送装置等组成。匀堆时只要将各种待拼的茶叶用输送机从进茶口全部投入滚筒内，关闭进茶门，使滚筒缓慢旋转，茶叶在重力、摩擦力和离心力的作用下，与滚筒、折流板产生相对运动，使茶叶在筒内翻滚混合。待一定时间后，停止运转，便可卸出已混合均匀的茶叶。

使用该设备进行匀堆，滚筒转速不能太快，也不能太慢；同时装料率不能太大，一般为30%～50%，具体匀堆时，要求精确计算测定。

3. 连续式自动匀堆机

该机由进茶斗、电磁振动输送机、平输送带、平面圆筛机、贮茶斗和装箱部分组成。

工作时，将各种规格的筛孔茶分别投入进茶斗，调节各茶斗下方电磁振动输送槽的振幅，使茶斗内的茶叶自动按给定的拼配比例流到平输送带上进行拼配，并经圆筛机去末后流向贮茶斗，然后称重装箱。

这种匀堆形式配比比较准确，茶尘少，可连续作业。

4. 撒盘式匀堆机

撒盘式匀堆机由多格进茶斗、平输送带、斜输送带、撒盘、拼和大斗、贮茶斗和装箱部分组成。工作时，将待拼筛孔茶分别投入多格进茶斗，按拼配比例打开茶斗下方的出茶门，茶叶经平输送带和斜输送带送至旋转的撒盘上方各茶斗内，待茶斗装入一定数量的茶叶后，打开各茶斗出茶门，此时茶斗内的茶叶一边随斗旋转，一边从出茶口撒落到拼和大斗内，然后流向贮茶斗，最后称重装箱。

这种匀堆方式结构紧凑，占地面积小，但匀度欠佳。

5.联合式匀堆机

该机由多格进茶斗、平输送带、风力输送管道、贮茶斗及装箱部分组成。各筛孔茶按拼配比例分别投入多格进茶斗并根据各个斗内茶叶的多少，分别调节斗下比例门的大小，茶叶经平输送带、风力输送管道，送到贮茶斗内，然后称重装箱。

这种机械匀堆形式的优点是结构简单，茶尘较小，可连续作业，但所需场地较大，且比例门开口大小很难控制，难以做到使各格茶斗内的茶叶在相同时间内流完，匀度不很理想。另外，由于风力管道输送，易使茶叶的苗锋折断，碎茶增加。

（二）装箱机

装箱机由升运器、贮茶斗、称重机构和装箱部分组成。升运器为一条垂直的斗式输送带，将匀堆机平输送带送来的茶叶升运到贮茶斗。贮茶斗为一方形大斗，置于称重斗上方。称重斗接受放出的茶叶并称重。称重斗完成称重后即开门，使茶叶落入茶箱内。

茶箱安置在装箱机的摇板上，摇板通过偏心机构带动，不断摇振，使茶箱茶叶振实。摇板上设置滚轮，以便于茶箱移动。

第三节　茶叶再加工机械

一、花茶加工机械

机械窨花作业设备主要包括：茶花合并输送装置、茶花拌和器、茶花配比流量控制系统、窨花主机、湿坯摊凉机、起花（出花）机、贮茶斗、烘干机、电气操纵控制柜等，其中窨花主机是花茶加工的关键设备。目前花茶加工的主要设备有以下几种类型。

(一)流动式窨花机

流动式窨花机是我国机械化窨花出现最早的机种，具有结构紧凑、用料省、制造方便等特点，可流动进行茶花拼和。

该机主要由送茶输送装置、送花输送装置、螺旋式茶花拼和装置、铺茶装置和机架等组成。工作时，茶坯和鲜花分别倒入投茶斗和投花斗，由送茶装置和送花装置送入机械上部的茶花拼和装置，经螺旋拌和器均匀拼和后落入铺茶装置，并均匀地铺撒在地面上。当铺放厚度达到要求时，在窨堆面覆盖一层厚约 1 cm 的茶叶，随后倒退，进入另一块作业。

(二)百叶板式窨花机

该机械设备为一种立体式联合窨花机，由贮茶斗、升运器、茶花拼和装置、窨花机、筛花机、传动机构、操纵台等组成。适合于各级茶坯的窨花，可进行摊花、筛花、拌和、窨花、通花、提花、压花、起花等作业，还可用于复火后冷却，一机多用，全机只需 5 个人操作。作业时，茶与花按一定比例分别由送茶和送花输送带送至茶花拼和装置内混合，落在窨花机最上面的百叶板输送带上。在每层的端处，百叶板可翻转为垂直状态，从而使上一层的茶叶落入下一层。依次铺满底层后，百叶板停止运动，进行窨花。通花时，开启窨花机，百叶板翻转使茶、花落入振动槽，进入筛花或续窨作业。

该设备为目前较为先进的一种窨花机械，其窨花主机能适应花茶机械的连续化作业，但设备容量偏大，其产量可达 10 ~ 12 t/d，机型过大，投资较高，使用该机的茶企较少。

(三)立体窨花机

该机为立体结构，结构紧凑，主要包括养花输送带、花提升机、花进料输送带、茶进料输送带、滚筒式茶花拼和机、窨花主机、筛花机以及微波烘干机等组成。该机采用滚筒式茶花拼和方式，结构简单，拼和均匀；养花输送带、窨花输送带、振动槽等均可无级调速。

(四)气流式窨花机

气流式窨花机窨花时，鲜花与茶坯不直接接触而靠气体循环完成茶坯窨香，其特点是鲜花采后不需堆花和摊花处理，也不需通花和起花，窨花的香气鲜灵度高，但持久性较差。

该机主机由输送装置、贮茶箱、贮花箱、管路系统、传动机构、电气控制系统、机架等组成。贮茶箱与贮花箱在鼓风机的作用下通过管路系统构成气体循环，使鲜花香气反复透过茶层，茶坯不断吸附花香，完成窨花过程。

(五)花茶摊凉设备

该机用于复火后的花茶降温，起均匀混合的作用。由输送带、三层振动槽、振动机构等组成。

经复火的花茶送入输送带，将茶叶平铺在长约10 m的振动输送带上，在振动输送带的振动力作用下，茶叶边向前移动边散热冷却，经出茶口落入中层的振动输送带。茶叶自上而下缓慢移动，经过三层输送带的摊凉，叶温由100℃降至60℃以下。

二、紧压茶加工设备

(一)蒸茶器

蒸茶器由进茶斗、蒸汽通道、蒸笼、出茶器等组成。当半成品茶从进茶斗徐徐落入蒸笼后，蒸汽通过蒸汽通道经汽孔进入蒸笼蒸软茶叶，蒸汽通过叶层后由进茶斗排出。茶叶在蒸笼内停留时间由出茶器控制。出茶器具有密封作用。

(二)压砖机

压砖机是将蒸茶器蒸软的茶叶压制成形的机械设备。常用的压砖机有蒸汽压砖机和螺旋压砖机等。

1. 蒸汽压砖机

蒸汽压砖机由气缸和活塞等组成，活塞连接压板，蒸汽由气门控制。在蒸汽压力的推动下，活塞上、下运动，从而带动压板上升或下压，完成压制工作。

2. 螺旋压砖机

螺旋压砖机由螺旋杆、摩擦轮、压板和机架等组成，其工作原理与蒸汽压砖机相同。压制时，通过电动机带动螺旋杆旋转使压板上升或下压，完成压制。该机配用电动机功率为28 kW，电动机转速为1450 r/min。

第十章 茶叶加工厂建设

茶叶加工厂是茶叶生产、加工和经营的活动中心，对茶产品的质量卫生起决定性的作用，在整个茶业产业链中具有非常重要的地位。茶叶是直接冲泡的饮品，属食品范畴，在改造和新建厂房时，应按照《中华人民共和国食品卫生法》《食品安全国家标准 食品生产通用卫生规范》（GB/T 14881—2013）等标准及其他相关要求进行规划、设计和建设，从厂址选择、环境条件、厂区的规划与布局、厂房建筑建设、生产设备配备、运行和卫生管理等系统工程入手，提高茶叶加工厂规划、设计和建设水平。

第一节 厂址选择与环境条件

一、厂址选择

加工厂应选择地势开阔、干燥、较平坦、交通方便的地方，能适应茶叶加工工艺流程要求。在一些山区，为保证场地平坦又节约农田，可采取阶梯式布置。初制厂应设在产地中心或集中产区，收集鲜叶的范围一般在5 km以内，以便采摘的鲜叶能及时运送茶厂加工。

二、环境条件

加工厂上风及周围1 km以内不得有排放"三废"的工业企业，周围不得有

粉尘、有害气体、放射性物质和其他扩散性污染源，所处大气环境不低于GB/T
3095—2012中规定的三级标准要求。厂房应远离垃圾场、畜牧场、医院、粪池
及经常喷洒农药的农田，并尽可能建在这些设施的上风口；离开交通主干道20
m以上。茶厂四周应保持清洁，厂区空地或道路应铺设混凝土、柏油或绿化，
地面不应有严重积水、渗漏、泥泞、污秽、破损等。厂区内不应有不良气味、有
害气体及其他有碍茶叶卫生的设施及动物。使用水源应清洁、充足。茶叶加工
中直接用水、冲洗加工设备和厂房用水应符合GB/T 5749—2006的要求。厂区
周界应建设有适当防范外来污染源的标志标识与相应设施，无关人员不宜进入
加工生产区内。

第二节　厂区规划与布局

一、厂区布局

厂区应根据加工要求合理布局，加工区与生活区和办公区相对隔离，互相
连接，互不干扰；加工厂的设计和建筑应符合国家相关标准要求。厂区建筑应
整齐、有序，水、电、排水等设施齐全，布置合理。

厂区建筑物的朝向因地而异，以坐北朝南为好，考虑到阳光的充分利用，
朝向以南偏西13°左右为佳；茶叶质量审评室需向北方向，以避免光线直射；锅
炉房、厕所应设在加工车间的下风口，要避免其气味影响厂区。

二、道路建设

厂区道路应根据加工厂的规模合理规划，道路宽度应考虑设备、鲜叶原料
和成品茶的运输，主干道一般不窄于6 m，次干道不窄于2.5 m，且要求硬化。

三、厂区绿化

厂区应有足够的绿化面积，一般不应少于厂区总面积的30%。用于绿化的
植物和花草应搭配合理，一般情况下，在车间或建筑物南侧可种植落叶乔木，

东西两侧栽种高大荫浓的乔木，北侧宜种植常青灌木和落叶乔木混合品种。厂区较大空地可设花坛或布置花园，适当设假山、喷水池、艺术雕塑和座椅等，以作休息场所。厂区道路两侧的绿化，通常在道路两侧种植稠密乔木，一般树的株距为 4~5 m，树干高度为 3~4 m。厂前区的绿化一般结合厂前美化设施统一进行考虑和实施。

四、厂区排水

厂区雨水排除可采用明沟、管道或混合结构排水。明沟排水，可采用砖沟、石沟、混凝土沟等多种水沟；断面一般常用梯形或矩形；沟底宽度应不小于 0.3 m，沟深不小于 0.2 m。采用管道排水，雨水口的布置应以集水方便，能顺利快速排除厂区的雨水为度。

五、管线布置

厂区管线应根据厂区实际情况合理布置，常用的管线有蒸汽管道、液化气管道、电缆管道、进排水管道等，一般应集中布置。地埋管线一般布置在道路两侧或道路一侧与建筑物之间的空地下面，地下管线的埋设深度一般在 0.3~0.5 m 范围，并依管线的使用、维修、防压而定。车间内的电源线一般应布置在车间两侧墙壁并埋于墙壁内，连接加工机械的电源线应采用电缆线并采取相应措施进行固定保护。

第三节　生产车间的规划、设计与建造

加工车间一般包括摊青（贮青）间、初制车间、精制车间、仓库等，应根据《中华人民共和国卫生法》《中华人民共和国消防法》和食品加工厂规划要求进行规划，并按照食品工业和民用建筑要求进行建造，建筑物的风格和色泽等应与周围环境相协调。

一、平面布置

生产车间在厂区内的平面布置及车间内的平面布置，应符合加工工艺和流

程要求,并与生产规模衔接合理。加工车间宜采取"一"字形,即只建一栋厂房;较大型的茶厂,可采用"="或"工"形,即建多栋厂房,各栋厂房之间一般应采用房屋或连廊形式连接。加工车间加温工段与非加温工段应以墙壁隔开,此外,各工段应留有空地,供在制品的周转。一般两排机组之间应留出 2 m 以上的间距。

二、基本要求

(一)鲜叶收购间

一般设置在摊(贮)青间外,与摊(贮)青间相通;设置在摊(贮)青间内,应与摊青设施等明确隔开,面积不少于 20 m²。

(二)摊(贮)青间

摊(贮)青间应独立设置,要求室内阴凉、干燥,空气流通;以贮青为目的,则要求室内阴凉潮湿,空气湿度宜控制在 80% 以上。

(三)做青车间

门窗可开闭,设有排气扇和循环风扇,室内温度稳定,温度宜控制在 22~25℃、空气相对湿度 75% 左右。做青车间一般方向向北,避免阳光直射,同时车间应相对密封。做青车间一般应安装温、湿自控设备,使车间内保持做青所需温、湿度。

(四)杀青车间

车间内要求空气流通,上设排风扇或天窗降温排湿;烧火灶口应与车间隔离;烧火间地面应低于车间地面,以便于操作。

(五)揉捻车间

揉捻车间紧靠杀青间,车间内应避免阳光直射,阴凉湿润。

(六)干燥车间

车间内要求空气流通,设计建造时除适当提高车间高度外,应装置排风扇或气窗;热风发生炉置于烧火间内;烘干机械应加装排湿和排尘装置,或车间设置统一的除尘系统。

（七）精制车间

精制车间紧靠初制车间和仓库，单一的精制加工厂应与原材料仓库靠近；车间内应安装通风、防尘等设施。

（八）仓库

加工厂应有足够的原料、辅料、成品和半成品仓库或场地，原材料、半成品和成品应分开放置。成品茶仓库应建设在地势较高的地方，室内地面应比室外高 50~60 cm；室内铺设地板，下部开设通风洞，并有防潮、防霉、防蝇、防虫和防鼠设施；室内门窗要求密封性好，以保持室内干燥。有条件的茶厂（场），可建设冷藏库贮存茶叶，温度一般 3~5℃。

三、技术与参数要求

（一）车间面积

加工车间面积应与加工产品种类、数量相适应，面积大小应根据加工机械占地面积多少而定，一般为全部机械设备占地面积总和的 8~10 倍。但加工名优茶或采取连续化生产线加工，车间面积可适当缩小。摊（贮）青间面积应根据生产规模和加工茶类而定，大宗茶鲜叶一般摊放厚度不宜超过 30 cm，即每平方米厂房面积摊放鲜叶 15 kg 左右；名优茶鲜叶摊放厚度一般 2~3 cm，即每平方米可摊鲜叶 2~3 kg。若采取贮青槽摊放鲜叶，大宗茶可按每平方米厂房面积摊放鲜叶 50~60 kg、名优茶按 5~8 kg 计算。包装车间面积应不少于 20 m^2 或按每人 4 m^2 确定车间面积，若包装人数超过 10 人时，按每人 2~3 m^2 计算。成品仓库面积一般按 250~300 kg/m^2 的贮放数量计算确定，毛茶仓库等视原料的松紧程度提高仓贮面积标准。

（二）车间宽度

加工车间的宽度（亦称跨度或进深）应符合我国建筑行业"建筑统一模数制"的规定，一般安装单条大宗茶生产线的厂房应不小于 9 m，名优茶则可为 6 m；并排安装两条大宗茶生产线的厂房应不小于 12 m，而名优茶则可为 9 m。此外，应在安装机械设备的一侧外面建造 3~5 m 的烧火间。

（三）车间开间与长度

车间厂房的长度为开间与间数的乘积，应根据各机械设备的长度总和、设备间距、横向通道宽度总和及墙壁厚度，参照当地建筑习惯确定。车间开间应符合建筑模数所确定的模数要求，常采用的开间为 3.6 m、3.9 m、4.5 m、6.0 m等，为便于设备安装，应尽可能采用6.0 m的开间。

（四）车间高度

车间厂房高度应由生产和通风要求确定，一般名优茶加工厂房要求在 4.0 m以上，大宗茶加工厂在 5.0 m以上。杀青车间和干燥车间等，要求车间高度应不低于 5 m，同时要求门窗宽敞，并应装置足够的排湿、排气设施。精制车间高度要求适当提高车间高度。

（五）车间及屋顶结构

车间厂房结构应根据初制厂规模、茶场的经济能力及对厂房的要求等确定，分别采用砖木结构、砖混结构、钢筋混凝土框架结构和钢结构等。砖木结构一般用于单层小型茶厂车间建造；砖混结构，中、小型茶厂车间使用较多；钢筋混凝土框架结构，适应层数较多、载荷大和跨度大的厂房建筑要求，适宜跨度和开间较大的厂房车间；钢结构是当前最先进的厂房结构形式，大型茶厂可采用此结构。车间厂房屋顶一般采用平顶或人字形坡屋顶，但若车间宽度超过 15 m，车间中部采光较差，可在中部开设天窗弥补。

（六）车间照明

车间应采光良好，窗户面积应尽可能大，一般要求门窗面积应占所在墙壁面积的30%以上。车间照明应以不改变茶叶在制品的本色为宜，宜装置日光灯或白炽灯，照度应达到500 lx 以上。

（七）车间地面、墙壁和门窗

车间地面应贴防滑地砖或为水磨石地面，应坚固、平整、光洁、不起灰，便于清洁和清洗，设有适当的排水设施，任何地方不应积水。车间墙壁应涂刷浅色无毒涂料或油漆，除特殊要求部位外，宜用白色瓷砖砌成 1.5 m以上高度的墙裙。

车间门一般采用平开门和钢制推拉卷帘门。用于人通行的单扇门宽一般 80～100 cm，双扇门宽 120～180 cm，门高 200～220 cm；用于手推车进出的门宽 180 cm 左右，高220 cm；轻型卡车进出门宽约300 cm，高270 cm；中型卡车进出门宽约330 cm，高300 cm。

车间窗户采用平开窗和悬拉窗,平开窗一般用于接近工作面的下部侧窗,悬拉窗一般用于上部窗或天窗。

车间门、窗应安装纱门、纱窗或其他防蚊蝇设施。车间出口及与外相连的排水、通风处装有防鼠、防蝇、防虫设施。

(八)其他设施

加工车间应分别设置物流进出口和人流进出口,在没有原料和物品进出时,应只开放人流进出口供人员进出。在人员进出口处,应分别设置男、女更衣间,并设置洗手和干手设施。加工车间应设置参观通道,参观通道一般设在主车间外,与其之间的主车间墙壁,可设计采用大玻璃结构。

第四节 加工设备

加工设备应根据加工茶类和工艺需要、加工设备性能、全年最高日产量来确定,并在此基础上配备辅助和控制设备,以便组成生产线。直接接触茶叶的设备和用具应用无毒、无异味、不污染茶叶的材料制成。提倡尽可能采用不锈钢材料的茶叶机械,特别是接触茶叶的零部件,允许使用竹子、藤条、无异味木材等天然材料和食品级塑料制成的器具和工具。使用前,新设备必须清除表面的防锈油,旧设备进行机械除锈。每个茶季开始和结束,应对加工设备进行清洁和保养。定期按规定要求润滑零部件,每次加油应适量,不得外溢。

第五节 卫生设施与管理

车间进口处应设更衣室,配备足够数量的洗手、消毒、杀菌用品。更衣室与车间设通道。厕所有化粪池,有冲水、洗手等设施,易于清洗并保持清洁。

在加工、包装、贮存过程中,避免茶叶与地面直接接触。非加工茶叶用的物品不得放在加工车间内。加工废弃物应妥善处理,不污染环境。

加工厂应制定相应的卫生管理制度,并明示。并严格按要求,记录、保存各项原始记录。

第十一章 茶叶加工良好操作规范

茶叶加工质量与食品安全，与茶叶的加工技术水平、加工环境卫生、设备、人员情况等密切相关。GB/T 32744—2016 规定了茶叶加工企业的厂区环境、厂房及设施、加工设备与工具、卫生与加工过程的管理，产品的管理与检验、产品追溯与召回、机构人员、记录和文件管理等，适用于茶叶的初制、精制和再加工。

第一节 厂区环境

应选择地势平坦、干燥、交通方便的地方建厂。厂区周围应清洁卫生，无物理、化学、生物等污染源，不得有害虫孳生的场所。厂区四周环境应保持清洁，地面不得有积水、泥泞、污秽等。厂区邻近及厂内道路，应采用便于清洗的混凝土、沥青及其他硬质材料铺设。厂区空置地带应良好绿化。生活区、生产区应当相互隔离；生产区内不得饲养家禽、家畜。厂区内垃圾应密闭式存放，并远离生产区，排污沟渠也应为密闭式；厂区内不得散发出异味，杂物要求堆放有序。厂区大气环境应符合 GB/T 3095—2012 中规定的三级标准要求。

第二节 厂房和设施

一、设置与布局

新建、扩建、改建的厂房及设施应按标准要求进行设计和施工，并符合 GB/T 14881—2013 的规定。

厂房设置应按生产工艺流程需要和卫生要求，有序、整齐、科学布局，工序衔接合理，避免人流和物流之间的交叉污染。厂房布局应考虑相互间的地理位置及朝向。锅炉房、厕所应处于生产车间的下风口，仓库应设在干燥处。

厂房设置包括洗手更衣间、生产场所和辅助场所，并具有相应的消防安全设施。应设置独立的、具有足够空间的理化检验室、感官检验室、样品室；必要时设立卫生指标检验室。为防止交叉污染，应分别设置人员通道及物料运输通道。生产车间内，设备之间、设备与墙壁之间有适当的通道或工作空间，该空间的大小应以生产经营人员完成作业（包括清洗、消毒）时不致因衣服或身体的接触而污染茶叶。

初制厂一般由贮青车间、加工车间、包装车间、仓库等组成。各车间面积应与加工产品种类、数量相适应。贮青车间面积按大宗茶鲜叶堆放厚度不宜超过 30 cm，或按每 100 kg 鲜叶需 6~8 m^2 标准确定，设备贮青时按设备作业效率确定；其他车间面积（不含辅助用房）应不少于设备占地总面积的 8 倍。

精制厂和再加工厂一般由原料车间、加工车间、包装车间、仓库等组成。各车间面积应与加工产品种类、数量相适应，不少于设备占地总面积的 10 倍（不含辅助用房）。手工包装时，包装车间面积 10 人以内按每人 4 m^2 确定，10 人以上人均面积可酌减。

应有专门的区域贮存设备备件，并保持备件贮存区域清洁干燥。车间内不得存放农药、肥料、喷雾器、防护服等易污染茶叶的物品，不应存放其他非加工茶叶用的物品。

二、内部建筑机构

(一)基本要求

厂房的各项建筑物应坚固耐用,易于维修和清洁;并有能防止各种污染物侵入的结构。生产厂房的高度应能满足工艺、卫生要求,以及设备安装、维护、保养的需要。车间层高应不低于 4 m。应将通向外界的管路、门窗和通风道四周的空隙完全充填,所有窗户、通风口和风机开口均应装上防护网。

(二)地面

地面应使用无毒、无裂隙且易于清洗消毒的建筑材料铺砌(如耐酸砖、水磨石、混凝土、厚浆型自流平环氧地坪涂料等)。地面应平坦防滑、无裂缝并易于清洁、消毒,并有适当的措施防止积水。

(三)屋顶与天花板

屋顶与天花板应选用表面光洁、无毒、防霉、耐腐蚀、易清洁的浅色材料覆涂或装修,在结构上减少凝结水滴落,便于洗刷和消毒。茶叶及茶叶接触面暴露的上方不应设有裸露的蒸汽、水、电气等主副管道。

(四)墙壁

生产车间的墙面应采用无毒、防霉、平滑、易清洗的浅色材料;在操作高度范围内的墙面应光滑、不易积累污垢且易于清洁。墙壁与墙壁之间、墙壁与天花板之间、墙壁与地面之间的连接应结构合理、易于清洁,能有效避免污垢积存。例如设置漫弯形交界面等。

(五)门窗

门、窗、天窗要严密不变形。应采用防锈、防潮、易清洗的密封框架,设置位置适当,并便于卫生防护设施的设置。窗台要设于地面 1 m 以上,其结构应能避免灰尘积存且易于清洁。

三、设施

(一)供水设施

供水设施应能保证生产用水的水质、压力、水量等符合生产需要。供水设施出入口应增设安全卫生设施，防止动物及其他物质进入导致茶叶污染。使用自备水源的供水过程应符合国家卫生行政管理部门关于生活饮用水集中式供水单位的相关卫生要求。

（二）采光、照明设施

车间应有充足的自然采光或人工照明，照明光源以不改变茶叶在制品的色泽为宜，加工场所有工作面的混合照度不低于 300 lx，包装车间不低于 800 lx。工作台、敞开式生产线及原料上方的照明设备应有防护装置。

（三）车间通风设施

车间通风、通气良好。灰尘较大的车间或作业区域，应安装换气风扇或除尘设备。杀青、干燥车间，应安装足够的排湿、排气设备。通风口应安装易清洗和更换的耐腐蚀防护罩，进气口应距地面 2 m 以上，并远离污染源和排气口。

（四）锅炉房

锅炉间应单独设置，蒸汽管道设置合理。应有单独存放燃料的场所，有防止燃料污染和保障安全的措施。锅炉操作人员须经过职业技能培训，持证上岗。

（五）污水排放及废弃物处理设施

污水在排放前应经适当方式处理，以符合国家污水排放的相关规定。排水系统的设计和建造应保证排水畅通，便于清洁维护；应适应食品生产的需要，保证食品及生产、清洁用水不受污染。

应设有密闭式废弃物储存设施，能防止有害动物的侵入、不良气体或有毒有害气体溢出，便于清洗消毒。

（六）个人卫生设施

车间入口处应设置更衣室和换鞋（穿戴鞋套）设施；其大小与生产人员数量相适应，工作服悬挂上方应设紫外灯。更衣室内应有与生产人员数相适应的储衣柜、鞋架，以保证工作服与个人服装及其他物品分开放置。

应在车间入口设置洗手、干手和消毒设施；与设施配套的水龙头其开关应为非手动式。洗手设施的水龙头数量应与同班次加工人员数量相匹配（数量不低于 10 人/个）。必要时应设置冷热水混合器。洗手池应采用光滑、不透水、易清洁的材质制成,其设计及构造应易于清洁消毒。应在临近洗手设施的显著位置标示简明易懂的洗手方法。

应根据需要设置卫生间,卫生间的结构、设施与内部材质应易于保持清洁;卫生间内的适当位置应设置洗手设施。卫生间不得与茶叶生产、包装或贮存等区域直接连通。出入口不能正对车间门,要避开通道,卫生间门应设自动关闭装置,要有良好的排风及照明设施。

(七)仓储设施

加工厂应有足够面积的原料、辅料、半成品和成品仓库。成品仓库面积按 $250 \sim 300 \ kg/m^2$ 计算确定。仓库应干燥、清洁、避光;地面应坚固、平整、光洁,便于清洁,墙壁无污垢。仓库应有防火、防潮、防霉、防蝇、防虫和防鼠设施。成品仓库地面应设置垫板,其高度不得低于 15 cm。仓库内应设置足够数量的货架,并使储存的物品离墙不小于 20 cm,离地不小于 15 cm。

根据储存需要建设冷藏库,冷库温度宜控制在10℃以下。

贮存包装容器的仓库应清洁,并有防尘、防污染设施,应有新包装容器、回收包装容器分类堆放的空间。辅助储存区应配置通风系统,储存危险品的区域应远离生产车间及食品。

(八)防护设施

车间和仓库应有防火、放爆、防水、防鼠、防蝇、防虫以及防家禽、家畜和宠物出入的相应设施。如放置灭火器,安装防鼠板,安装纱门、纱窗、排水口网罩、通风口网罩、下水道隔离网等设施。

第三节 加工设备和用具

一、设计

企业应具备与其生产的产品和加工工艺相适应的生产设备,不同设备的加工能力应互相配套。用于茶叶加工、包装、贮存的机器设备,其设计和构造应能防止危害茶叶卫生,易于清洗消毒,易于检查,安全;并能避免机器润滑油、金属碎屑、污水或其他污染物混入茶叶。所有悬空的传送带、电动机或齿轮箱均应安装滴油盘，并确保泵和搅拌器的密封结构能防止润滑剂、齿轮油或密封水渗入或漏入茶叶及茶叶接触面。加工设备的设计与制造应易于使其维持良好的卫生状况。

二、材质

用于茶叶生产和可能接触茶叶的设备、操作台、传送带、运输车和工器具等辅助设施，应由无毒、无异味、非吸收性、耐腐蚀、不易脱落且可重复清洗和消毒的材料制作。可使用竹子、藤条、木材等天然材料制成的用具和容器，但不得有异味。

三、设置与安装

设备设置应根据工艺要求，布局合理，保证生产顺畅有序进行，避免引起交叉污染；上、下工序衔接要紧凑，各设备的能力应能相互匹配。各种管道、管线尽可能集中走向。冷水管不宜在生产线和设备包装台上方通过。燃油设备的油箱、燃气设备的钢瓶和锅炉等易燃易爆设备与加工车间至少留有 3 m 的安全距离。

设备安装应符合工艺卫生要求，与屋顶（天花板）、墙壁等应有足够的距离。传动部分应有防水、防尘罩，以便于清洗和消毒。压力锅炉应独立安装在锅炉间。各种炉火门不得直接开向车间，有管道输送和密闭燃烧且采用天然气、电力为能源的炉门除外。

四、清洁与维护

应建立设备清洁、保养、维修程序，严格执行，做好记录。每次生产前应检查设备是否处于正常状态，防止影响产品卫生质量的情形发生；出现故障应及时排除并记录故障发生时间、原因及可能受影响的产品批次。设备和用具每次使用前，应清洁干净。新设备和用具应清除表面的防锈油等不洁物；旧设备和用具应进行除锈、除尘、除异物。设备应采用定期润滑等方式妥善维护，确保使用性能。加润滑油应适量，不得外溢。

五、质量检验设备

应根据原辅料、半成品及产品质量、卫生检验的需要配置检验设备。检验设备应按相关规定定期检定或校准，做好维护工作，确保检验数据准确。

第四节　卫生管理

一、管理要求

应制定卫生管理制度及考核标准，并实行岗位责任制；应制订卫生检查计划，并对计划的执行情况进行记录并存档。

二、厂区环境卫生管理

厂区及邻近厂区的区域，应保持清洁。厂区内道路、地面养护良好，无破损，无积水，不扬尘。厂区内草木应定期修剪，保持环境整洁；不得堆放杂物。排水系统应保持通畅，不得有污泥淤积。

应设置废弃物临时存放设施。废弃物根据其性质分类存放。废弃物存放设施应为密闭式，污物不得外溢，做到日产日清。

三、厂房及设施卫生管理

厂房内各项设施应保持清洁，出现问题及时维修或更新；厂房地面、屋顶、天花板及墙壁有破损时，应及时修补。生产、包装、贮存等设备及工器具、生产用管道、裸露食品接触表面等应定期清洁消毒。原材料预处理场所、加工制造场所，每天开工前和下班后应及时清洁，保持良好卫生状况。生产作业场所，应采取措施（如纱窗、空气幕、栅栏等）防止有害生物侵入。存放废弃物的容器应密闭，做到日产日清。

包装车间内应设置简易配料库，避免在生产期间频繁开门，以免害虫等病媒进入生产区域。除卫生和工艺需要，均不得在生产车间使用和存放可能污染茶叶的任何种类的药剂。供车间内部使用的清洁消毒用品，应设专区或专柜存放，并明确标示，有专人负责管理。生产车间进口应备有工作鞋或备有防污染鞋套。

四、机器设备卫生管理

用于生产、包装、储运等的设备、工器具，应定期清洁。对使用的机器设备、工器具每天开工前和下班后应进行清洁。可移动设备和工器具，应放置在能防止其食品接触面再受污染的场所，并保持适用状态。车间内移动水源的软质水管喷头或者水枪保持正常的工作状态，在任何情况下都不得落地。所有茶叶接触面，应防止锈蚀。用于清洗与产品接触的设备和工器具的清洗用水，应符合 GB/T 5749—2006 的规定。

五、清洁管理

企业应制定清洁制度和措施，保证企业所有场所、设备和工器具的清洁卫生。直接用于清洁茶叶加工设备、工器具及包装材料的清洁剂应是食品行业允许使用的清洁剂。一般不得使用金属材料(如钢丝绒)清洗设备和工器具；特殊情况下必须使用金属材料清洗时，应严格防止金属物混入产品。清洁的方法应安全、卫生，消毒剂、洗涤剂应在安全、适用的状态下使用。用于清扫、清洗和消毒的设备、工器具应放置于专用场所内，由专人妥善管理。应对清洁程序进行记录，如洗涤剂和消毒剂的品种、作用时间、浓度、对象、温度等。洗涤剂、消毒剂均应有固定包装，定点存放，专人保管，建立管理制度。

六、人员卫生管理

(一)人员健康

企业应建立从业人员健康检查和档案管理制度。茶叶加工及相关人员每年应进行健康检查，取得健康证明后方可上岗；上岗前应接受卫生培训。茶叶加工及相关人员如患有痢疾、伤寒、甲型病毒性肝炎、戊型病毒性肝炎等消化道传染病，以及患有活动性肺结核、化脓性或者渗出性皮肤病等有碍食品安全的疾病，或有明显皮肤损伤未愈合的，应当调整到其他不影响茶叶安全的工作岗位。

(二)个人卫生

茶叶加工人员应保持良好的个人卫生。进入生产车间前,应穿戴好整洁的工作服、工作帽、工作鞋(靴),工作服应盖住外衣,头发不应露出帽外,必要时应戴口罩。岗前、如厕后、接触可能污染茶叶的物品后或从事与生产无关的其他活动后,应洗手消毒;生产加工、操作过程中应保持手的清洁。茶叶加工人员不应涂指甲油,不应使用香水,不应佩戴手表及饰物。工作场所严禁吸烟、吃食物或进行其他有碍茶叶卫生的活动。个人衣物应贮存在更衣室个人专用的更衣柜内,个人用其他物品不应带入加工车间。

(三)来访者

来访者进入茶叶生产加工、操作场所应符合现场操作人员卫生要求。

七、有害生物防治管理

应保持建筑物完好、环境整洁,防止虫害侵入及孳生。保持各种卫生防护设施完好,防止家禽、家畜、鼠类、昆虫等侵入;若发现有虫鼠害痕迹时,应追查来源,消除隐患。应制定虫害控制措施,并定期检查。可采用物理、化学或生物制剂进行处理,其灭除方法应不影响茶叶的安全和产品特性,不污染茶叶接触面及包装材料(应尽量避免使用杀虫剂等)。使用各类杀虫剂或其他药剂前,应做好防止人员中毒和产品、设备、工器具的污染的预防措施。厂区应定期进行有害生物治理工作,但治理工作不能在生产过程中进行。治理工作应有相应的记录。

八、工作服管理

进入作业区域应穿着工作服。工作服包括工作衣、裤、发帽、鞋等,茶叶包装工序应配备口罩。可能接触到茶叶的操作人员不得戴胶体制成的手套。穿工作服时不应进入卫生间、餐厅、非生产区域;管理、维修、参观等人员进入生产区域前在该区域所属的更衣室更换工作服。

应制定工作服的清洗保洁制度。

九、污水和废弃物处理

污水排放应符合 GB 8978—1996 的规定，达标后排放。应制定废弃物存放和清除制度，有特殊要求的废弃物其处理方式应符合有关规定。废弃物应定期清除；易腐败的废弃物应尽快清除；必要时应及时清除废弃物。车间外废弃物放置场所应与茶叶加工场所隔离，防止污染；防止不良气味或有害有毒气体溢出；防止虫害孳生。

第五节　加工过程管理

一、原辅料管理

茶树鲜叶、毛茶等原料应来源明确、可溯源。茶树鲜叶、毛茶等原料质量应符合验收标准要求。原料应有专用库房保管，标识清晰，离地离墙、通风防潮。检验不合格的原料，应单独存放，并明确标示"检验不合格"，作不合格处理并记录。原料储存场所应有有效防止有害生物孳生措施，并应防止其外包装破损而造成污染。

茶叶加工过程中不得使用食品添加剂。加工用水水质应符合 GB/T 5749—2006 的要求。

茶叶包装材料应清洁、无毒，并符合国家相关规定。包装材料在特定的存储和使用条件下应不影响食品安全和产品特性。应对即将投入使用的包装材料标识进行检查，并予以记录，避免包装材料的误用。

二、加工过程安全控制

加工过程中，原料和在制品不应与地面直接接触，不得添加香精、色素和其他非茶类物质。花茶加工应使用天然香花进行窨制；珠茶加工根据传统工艺需要，可适量添加糯米糊。

加工过程中，不得使用灭蚊药、灭鼠药、驱虫剂、消毒剂等易污染茶叶的物品。加工废弃物应及时清理出现场，妥善处理，以免污染茶叶和环境。加工设备所用的燃料及其残渣应存放在专门区域。加工中可使用制茶专用油润滑与茶叶直接接触的金属表面。

三、《加工作业指导书》的制定与执行

企业应制定《加工作业指导书》。

《加工作业指导书》应包括：产品拼配和配方；产品标准生产作业程序；生产管理规定（至少应包括生产作业流程、管理对象、关键控制点及注意事项等）；原料采购标准及验证；机器设备操作与维护规程。

生产人员应按照《加工作业指导书》进行操作。

四、初制

鲜叶应合理贮青。鲜叶堆放厚度视鲜叶等级而定；用设备贮青时，按设备要求操作。

按不同加工茶叶品种的要求，采用相应的加工工艺方案进行加工。重点控制好每个工序的温度、时间、投叶量、在制品含水量等工艺技术参数。宜采用传统加工方法加工茶叶。

五、精制

毛茶应进行必要的整理，以满足后续加工的需要。按不同产品的要求，采用相应的加工工艺方案进行加工。控制好各工序在制品的规格大小、形状、水分、匀整度、净度、色泽等品质因子。做好每道工序在制品的交接工作，防止在制品原料混淆。

六、再加工

再加工的原料应符合相应茶类产品标准的要求。按不同产品的要求，采用相应的加工工艺方案进行加工。控制好各工序在制品的大小、形状、水分等品质因子，确保产品质量。

第六节　产品管理

一、标志、标签

加工的茶叶应有标签，标签应包含产地、加工日期、等级、数量等内容。产品标签应符合 GB/T 7718—2011 和《国家质量监督检验检疫总局关于修改〈食品标识管理规定〉的决定》（总局 2009 年第 123 号令）的相关规定，运输包装箱的图示标志应符合 GB/T 191—2016 的要求。

二、包装

产品应包装出厂，产品包装应符合 GH/T 1070—2011 的规定。

三、贮存

产品的贮存应符合 GB/T 30375—2013 的规定。产品应按品种、包装形式、生产日期分别存放，以先进先出为原则。

四、运输

运输工具应清洁、干净、无异味、无污染。运输时应防雨、防潮、防曝晒。不得与其他物品混装、混运。

五、制度和记录

应制定产品管理制度，原料及成品的出入库和运输应有相应的台账和记录。

第七节　检验

应通过自行检验或委托具备相应资质的食品检验机构对原料和产品进行检验，建立食品出厂检验记录制度。自行检验应具备与所检项目相适应的检验室和检验能力；由具有相应资质的检验人员按规定的检验方法检验。

检验室应有管理制度，保存各项检验的原始记录和检验报告。应建立产品留样制度，及时保留样品。

应综合考虑产品特性、工艺特点、原料控制情况等因素合理确定检验项目和检验频次，以有效验证生产过程中的控制措施。净含量、感官要求以及其他容易受生产过程影响而变化的检验项目的检验频次应大于其他检验项目。同一品种不同包装的产品，不受包装规格和包装形式影响的检验项目可以一并检验。

第八节　产品追溯和召回

应建立产品追溯制度，确保对产品从原料采购到产品销售的所有环节都可进行有效追溯。

合理划分并记录生产批次，采用产品批号等方式进行标识，便于产品追溯。

根据国家有关规定建立产品召回制度。当发现生产的食品不符合食品安全标准或存在其他不适于食用的情况时，应当立即停止生产，召回已经上市销售的茶叶，通知相关生产经营者和消费者，并记录召回和通知情况。对被召回的茶叶，应严格按规定进行处理；根据相关记录，查找原因，明确纠正的措施。

第九节　机构与人员

一、机构与职责

建立健全各项食品安全管理制度，采取相应管理措施对茶叶实施从原料进厂到成品出厂全过程的安全质量控制；保证产品符合相关法律、法规和相关标准的要求。设置茶叶质量安全管理机构，负责企业的茶叶安全管理。质量安全管理机构的负责人应由企业法人或企业法人授权的负责人担当；至少有一人全面负责茶叶质量安全工作，生产管理负责人与质量管理负责人不应相互兼任。

质量管理机构应配备产品检验人员，负责原料、半成品、成品的检验分析工作。质量管理机构负责质量管理体系的建立、实施和保持工作。质量管理部门应有执行质量管理职责的充分权限，其负责人应有停止生产和成品出厂的权力。

应配备经专业培训的专职或兼职的食品安全管理人员，负责宣传贯彻食品安全法律、法规及有关规章制度，负责食品安全制度执行情况的督查，并做好有关记录。

生产管理机构负责原材料处理、生产作业及成品包装等与生产有关的管理工作。

二、人员与资格

企业负责人应具有食品安全和生产、加工等专业知识。生产管理负责人应具有相应的工艺及生产技术与食品安全知识。质量管理人员应具有发现、鉴别各生产环节及产品中潜在不符合要求的能力。产品检验人员应掌握茶叶感官审评和理化项目出厂检验的基本知识和操作技能，并获得培训合格证明。食品安全管理人员应具备食品安全或相关专业大专以上学历或同等学力。

三、教育培训

建立食品生产相关岗位的培训制度，对食品加工人员以及相关岗位的从业人员进行遵守食品安全相关法律法规标准、执行各项食品安全管理制度和相应的食品安全知识的培训。应根据茶叶生产不同岗位的实际需求，制定和实施茶叶安全年度培训计划并进行考核，做好培训记录。当食品安全相关的法律法规标准更新时，应及时开展培训。定期审核和修订培训计划，评估培训效果，并进行常规检查，以确保培训计划的有效实施。

第十节　记录和文件管理

一、记录管理

建立记录制度。对采购、加工、贮存、检验、销售、客户投诉处理、产品召回等环节进行记录。记录内容应完整、真实，确保对产品从原辅料采购到产品销售的所有环节进行有效追溯：有原辅材料进货查验记录，如实记录茶叶原料和茶叶包装材料等相关产品的名称、规格、数量、供货者名称及联系方式、进货日期和验收等内容；有产品加工记录，如实记录产品的加工过程（包括工艺参数、环境监测等）；有产品贮存记录，如实记录产品贮存的品种、规格、数量及贮存情况；应有产品检验记录，如实记录产品的批次、检验项目、检验方法、检验结果、检验日期、检验人员等内容；有产品销售记录，如实记录出厂产品的名称、规格、数量、生产日期、生产批号、检验合格单、销售日期等内容；有客户投诉处理记录，对客户提出的书面或口头意见、投诉，企业相关管理部门应作记录并查找原因；有不合格产品召回记录，如实记录发生召回的产品名称、批次、规格、数量、发生召回的原因及后续整改方案等内容。记录应有记录人和审核人的签名，保存期不得少于2年。

二、文件管理

建立文件的管理制度，对文件进行有效管理，确保各相关场所使用的文件均为有效版本。鼓励采用先进技术手段（如电子计算机信息系统），进行记录和文件管理。

参考文献

[1] 夏涛.制茶学(第三版)[M].北京：中国农业出版社,2016.

[2] 朱旗.茶学概论[M].北京：中国农业出版社,2013.

[3] 成洲.茶叶加工技术[M].北京：中国轻工业出版社,2015.

[4] 白堃元.茶叶加工[M].北京：化学工业出版社,2001.

[5] 杨亚军,梁月荣.中国无性系茶树品种志[M].上海：上海科学技术出版社,2014.

[6] 郭正初.岳阳黄茶知识[M].北京：团结出版社,2015.

[7] 施兆鹏,刘仲华.湖南十大名茶[M].北京：中国农业出版社,2007.

[8] 罗学平,赵先明.茶叶加工机械与设备[M].北京：中国轻工业出版社,2015.

[9] 粟本文,赵熙.优质红茶加工概论[M].长沙：中南大学出版社,2017.

[10] 粟本文,黄怀生.保靖黄金茶[M].长沙：中南大学出版社,2017.

[11] 粟本文,钟兴刚.古丈毛尖[M].长沙：中南大学出版社,2017.

[12] 朱先明.湖南茶叶大观[M].长沙：湖南科学技术出版社,2000.

[13] 李赛君,郑红发,罗意,等.优质抗寒红茶新品种——潇湘红21-3选育研究报告[J].茶叶通讯,2012,39(1)：3-8.

[14] 李赛君,段继华,黄飞毅,等.优质高咖啡碱红茶新品种——潇湘红21-1选育研究报告[J].茶叶通讯,2018,45(2)：8-13.

[15] GB/T 14456.3—2016　绿茶 第3部分：中小种绿茶

[16] GB/T 13738.2—2017　红茶 第2部分：工夫红茶

[17] T/WHTD 006—2018　潇湘茶 潇湘红

[18] GB/T 13738.1—2017　红茶 第1部分：红碎茶

[19] T/HNTI 01—2018　湖南红茶 红碎茶

[20] DB 43/T 659—2011　安化黑茶 黑毛茶

[21] GB/T 32719.2—2016　黑茶 第2部分：花卷茶

[22] GB/T 32719.3—2016　黑茶 第3部分：湘尖茶

[23] GB/T 32719.5—2016　黑茶 第5部分：茯茶

[24] GB/T 9833.2—2013　紧压茶 第2部分：黑砖茶

[25] GB/T 9833.1—2013　紧压茶 第1部分：花砖茶

[26] GB/T 21726—2018　黄茶

[27] GB/T 22291—2017　白茶

[28] GB/T 22292—2017　茉莉花茶

[29] GB/T 32744—2016　茶叶加工良好规范

[30] T/HNTI 04—2018　湖南红茶 红碎茶加工技术规程

[31] GB/T 32743—2016　白茶加工技术规范

[32] HNZ 018—2012　毛尖工夫红茶加工技术规程

图书在版编目（CIP）数据

湖南茶叶加工／粟本文主编. —长沙：中南大学
出版社，2019.9
　ISBN 978 - 7 - 5487 - 3756 - 8

　Ⅰ.①湖… Ⅱ.①粟… Ⅲ.①茶叶加工—湖南
Ⅳ.①TS272

　中国版本图书馆 CIP 数据核字(2019)第 196142 号

湖南茶叶加工

粟本文　主编

□责任编辑	胡小锋	
□责任印制	易建国	
□出版发行	中南大学出版社	
	社址：长沙市麓山南路	邮编：410083
	发行科电话：0731 - 88876770	传真：0731 - 88710482
□印　　装	长沙雅鑫印务有限公司	

□开　　本	710×1000　1/16　□印张 15.25　□字数 273 千字　□插页 2	
□版　　次	2019 年 9 月第 1 版　□2019 年 9 月第 1 次印刷	
□书　　号	ISBN 978 - 7 - 5487 - 3756 - 8	
□定　　价	56.00 元	